GANHANDO
TRAÇÃO

GANHANDO TRAÇÃO

ASSUMA O CONTROLE DE SUA EMPRESA

GINO WICKMAN

SEXTANTE

Título original: *Traction*
Copyright © 2011 por Gino Wickman
Copyright da tradução © 2021 por GMT Editores Ltda.

Publicado mediante acordo com Ben Bella Books, Inc.,
Folio Literary Managements, LLC e Agência Riff.

EOS® e Traction® são marcas registradas da EOS Worldwide, LLC.

Todos os direitos reservados. Nenhuma parte deste livro pode ser utilizada ou reproduzida sob quaisquer meios existentes sem autorização por escrito dos editores.

tradução: Alves Calado
preparo de originais: Olga de Mello
revisão: Luis Américo Costa e Midori Hatai
projeto gráfico e diagramação: DTPhoenix Editorial
capa: Miriam Lerner | Equatorium Design
imagem de capa: Razgulyaev/ Depositphotos
impressão e acabamento: Cromosete Gráfica e Editora Ltda.

CIP-BRASIL. CATALOGAÇÃO NA PUBLICAÇÃO
SINDICATO NACIONAL DOS EDITORES DE LIVROS, RJ

W626g   Wickman, Gino
  Ganhando tração / Gino Wickman; [tradução Alves Calado].
– 1. ed. – Rio de Janeiro: Sextante, 2021.
  240 p.; 23 cm.

  Tradução de: Traction
  ISBN 978-65-5564-164-6

  1. Sucesso nos negócios. 2. Empreendedorismo. 3. Planejamento estratégico. I. Calado, Alves. II. Título.

21-70201
CDD: 658.409
CDU: 005.336

Leandra Felix da Cruz Candido – Bibliotecária – CRB-7/6135

Todos os direitos reservados, no Brasil, por
GMT Editores Ltda.
Rua Voluntários da Pátria, 45 – Gr. 1.404 – Botafogo
22270-000 – Rio de Janeiro – RJ
Tel.: (21) 2538-4100 – Fax: (21) 2286-9244
E-mail: atendimento@sextante.com.br
www.sextante.com.br

*Para meu pai, Floyd Wickman, um dos
maiores empreendedores do mundo.
Este livro não existiria sem seus ensinamentos
e orientações. É um tributo a quem você é.*

*E também para minha mulher, Kathy,
minha filha Alexis e meu filho Gino:
tenho orgulho demais de vocês e
amo cada um de todo o coração.*

SUMÁRIO

Introdução   9

1. O Sistema Operacional Empreendedor®:
   Reforçando os Seis Componentes Fundamentais   13

2. Soltando o Galho   23

3. Componente da Visão: Eles veem o que você está dizendo?   35
   - Respondendo às oito perguntas   37
   - Compartilhada por todos   84

4. Componente de Pessoas: Cerque-se de pessoas boas   89
   - Pessoas certas   94
   - Lugares certos   98

5. Componente de Dados: Segurança nos números   124
   - Tabela de Desempenho   126
   - Mensuráveis   132

6. Componente de Problemas: Decida!   138
   - A Lista de Problemas   140
   - A Trilha de Solução de Problemas   143

7. Componente de Processo: Encontrando o seu *Método*   155
   - Documentando seus processos essenciais   158
   - Seguido por todos   165

8. Componente de Tração: Do *Luftmensch* à ação!   170
   - Pedras   175
   - Pulsação de Reuniões   183

9. Juntando tudo: A Grande Jornada   208

10. Começando   227

Sobre o autor e a EOS Worldwide   235

Agradecimentos   237

INTRODUÇÃO

Desligue-se mentalmente das pequenas tarefas cotidianas por um momento e faça o que estou pedindo. Esqueça todas as suas crenças sobre como administrar sua organização. Agora se imagine olhando sua empresa bem do alto. O que você vê?

Você está lendo este livro porque deseja que sua organização seja sólida e bem administrada. Já alcançou certo grau de sucesso e está preparado para o próximo nível. Mas com esse desafio chega um novo conjunto de obstáculos. A vontade pura e a força bruta não bastam mais para sobreviver. A questão que se apresenta agora é: como você pode se elevar a uma posição de verdadeira liderança?

E se eu dissesse que, lendo este livro e aplicando os princípios essenciais que ele apresenta, você poderia eliminar todas as frustrações relacionadas ao seu negócio? Que poderia ter colaboradores fantásticos que compartilham sua visão, comunicam-se uns com os outros, resolvem os próprios problemas e demonstram responsabilidade? Que sua organização pode não somente funcionar de modo impecável, mas também ter o potencial para crescer até onde você quiser?

Isso é possível. Acredite ou não, você já tem tudo de que precisa para fazer essas mudanças. Ponha este sistema em funcionamento e você realizará todas essas coisas, assim como empresas em muitas áreas diferentes vêm fazendo há anos.

Este livro não é mais uma bala de prata administrativa nem alguma estratégia da moda. Não contém teorias. Baseia-se em experiências reais, sabedoria prática e verdades atemporais. Mais importante: funciona.

Por meio da experiência pessoal desenvolvi um método prático porém minucioso para ajudar a reforçar e reenergizar sua empresa.

Se você é como a maioria dos empreendedores, provavelmente está sentindo pelo menos uma destas cinco frustrações comuns:

1. Falta de controle: Você não tem controle suficiente sobre o tempo, o mercado ou sua empresa. Em vez de controlar a empresa, a empresa controla você.
2. Pessoas: Você está frustrado com seus colaboradores, clientes, vendedores ou sócios. Parece que eles não o escutam, não o entendem ou não fazem o que é necessário. Vocês não concordam.
3. Lucro: Não é suficiente, simples assim.
4. O teto: Seu crescimento parou. Você sente que, não importa o que faça, parece impossível ultrapassar o teto e chegar ao próximo nível. Você se sente acuado, sem saber o que fazer em seguida.
5. Nada funciona: Você experimentou várias estratégias e remédios paliativos. Nenhum funcionou e, como resultado, seu pessoal ficou entorpecido para novas iniciativas. Você está girando as engrenagens e precisa de tração para se mover de novo.

Apenas uma pequena minoria de empreendedores e donos de empresa não sofre dessas frustrações. Eles administram os negócios usando disciplinas essenciais que coordenam os elementos móveis da organização para criar uma máquina bem lubrificada. Alguns deles têm talento natural e nem percebem que estão fazendo algo especial. Mas a maioria não tem tanta sorte.

O que ensino aos líderes das empresas é simples, mas não simplista. Ajudo-os a desfazer as cinco frustrações comuns implementando as mesmas ferramentas básicas que as organizações de sucesso empregam. Isso leva os líderes empresariais a sentir que têm mais controle, ficar mais felizes e menos estressados. Suas organizações se tornam mais lucrativas, mais focadas e providas de colaboradores incríveis.

Você não é a sua empresa. Sua empresa é uma entidade separada. Sim, você a criou, mas, para encontrar o sucesso, é necessário transformá-la num organismo que se sustente sozinho. Chegar ao próximo nível exige mais do que apenas um produto ou serviço, ou uma simples determinação, para obter sucesso. Você precisa de habilidades, ferramentas e um sistema para otimizar seu pessoal, seus processos, sua execução, sua administração e sua comunicação. Precisa de fortes princípios orientadores que funcionarão para sua empresa todos os dias.

Este livro contém todas as ferramentas e todos os componentes do Sistema Operacional Empreendedor (SOE – ou EOS, na sigla original em inglês). O SOE é um sistema holístico autossustentável que aborda os seis aspectos do seu negócio. Dominando os elementos individuais do SOE, você poderá integrá-los numa estrutura poderosa que o ajudará a obter tração e a realizar a visão que sempre teve para a sua empresa.

Esse sistema operacional não surgiu como um raio caindo na minha cabeça; venho tratando de refiná-lo há mais de 20 anos. Ele se desenvolveu depois de incontáveis experiências pessoais. Minha jornada tem sido uma busca por entender o que faz os grandes empreendedores e as grandes empresas serem tão bem-sucedidos. Por causa das mudanças que operei na empresa da minha família, do envolvimento na The Entrepreneur's Organization e do aprendizado com orientadores maravilhosos, fui abençoado com muitas experiências, desafios e lições. Somente nos últimos 11 anos fiz mais de 1.300 sessões com as equipes de liderança de mais de 120 organizações empreendedoras. Isso significa mais de 10 mil horas de planejamento, ensino, orientação, facilitação e solução de problemas de liderança. O SOE é o resultado de todo esse trabalho.

Meu cliente típico é uma organização empresarial de pequeno a médio porte (com receita de 2 a 50 milhões de dólares e um quadro formado por 10 a 250 funcionários) orientada para o crescimento, disposta a mudar e a ser vulnerável (de mente aberta, pronta para admitir fraquezas e enfrentar a realidade). Se isso o descreve, você está começando com tudo de que precisa. Não é necessário dominar uma quantidade interminável de técnicas novas. Em vez disso, você aprenderá o que as organizações de sucesso fazem para administrar um negócio livre de frustrações, obtendo energia, foco e empolgação renovados para sua empresa. Junte-se a mim nesta viagem para controlar melhor seus negócios e romper o teto: ter mais equilíbrio, melhores resultados, mais diversão e mais lucratividade.

Em média, as empresas dos meus clientes têm um crescimento da receita de 18% ao ano. Além disso, diferentemente de muitos autores teóricos, eu estou aí fora, em algum lugar, trabalhando pessoalmente com uma equipe de liderança, aplicando, testando e comprovando essas ferramentas. Sou um empreendedor desde os 21 anos. Isso não é teoria administrativa. O SOE vem funcionando diariamente.

Tenha cuidado com o que você deseja: com este sistema você vai conseguir. Depois do SOE, você tomará decisões mais rápidas para mudar pessoas, estratégias, sistemas e processos onde for necessário. Ele o ajudará a reduzir complexidades desnecessárias, identificar e remover distrações, identificar e solucionar qualquer problema e manter você e seu pessoal engajados e focados numa visão única.

Os Seis Componentes Fundamentais do Sistema Operacional Empreendedor vão direto às raízes dos seis aspectos mais importantes da sua empresa e os reforçam, eliminando os sintomas ao solucionar os verdadeiros problemas. O SOE é um método – até mesmo um modo de vida – que o ajudará a cristalizar sua visão e a desenvolver uma organização forte. Primeiro entendendo e depois implementando o que aprendeu, você poderá monitorar com precisão o pulso da sua empresa e saberá o que ela está realmente fazendo.

Em algum ponto dessa jornada você provavelmente dirá, como todos os clientes: "Ei, esse negócio é simples." E é mesmo. Se você está procurando a metodologia da moda, não vai encontrar aqui. Como eu já disse, o SOE consiste em princípios atemporais, práticos e universais que foram testados em quase todos os tipos de organização. O que é de fato novo, no entanto, é a integração dessas melhores práticas num sistema completo para organizar e operar sua empresa nas próximas décadas.

Tenho um enorme respeito por você, empreendedor. Você corre riscos, impulsiona a economia e sacrifica tudo para realizar seus sonhos. Você gera empregos e dá a outras pessoas a oportunidade de viver os sonhos delas. Ajudá-lo a ter sucesso é o meu objetivo – e a minha paixão.

Agora vamos começar esta jornada pelo fim, visualizando sua empresa depois de implementar o SOE.

CAPÍTULO

1

O SISTEMA OPERACIONAL EMPREENDEDOR®

Reforçando os Seis Componentes Fundamentais

Todo sistema de excelência é composto por um grupo de elementos básicos. O mesmo se aplica a uma empresa. O Sistema Operacional Empreendedor (SOE) identifica os Seis Componentes Fundamentais em qualquer organização. Segundo as palavras de um cliente do SOE: "Eu costumava me preocupar com 100 itens diferentes. Quando descobri que existiam seis componentes na minha empresa e me concentrei apenas neles, aqueles 100 itens diferentes com que eu me preocupava sumiram. O SOE simplificou a administração da empresa."

É provável que você também esteja preocupado, sem necessidade, com 100 coisas diferentes. Vamos tentar afastá-lo de algumas dessas preocupações com uma fotografia em grande angular da sua empresa e dos itens que a compõem. A seguir apresento os Seis Componentes Fundamentais de qualquer organização.

VISÃO

Os donos de empresas de sucesso não têm somente visões entusiasmadas a respeito de suas organizações; também sabem como comunicar essas visões às pessoas ao redor. Fazem com que todos na organização enxerguem a mesma imagem clara de para onde a empresa vai e como chegará lá. Parece fácil, mas não é.

Todo o seu pessoal está remando na mesma direção? Talvez isso não esteja acontecendo. Alguns remam para a direita, alguns para a esquerda e alguns provavelmente nem estão remando. Se você se encontrasse em particular com cada funcionário e perguntasse qual é sua visão da empresa, na certa receberia uma quantidade enorme de respostas diferentes.

Quanto maior a clareza com que todos enxergam sua visão, mais provável será alcançá-la. Concentre a energia de todos na direção de algo único e os resultados serão espantosos. Em seu livro *Focus* (Foco), Al Ries ilustra esse ponto do seguinte modo: "O Sol fornece bilhões de quilowatts de energia à Terra, mas, se você ficar sob seus raios durante uma hora, o pior que pode lhe acontecer é uma pequena queimadura. Por outro lado, um raio laser só precisa de uns poucos watts de energia concentrados numa única direção para cortar diamantes."

No capítulo "Componente da Visão", você usará uma ferramenta chamada Organizador de Visão/Tração (OV/T) para que seu pessoal foque um único alvo e fique parecido com aquele raio laser. Essa ferramenta simplifica o planejamento estratégico, refinando sua visão em pontos simples que lhe permitem definir com clareza quem vocês são como organização, para onde estão indo e como chegarão lá. Vai ajudá-los a definir seu ponto nevrálgico como organização e mantê-los concentrados nas áreas em que são excelentes. Além disso, definirá sua estratégia de marketing e cristalizará sua meta de 10 anos, sua imagem de três anos e seu plano de um ano. E você ainda aprenderá a transmitir com eficácia sua visão para seu pessoal, garantindo que seja compartilhada por todos.

PESSOAS

Os líderes de sucesso cercam-se de pessoas fantásticas. Você não pode desenvolver uma empresa ótima sem ajuda. O SOE deixa de lado clichês da moda como "superastros", fornecendo um entendimento prático dos dois ingredientes essenciais de qualquer equipe fantástica: *pessoas certas* nos *lugares certos*.

Seja honesto consigo mesmo. Todas as pessoas que trabalham para você são as mais adequadas aos cargos que ocupam? A realidade é que algumas provavelmente atrapalham mais do que auxiliam sua causa. A ferramenta Analisador de Pessoas, no Capítulo 4, ajudará a identificar as pessoas certas para a empresa ensinando você a determinar quem compartilha seus valores fundamentais. Além disso, vai instruí-lo a simplificar o modo como contrata, demite, avalia, recompensa e reconhece as pessoas na sua organização.

Esse processo o levará a recuar um passo e a examinar o quadro mais amplo. Você vai se fazer perguntas difíceis sobre como sua empresa é organizada. Além disso, aprenderá o poder do Diagrama de Responsabilidades e como estruturar sua empresa do modo certo, ao mesmo tempo que define com clareza os papéis e as responsabilidades na sua companhia.

Assim que tiver a estrutura correta funcionando, você poderá se concentrar em colocar as pessoas certas nos lugares certos. Não haverá uma área cinzenta quando incorporar a próxima ferramenta, o EQC, que aborda os três elementos fundamentais para qualquer boa contratação. Os contratados precisam *entender*, *querer* e *ter* a capacidade de fazer. Assim que você incorporar o EQC ao Analisador de Pessoas, terá uma ferramenta que determina quais pessoas são as certas e quais estão nos lugares certos.

DADOS

Os melhores líderes contam com diversas métricas para ajudá-los a administrar suas empresas. O Componente de Dados vai libertar você do atoleiro que é administrar personalidades, egos, questões subjetivas, emoções e coisas intangíveis ao apontar em que métricas se concentrar.

Meu mentor empresarial, Sam Cupp, foi dono de várias empresas com um total de mais de 300 milhões de dólares em vendas, inclusive a QEK Global Solutions, uma companhia de administração de frotas internacionais que ele transformou num negócio milionário e depois vendeu. Cupp é um dos melhores empresários que conheci. Tive a bênção de ser seu protegido quando era jovem, e ele me ensinou tudo que sabia. De todos esses conhecimentos, a coisa mais útil que aprendi foi administrar minha empresa com uma Tabela de Desempenho.

Uma Tabela de Desempenho é um relatório semanal contendo de 5 a 15 números de alto nível para a organização. No capítulo "Componente de Dados", você aprenderá a criar e a implementar essa ferramenta poderosa em sua empresa. Ela permitirá que você meça a pulsação da empresa semanalmente, preveja desenvolvimentos futuros e identifique rapidamente quando as coisas saírem dos trilhos. Como você revisará os números regularmente, poderá identificar e solucionar os problemas de imediato, à medida que eles surgirem, em vez de reagir aos números ruins num demonstrativo financeiro muito depois do fato acontecido.

A Tabela de Desempenho permite o monitoramento permanente de seu negócio, não importa onde você esteja. Você não precisará sofrer a inquietação de não saber exatamente o que está acontecendo na empresa nem precisará perder tempo perguntando a meia dúzia de pessoas qual é a verdadeira história. As respostas estarão na ponta dos seus dedos.

Além de aprender a criar e a implementar sua Tabela de Desempenho, você levará sua administração de dados ao próximo nível aprendendo a empoderar cada pessoa da organização. Todo mundo terá um número claro, significativo e administrável pelo qual será responsável regularmente.

PROBLEMAS

Problemas são os obstáculos que devem ser enfrentados para executar sua visão. Assim como o sucesso de um indivíduo é diretamente proporcional à sua capacidade de resolver qualquer problema, o mesmo princípio é verdadeiro para as empresas.

Um subproduto útil do reforço dos três primeiros componentes do SOE é a transparência. Execute-os do modo adequado e você terá criado uma organização aberta, na qual não há nada a esconder. Então você revelará os problemas que o vinham retardando.

A boa notícia é que na história dos negócios sempre houve apenas um punhado de problemas diferentes. Eles sempre aparecem. Com o tempo você se tornará especialista em identificá-los e solucioná-los. Na medida em que puder identificá-los, discuti-los honestamente num ambiente saudável e aprender a erradicá-los, você alcançará sua visão.

Não importa o tanto de tempo que você vem sendo assolado por seus problemas: o Componente de Problemas representa uma oportunidade gigantesca. Na agitação das operações cotidianas, a maioria das empresas não investe o tempo necessário para resolver seus problemas de maneira adequada. A ironia é que, separando um tempo para abordar um problema, você poupará um tempo até 10 vezes maior no futuro.

No capítulo "Componente de Problemas", você aprenderá a usar a Lista de Problemas em todos os níveis da organização, o que lhe permitirá compartimentar e priorizar todas as questões. Além disso, você se beneficiará ao criar uma cultura aberta e honesta em que as pessoas se sintam seguras para falar a verdade e verbalizar suas preocupações. Você usará a Trilha de Solução de Problemas para erradicá-los. Essa ferramenta poderosa é um modo eficiente de identificar, discutir e resolver seus problemas organizacionais de modo duradouro e significativo.

No fim do capítulo "Componente de Problemas", você e seu pessoal deverão entender como identificar os obstáculos, criar e administrar uma Lista de Problemas e dominar a Trilha de Solução de Problemas, dando um passo na direção de um ambiente propício à solução dos problemas.

PROCESSO

Seus processos são o seu *Método* de fazer negócio. As organizações de sucesso enxergam seu *Método* com clareza e o refinam constantemente. Por causa da falta de conhecimento, esse ingrediente secreto dos negócios é o mais negligenciado dos Seis Componentes Fundamentais. A maioria dos empreendedores não sabe como esses processos podem ser poderosos. Quando aplicados do modo certo, funcionam como mágica, resultando em simplicidade, escalabilidade, eficiência e lucratividade.

Você não levará sua empresa ao próximo nível mantendo seus processos na cabeça e improvisando-os. Pergunte-se: você documentou o modo como quer que tudo seja feito na sua organização? Seus funcionários sabem quais processos eles estão seguindo e por quê? Todos estão executando os procedimentos necessários de modo uniforme? Estão pulando degraus? Ao decidir quais são os processos e treinar todos para segui-los, você se tornará mais capaz de solucionar problemas, reduzir erros, incrementar a eficiência e obter maior lucro.

No capítulo "Componente de Processo", vamos identificar, abordar e documentar cada um dos seus processos essenciais usando o Documentador de Processo em Três Passos. Essa ferramenta vai ajudá-lo a cristalizar seu modelo de empresa, capturando num único documento o projeto da máquina que você deseja construir. A partir daí, você aprenderá a fazer com que seu pessoal entenda o valor desses processos e comece a segui-los.

No fim da viagem, seus processos serão claramente identificados, documentados, compreendidos e seguidos por todos na organização.

TRAÇÃO

No fim das contas, os líderes empresariais mais bem-sucedidos são os que têm *tração*. Eles executam bem e sabem como levar foco, responsabilidade e disciplina à organização.

Por causa do medo e da falta de disciplina, o Componente de Tração costuma ser o elo mais fraco na maioria das organizações. A incapacidade de transformar uma visão empresarial em realidade é epidêmica. Considere isso uma nova abordagem de uma velha citação: *Visão sem tração é meramente alucinação*. No mundo inteiro, consultores empresariais com frequência realizam sessões de planejamento estratégico ao longo de vários dias e cobram dezenas de milhares de dólares para ensinar o que, na teoria, é um material ótimo. O lado negativo é que, depois de fazer você se sentir confortável com relação ao seu direcionamento, esses mesmos consultores raramente ensinam a pôr sua visão em prática e fazê-la funcionar no mundo real.

Numa escala de 1 a 10, que nota você daria para o nível de responsabilidade em sua organização? A maioria dos novos clientes que começam o Processo do SOE dá nota ao redor de 4 ao seu nível de responsabilidade. Obter tração exige duas disciplinas. Primeiro, todo mundo na organização deve ter o que chamo de Pedras: prioridades claras de 90 dias, programadas para manter todos focados no que é mais importante. A segunda disciplina implica implementar a chamada Pulsação de Reuniões em todos os níveis da organização, que manterá cada um focado, alinhado e se comunicando.

No capítulo "Componente de Tração", você aprenderá primeiro a estabelecer Pedras de modo que todos saibam quais são suas responsabilidades nos próximos 90 dias. Em seguida, aprenderá a implementar uma Pulsação de Reuniões. Ainda que a maioria das pessoas pense que as reuniões são uma perda de tempo, elas são ferramentas necessárias e úteis. Como parte do componente, você aprenderá a tornar as reuniões agradáveis, produtivas e valiosas. A Agenda de Reuniões Nível 10 é uma ferramenta que o ajudará a chegar ao cerne do que compõe as grandes reuniões, ou seja, conflito e resolução.

Ao chegar ao fim do Capítulo 8, todos na sua organização já deverão saber como estabelecer e alcançar suas Pedras. Além disso, todos estarão participando de reuniões eficazes e produtivas usando a comprovada e verdadeira Agenda de Reuniões Nível 10.

Agora que sabemos quais são os Seis Componentes Fundamentais, precisamos avaliar onde sua empresa está neste momento. O Checkup Organizacional no fim deste capítulo vai lhe dizer exatamente onde você se encontra. Se desejar, você também pode preencher o questionário on-line (em inglês) em **www.eosworldwide.com/checkup**. Vários termos ainda não estarão claros, mas em pouco tempo você saberá exatamente o que significam.

Você voltará a esse checkup rotineiramente. O objetivo é progredir a cada 90 dias. Não é razoável achar que você saltará de 20% para 80% da noite para o dia, mas com certeza fará um progresso constante.

Resumindo, as empresas de sucesso atuam com uma visão claríssima compartilhada por todos. Elas têm as pessoas certas nos lugares certos. Medem o pulso das suas operações observando e administrando os números semanalmente. Identificam e solucionam problemas de imediato num ambiente aberto e honesto. Documentam seus processos e garantem que eles sejam seguidos por todos. Estabelecem prioridades para cada funcionário e garantem que exista um alto nível de confiança, comunicação e responsabilidade em cada equipe.

Os Seis Componentes Fundamentais formam o modelo SOE. A maioria das organizações opera abaixo de 50%. Se elas têm sucesso, é algo involuntário. Ainda que seja quase impossível alcançar 100% em cada componente, alcançar mais de 80% transformará sua empresa numa máquina bem lubrificada. Tudo que tem preocupado você simplesmente se encaixará. E as frustrações comuns que o atormentam irão desaparecer.

Agora que o quadro geral está nítido, vamos começar a viagem. Mas, antes de mergulharmos de cabeça nos detalhes do primeiro componente, você precisará se libertar dos maus hábitos e das práticas pouco saudáveis que o mantêm parado. Chamamos isso de "soltar o galho".

CHECKUP ORGANIZACIONAL

Para cada afirmação abaixo, dê notas de 1 a 5 à sua empresa, sendo 1 para fraco e para 5 forte.

                    1 2 3 4 5

1. Temos uma visão clara, por escrito, que tem sido comunicada de modo adequado e compartilhada por todos na empresa. ☐☐☐☐☐

2. Nossos valores fundamentais são nítidos e contratamos, avaliamos, recompensamos e demitimos de acordo com eles. ☐☐☐☐☐

3. Nosso Foco Central™ (negócio central) é claro e nosso pessoal e nossos sistemas e processos estão alinhados e focados nele. ☐☐☐☐☐

4. Nossa Meta de 10 Anos™ (objetivo empresarial de longo prazo) é clara, tem sido comunicada regularmente e é compartilhada por todos. ☐☐☐☐☐

5. Nosso mercado-alvo (definição do nosso cliente ideal) é claro e todos os nossos esforços de vendas e de marketing estão concentrados nele. ☐☐☐☐☐

6. Nossas 3 Singularidades™ (o que nos diferenciam) são claras e comunicadas por todos os nossos esforços de marketing e venda. ☐☐☐☐☐

7. Temos um processo comprovado para fazer negócios com nossos clientes. Ele recebeu um nome, foi ilustrado visualmente e é usado por todo nosso pessoal de vendas. ☐☐☐☐☐

8. Todas as pessoas na nossa organização são as "pessoas certas" (elas se encaixam na nossa cultura e compartilham nossos valores centrais). ☐☐☐☐☐

9. Nosso Diagrama de Responsabilidades™ (gráfico organizacional de papéis e responsabilidades) é claro, completo e atualizado constantemente. ☐☐☐☐☐

10. Todo mundo está no "lugar certo" (todos "entendem, querem e têm capacidade de realizar bem o seu trabalho"). ☐☐☐☐☐

11. Nossa equipe de liderança é aberta, honesta e demonstra alto nível de confiança. ☐☐☐☐☐

12. Todo mundo tem Pedras e está focado nelas (1 a 7 prioridades por trimestre). ☐☐☐☐☐

13. Todos participam de reuniões semanais regulares. ☐☐☐☐☐

14. Todas as reuniões acontecem no mesmo dia e na mesma hora toda semana, têm a mesma agenda, começam e terminam pontualmente. ☐☐☐☐☐

15. Todas as equipes identificam claramente, discutem e resolvem problemas para o bem maior da empresa a longo prazo. ☐☐☐☐☐

16. Nossos Processos Centrais são documentados, simplificados e seguidos por todos para produzir de modo consistente os resultados desejados. ☐☐☐☐☐

17. Temos sistemas para receber feedback regular de clientes e funcionários, de modo a sempre conhecermos o nível de satisfação deles. ☐☐☐☐☐

18. Existe uma Tabela de Desempenho para as métricas e mensurações semanais. ☐☐☐☐☐

19. Todos na organização são responsáveis por pelo menos um número que deve ser mantido nos trilhos a cada semana. ☐☐☐☐☐

20. Temos um orçamento que monitoramos regularmente (isto é, mensal ou trimestralmente). ☐☐☐☐☐

Número total de cada nota ☐☐☐☐☐

Multiplique pelo número acima ×1 ×2 ×3 ×4 ×5
☐☐☐☐☐

Some os cinco resultados para determinar a nota percentual que reflete o estado atual da sua empresa: ___%

RESULTADOS
Se sua nota estiver entre:

20% e 34%   Por favor, continue lendo. Este livro mudará sua vida.

35% e 49%   Você é normal. Mas prefere ser normal ou fantástico?

50% e 64%   Você está acima da média, mas ainda há espaço para melhorar.

65% e 79%   Você está bem acima da média.

80% e 100%   É aí que a maioria dos clientes do SOE chegam. Esse é o seu objetivo.

CAPÍTULO

2

SOLTANDO O GALHO

Um empreendedor escorrega e cai de um penhasco. Enquanto despenca, consegue se agarrar ao galho de uma planta. Está pendurado ali, a 300 metros do alto do morro e a 300 metros do solo. Sua situação parece sem saída, por isso ele olha para as nuvens e, pela primeira vez, decide rezar.

– Tem alguém aí em cima? – pergunta ele.

Depois de um longo silêncio, uma voz profunda vem das nuvens:

– *Você acredita?*

– Acredito – responde o empreendedor.

– *Então solte o galho.*

O empreendedor hesita, olha para cima de novo e finalmente reage:

– Tem mais alguém aí em cima?

A maioria dos donos de empresa não consegue chegar ao próximo nível porque não está preparada para soltar o galho. Talvez você conheça esse sentimento: quer ver seu negócio crescer, mas ao mesmo tempo está frustrado, cansado e não quer correr mais nenhum risco. A verdade é que, antes de crescer, você precisará dar um salto no ar com confiança. Mas não se preocupe: você não precisará agir até se sentir confortável e com clareza em relação a todas as ferramentas do SOE.

Aqui vai um exemplo do homem pendurado no galho. Ele só começou o Processo do SOE porque seu gerente de vendas e marketing implorou. Na época, esse homem intervinha em todos os aspectos do negócio. Sua equipe de liderança improvisada era uma farsa, porque era ele que mexia todos os pauzinhos. Além disso, trabalhava 80 horas por semana e estava assoberbado a ponto de começar a cochilar nas reuniões. Era um zumbi.

Mas um dia, num momento de vulnerabilidade incomum, ele me confessou que não queria mais viver daquele jeito. Teve fé no Processo do SOE e em dois anos conseguiu se tornar um verdadeiro líder de uma organização com uma sólida equipe de liderança. Agora ele passa mais tempo com a família, está nitidamente menos estressado e gera mais lucro do que nunca.

Se você não está contente com o estado atual da sua empresa, tem três opções: pode viver com a situação atual, abandoná-la ou mudá-la. Se as duas primeiras não forem aceitáveis, é hora de admitir que você não quer mais viver assim.

A mudança dá medo. Você não está sozinho quando fica ansioso ante a possibilidade de colocar em risco o que já tem. Mas, apesar dessas preocupações, é hora de uma mudança de pensamento. É preciso abandonar a crença de que você é sua empresa e deixar que ela se torne uma entidade própria. Com a visão correta, a estrutura correta e as pessoas certas nos lugares certos, sua empresa pode evoluir e realizar todo o seu potencial. Para estar realmente pronto para essa mudança, você deve se dispor a abraçar estas quatro crenças fundamentais:

1. É preciso criar e manter uma verdadeira equipe de liderança.
2. Bater no teto é inevitável.
3. Só se pode administrar uma empresa com um único sistema operacional.
4. É necessário ter a mente aberta, ser orientado para o crescimento e ser vulnerável.

É PRECISO CRIAR E MANTER UMA VERDADEIRA EQUIPE DE LIDERANÇA

Você preferiria uma abordagem ditatorial ou uma verdadeira equipe de liderança para administrar sua empresa? Os dois métodos podem funcionar, por isso você precisa decidir. A filosofia deste livro defende uma abordagem de equipe de liderança saudável, em que você monta uma equipe que definirá, a seu lado, a visão da empresa. Todos esses líderes têm responsabilidades claras e devem ser capazes de tomar iniciativas em seus respectivos departamentos. Além disso, todos devem permanecer abertos e honestos com relação a todas as questões e estar dispostos a lutar pelo que é melhor para a empresa como um todo.

As ditaduras não são apenas exaustivas, mas também impedem o crescimento futuro. É raciocínio matemático simples. Uma pessoa só pode tomar certa quantidade de decisões e solucionar certo número de problemas. Você não pode criar uma organização duradoura, bem-sucedida e que viva sem a sua presença se ela estiver destinada a desmoronar no minuto em que você se afastar.

Até agora você provavelmente segurou todas as peças sozinho. Mas, assim que sua organização chegar a determinado tamanho, você não poderá liderar desse modo. Se você quer crescer, não é possível controlar continuamente produção, vendas, serviços, contabilidade, reclamações e acompanhamento.

Isso significa que é hora de deixar que outros assumam o controle dessas áreas. Também é necessário decidir quem você quer que faça isso. Cada chefe de departamento deve ser melhor do que você no respectivo cargo. Claro, você precisará dar a eles expectativas claras e instalar um sistema eficaz de comunicação e prestação de contas. Assim que tiver as pessoas certas nos lugares certos, deixe-as seguir em frente.

Neste momento, seu trabalho é escolher essas pessoas com sabedoria. Se elas já não trabalham na sua organização, você precisará encontrá-las em outro local. O escritor best-seller e concorrido orador Patrick Lencioni resume esse ponto em seu livro *As obsessões de um executivo extraordinário: As quatro disciplinas fundamentais para o su-*

cesso de uma empresa. Sua primeira regra para desenvolver uma organização saudável é: "Criar e manter uma equipe de liderança coesa."

Assim que sua equipe estiver formada, cada membro precisa concordar que os problemas da organização são também de responsabilidade dele. Assim que você assume a responsabilidade por um problema, pode ajudar a resolvê-lo. Não se preocupe se não souber como resolver um problema específico por enquanto – isso será abordado com a Trilha de Solução de Problemas no Capítulo 6.

O próximo salto de confiança que você precisa dar é o seguinte: para onde for a equipe de liderança, a empresa também vai. Sua equipe de liderança precisa apresentar-se como uma frente unida para o resto da sua organização. Numa família nuclear, quando a criança não gosta da resposta da mãe, pode procurar o pai. Na sua empresa só pode haver uma resposta, e sua equipe de liderança precisa orientar todos para a grandeza.

BATER NO TETO É INEVITÁVEL

Em geral, as organizações se expandem aos arrancos, atravessando uma série de tetos. Alcançar os limites naturais dos recursos existentes é um subproduto do crescimento, e as empresas precisam ajustar continuamente seu estado atual se quiserem se expandir atravessando o próximo teto. Você e sua equipe de liderança precisam entender isso, porque baterão no teto em três níveis diferentes: como organização, como departamentos e como indivíduos.

Em todas essas instâncias, sua única opção é o crescimento. Se não estiver crescendo, seja interna ou externamente, você está morrendo. A maioria das empresas busca o crescimento externo, mas o interno também leva à grandeza futura. Na verdade, a maioria das empresas *precisa* começar focando o crescimento interno antes mesmo de poder pensar no externo. O paradoxo é que, a longo prazo, elas experimentarão um crescimento externo mais rápido se estiverem concentradas desde o início no crescimento interno.

A Schechter Wealth Strategies (SWS) exemplifica esse ponto. Fundada por Robert Schechter em 1971, a SWS se tornou uma organização sólida com ótima reputação. Depois que seu filho Marc e seu genro Jason Zimmerman se juntaram a ele, Schechter decidiu fazer com que a empresa crescesse de forma agressiva. Infelizmente, suas operações internas já estavam na capacidade máxima, caóticas, e precisavam ser reorganizadas antes que a empresa pudesse ter esperanças de se expandir. Com uma poderosa equipe de vendas, uma cultura forte e produtos excelentes, sua única barreira era a capacidade operacional. Eles esperavam que as operações ampliassem os negócios em alguns meses. Para enfrentar esse prazo extremamente agressivo, precisavam mudar a estrutura corporativa, reavaliar o pessoal e tornar os processos consistentes.

Com trabalho duro, foco e determinação, eles acabaram alcançando esse objetivo. Tornaram a visão clara, estabeleceram a estrutura certa, colocaram pessoas qualificadas nos lugares certos e simplificaram os processos. Depois de pouco mais de um ano, sua reorganização finalmente estava aberta para os negócios. Pode parecer muito tempo, mas esse investimento não poderia ter acontecido com mais rapidez, e agora os resultados falam por si. Graças à equipe talentosa, a empresa cresceu uma média de 50% ao ano durante os últimos três anos. A longo prazo, cresceu mais do que se tivesse começado a vender agressivamente e forçado a nova empresa numa estrutura operacional que não poderia lidar com o aumento das vendas. Toda a estrutura poderia ter implodido, levando-os a transtornos e à perda de clientes valiosos. Em vez disso, a paciência e o trabalho duro deram resultado.

Se sua organização precisa, em primeiro lugar, de uma transformação interna, seja honesto consigo mesmo e passe um ou dois anos crescendo internamente e aprimorando seu modelo de negócios de modo a sustentar o crescimento da receita externa.

Mas, independentemente de crescer dentro ou fora, você vai bater no teto. Ainda que existam muitas estatísticas diferentes sobre esse tema, todas apontam para a mesma conclusão: muitas organizações fracassam porque não conseguem sobreviver a essas dores do crescimento. Em seu site oficial, a U.S. Small Business Administration observa que "aproximadamente 50% das pequenas empresas fracassam nos primeiros cinco anos". Num estudo publicado pela *Monthly Labor Review* em 2005, a economista Amy E. Knaup declara que 56% das empresas morrem nos primeiros quatro anos. E, em seu livro *O mito do empreendedor*, o escritor Michael Gerber pinta um quadro ainda mais assustador, dizendo que 80% das empresas fracassam nos primeiros cinco anos e 80% das que restam irão falir entre o sexto e o décimo ano.

A boa notícia é que você pode sobreviver ao choque contra o teto escolhendo uma equipe de liderança que tenha cinco capacidades essenciais. Acima de tudo, seus líderes precisam saber simplificar, delegar, prever, sistematizar e estruturar. À medida que você e sua equipe aplicarem essas cinco capacidades, a empresa crescerá até o próximo nível. Vamos examinar essas capacidades uma por uma.

Simplificar

Seu mantra aqui é: simplifique. Simplificar sua organização é fundamental. Isso implica reduzir as regras segundo as quais você opera e o modo como elas são comunicadas. Isso também serve para seus processos, sistemas, mensagens e visão. A maioria das organizações é muito complexa no início. Use modelos, auxílios visuais, siglas e listas de verificação para simplificar processos e procedimentos, porque, à medida que sua organização crescer, ela ficará ainda mais complexa. Henry David Thoreau chegou ao cerne dessa questão em *Walden*, porém, mais tarde, Ralph Waldo Emerson aprimorou a ideia:

"Simplifique, simplifique." (Henry David Thoreau)

"Um 'simplifique' teria bastado." (Ralph Waldo Emerson)

Dan Sullivan, criador do The Strategic Coach© Program, coloca do seguinte modo: "Não é possível nenhum progresso e crescimento para uma organização enquanto não for criado um estado de simplicidade." Com suas muitas ferramentas, todo o Processo do SOE destina-se a ajudar você a criar esse novo estado de simplicidade. É um mantra comum que você verá repetidamente neste livro: Menos é mais.

Delegar

Sua capacidade de atravessar o teto também depende da capacidade de delegar. Esteja preparado para "delegar e se elevar" até seu verdadeiro conjunto de habilidades inatas. Você precisará delegar algumas responsabilidades e se elevar para operar em sua maior e melhor utilidade. Não é prático permanecer como chef de cozinha, garçom e lavador de pratos enquanto sua empresa cresce. Ao se agarrar a todos os detalhes minúsculos, você está restringindo o crescimento da empresa. Quando você experimentar esse crescimento pessoal, a empresa crescerá junto. É exatamente isso que significa soltar o galho.

Mas, quando solta, você precisa garantir que está abrindo mão dos deveres certos. As responsabilidades delegadas aos outros precisam ser tarefas que você superou. Isso inclui abrir correspondência, escrever propostas, aprovar faturas e cuidar de reclamações de clientes. Às vezes temos medo de passar adiante trabalhos que podem não parecer empolgantes para outros, mas, em determinado ponto, você precisará fazer isso. A beleza dessa transição é que existem pessoas que têm a habilidade e o entusiasmo para executar esses serviços.

Não é apenas você quem precisará aprender a delegar e se elevar, mas as pessoas a seu redor também! Assim como você precisa descobrir como desenvolver uma extensão de si mesmo, sua equipe também pode estender a empresa montando equipes, garantindo o crescimento contínuo.

Prever

A previsão nos negócios acontece em dois níveis básicos: de longo prazo e de curto prazo.

Previsão de longo prazo. As empresas de capital aberto preveem ganhos. Quanto mais tarde anunciam os ganhos reais, acertam ou não a previsão. Se acertam, o valor das suas ações continua a crescer. Se erram, o valor das ações simplesmente cai. Numa organização privada pequena ou média você não tem o luxo de errar na previsão. Se fizer isso, pode acabar falindo.

A previsão de longo prazo é uma visão antecipada de tudo que acontecerá depois de 90 dias. Para isso, sua equipe de liderança precisa saber para onde a organização se dirige e como vocês esperam chegar lá. Vocês fazem isso começando com o futuro distante e recuando. Qual é sua meta para

10 anos? Qual é sua imagem de três anos? Qual é seu plano de um ano? O que você precisa fazer nos próximos 90 dias para entrar nos trilhos?

A princípio, isso pode parecer desafiador, então vamos tirar um pouco da pressão. Ninguém tem bola de cristal. Ninguém pode saber com certeza o que acontecerá amanhã. Previsão de longo prazo não é dizer o que vai acontecer; é tomar uma decisão a respeito do que fazer amanhã baseada no que você sabe hoje.

Dito de outro modo, sua equipe de liderança precisa "subir na árvore" com mais frequência do que os outros. Comparo a previsão de longo prazo a um grupo de pessoas míopes abrindo uma estrada numa floresta. Pode ser a equipe mais produtiva que já abriu uma estrada ou pode ser duas vezes mais produtiva do que qualquer outra equipe anterior. Mas, se não houver um líder para subir numa árvore e dizer para onde a estrada vai, eles podem estar abrindo um zigue-zague. Aprimore-se em enxergar longe. Enquanto líderes, vocês precisarão parar de trabalhar na empresa 100% do tempo e, como diz Michael Gerber, trabalhar *sobre* a empresa de vez em *quando*. Essa disciplina vai levá-lo mais rapidamente aonde você quer ir.

Previsão de curto prazo. Enquanto a previsão de longo prazo trata das necessidades da empresa a partir de 90 dias, a de curto prazo foca no futuro imediato. Essas são as questões que surgirão numa base diária ou semanal, e sua capacidade de solucioná-las afetará o bem maior da organização a longo prazo.

Como líder de uma organização, você provavelmente enfrenta pelo menos meia dúzia de problemas por dia. A maioria dos líderes fica tão atolada nas dificuldades do dia a dia que normalmente inventa soluções alternativas débeis só para tirar os problemas incômodos do caminho e chegar até a próxima semana. Se isso acontecer por muito tempo, toda a organização acabará unida por fita adesiva e barbante. E acabará implodindo. Você precisará executar um bom trabalho de previsão para levar esses problemas a desaparecerem para sempre e evitar um destino semelhante.

Sistematizar

Provavelmente houve um tempo em que sua empresa exigia que você a pilotasse sem instrumentos e sem mapa de navegação. Isso implicava reagir a cada pedido de cliente tomando decisões rápidas e sendo criativo de imediato. Mas em determinado ponto certas ações se mostraram redundantes. É quando você deveria sistematizá-las.

Na verdade, só há alguns processos essenciais que fazem qualquer organização funcionar. Sistematizar implica identificar com clareza quais são esses processos essenciais e integrá-los numa máquina totalmente funcional. Você terá um processo de recursos humanos, um processo de marketing, um processo de vendas, um processo operacional, um processo de retenção de clientes, um processo de contabilidade e assim por diante. Todos devem funcionar em harmonia e os métodos que você usa devem ser totalmente nítidos para cada um em todos os níveis da organização.

O primeiro passo é concordar, como uma equipe de liderança, sobre quais são esses processos e nomeá-los. Esse é o *Método* de sua empresa fazer negócios. Assim que todos concordarem sobre o *Método*, vocês irão simplificar, aplicar tecnologia, documentar e ajustar esses processos essenciais. Ao fazer isso, vocês perceberão eficiências tremendas, eliminarão erros e tornarão mais fácil para os administradores e para você aumentar a lucratividade.

Ao sistematizar sua organização você começará a ver como todas as cinco capacidades de liderança trabalham juntas para romper o teto. Há uma correlação direta entre adesão organizacional aos processos essenciais e sua capacidade de abrir mão. Entregar um sistema fundamental a um líder responsável torna mais fácil para você delegar e se elevar. Desde que ele siga o processo e tenha as habilidades para executar o trabalho, você confiará que o trabalho será feito de modo correto.

Estruturar

Por fim, você e sua equipe de liderança precisarão estruturar sua organização da forma correta. Sua empresa precisa ser organizada de modo a reduzir a complexidade e a criar responsabilidades. Além disso, essa estrutura também deve ser projetada para levá-lo até o próximo nível. Muitas organizações empacam porque estão fechadas em seus métodos antigos e não se dispõem a mudar para se adequar à expansão.

Infelizmente, as estruturas da maioria das pequenas empresas são frouxas demais ou inexistentes. Muitas têm estruturas governadas pelo ego, pela personalidade e pelo medo. Você aprenderá a usar o Diagrama de Responsabilidades para não cair nessa armadilha. Isso lhe permitirá implantar uma estrutura que encoraja a expansão e define claramente os papéis e as responsabilidades de todos.

Resumindo, quando entenderem que bater no teto é inevitável, você e sua equipe de liderança devem empregar estas cinco capacidades de liderança para chegar ao próximo nível: (1) simplificar a organização, (2) delegar e se elevar, (3) prever a longo e curto prazo, (4) sistematizar e (5) estruturar a empresa do modo certo. As ferramentas que você vai aprender são todas projetadas especificamente para ajudá-lo a adquirir essas capacidades.

SÓ SE PODE ADMINISTRAR UMA EMPRESA COM UM ÚNICO SISTEMA OPERACIONAL

Você deve ter uma visão, uma voz, uma cultura permanentes e um sistema operacional. Isso inclui uma abordagem uniforme do modo como faz reuniões, como define prioridades, como planeja e estabelece sua visão, da terminologia que usa e da forma como se comunica com os funcionários. O SOE é um sistema operacional que coloca todo mundo em sintonia. Um programa de computador é feito de componentes que organizam a atividade e os dados variados num sistema que permite aos usuários ser mais produtivos; é isso que o SOE faz pelas empresas.

Se você avaliasse apenas como indivíduos alguns empreendedores talentosos, CEOs, gerentes de vendas, diretores de marketing, pessoal de operações e de finanças que estão em equipes de liderança, provavelmente apostaria que as empresas deles são um sucesso. Só que nem mesmo líderes talentosos podem ser eficientes sem primeiro estabelecer um único sistema operacional para a empresa.

Com frequência duas pessoas talentosas podem falar duas línguas totalmente diferentes:

– Quais são seus objetivos?
– Quer dizer, minhas metas?
– Quais são os processos?
– Quer dizer, quais são os procedimentos?
– Eu gosto de estabelecer objetivos mensais.
– Nós sempre estabelecemos objetivos semanais e os chamamos de itens de ação.

Imagine treinar um time esportivo com dois métodos distintos ou comandar um país com dois governos. Quando os sistemas funcionam com propósitos cruzados, quem perde é a empresa. Não é possível desenvolver uma organização de excelência usando sistemas operacionais múltiplos: você precisa escolher um. Este livro lhe oferece o SOE.

É NECESSÁRIO TER A MENTE ABERTA, SER ORIENTADO PARA O CRESCIMENTO E SER VULNERÁVEL

O falecido Dr. David Viscott, autor de *Risking* (Arriscando), escreveu: "Se você não pode se arriscar, não pode crescer. Se não pode crescer, não pode se tornar o melhor possível. Se não pode se tornar o melhor possível, não pode ser feliz. Se não pode ser feliz, o que mais importa?"

De modo semelhante, no ambiente empresarial você precisa estar aberto a ideias novas e diferentes. Se não sabe alguma coisa, precisa admitir isso. Precisa estar disposto a pedir e receber ajuda. Acima de tudo, precisa conhecer seus pontos fortes e fracos e deixar outras pessoas mais qualificadas numa determinada área assumirem o comando.

Uma experiência difícil me ensinou o valor dessa crença. Refletindo sobre um trabalho particularmente malsucedido, percebi por que o Processo do SOE não funcionou. O motivo era uma verdade simples: os membros da equipe de liderança não eram orientados para o crescimento, fosse externa ou internamente, e não estavam dispostos a ser vulneráveis ou ter mente aberta. Fizemos muito pouco porque enfrentávamos uma batalha constante para tomar decisões e discutir problemas incômodos. O resultado foi que terminamos insatisfeitos. Hoje em dia, procuro esses sinais de alerta nas entrevistas iniciais com novos clientes em potencial. Em muitos casos, sou obrigado a ajudar os clientes a entender por que não estão preparados para o Processo do SOE.

Você não pode embarcar nessa jornada se não estiver disposto a ser vulnerável. Precisa baixar a guarda para descobrir como sua empresa realmente é. Deve derrubar a fachada com sua equipe de liderança e estimular a abertura e a honestidade. O líder que acha que precisa ter todas as respostas e que jamais pode errar está perdendo o alvo completamente. Ter mente aberta significa estar aberto a novas ideias e disposto a mudar para melhor. Quando seus braços estão cruzados, o muro está erguido e não há como entrar. A mente é como um paraquedas: precisa se abrir para funcionar.

Além disso, você precisa almejar o crescimento para atravessar essa jornada. Conheci muitas pessoas que dizem que querem crescer, mas depois de mais perguntas descobrem que estão petrificadas diante do desafio e da turbulência criados pelo crescimento. Estão contentes com o tamanho atual. E existem muitos argumentos bons a favor do contentamento. Mas o SOE é um sistema projetado para ajudar você a crescer.

Relembrando, as quatro crenças fundamentais são:

1. É preciso criar e manter uma verdadeira equipe de liderança.
2. Bater no teto é inevitável.
3. Só se pode administrar uma empresa com um único sistema operacional.
4. É necessário ter a mente aberta, desejar o crescimento e ser vulnerável.

Se acreditar nesses princípios, você estará pronto para soltar o galho. Agora é hora de aprender as ferramentas que vão ajudá-lo a subir ao próximo nível e criar uma organização mais forte. Nos próximos seis capítulos, você aprenderá a reforçar os Seis Componentes Fundamentais da sua organização. À medida que progredir, entenderá melhor a estrutura do SOE e por que cada componente depende dos outros. Tendo isso em mente, vamos começar onde toda tração começa: com a sua visão.

CAPÍTULO

3

COMPONENTE DA VISÃO

Eles veem o que você está dizendo?

Há alguns anos, meu pai fez uma observação bem-humorada: as pessoas têm o hábito de reafirmar suas convicções perguntando: "Você vê o que estou dizendo?" Superficialmente, essa questão não faz nenhum sentido: você realmente não pode *ver* o que alguém está *dizendo*. Mais tarde percebi que a expressão fazia todo o sentido do mundo.

Meu pai é um visionário. Foi meu primeiro orientador e me ensinou a liderar, administrar, comunicar e lidar com as pessoas, fosse apenas uma ou fossem mil. Ele é um dos apenas 140 membros do Hall da Fama da Associação Nacional de Oradores. Além disso, criou do zero a maior empresa de treinamento de vendas de imóveis e foi finalista duas vezes ao Prêmio Empreendedor do Ano da Ernst & Young.

Como ele sabe muito bem, a maioria dos empreendedores consegue enxergar com clareza a própria visão. O problema é que eles cometem o erro de pensar que todas as outras pessoas da organização também a enxergam. Na maioria dos casos isso não acontece, e o resultado é ter líderes frustrados e funcionários confusos, enquanto grandes visões são deixadas de lado.

O processo de obter tração começa aqui. Esclareça sua visão e você tomará decisões melhores sobre pessoas, processos, finanças, estratégias e clientes.

Os empreendedores precisam tirar sua visão da cabeça e colocá-la no papel. A partir daí devem compartilhá-la com a organização, de modo que todo mundo possa ver a direção que a empresa está tomando e decidir se quer ir até lá com eles. Ao colocar todos em sintonia, você descobrirá que os problemas são resolvidos mais rapidamente. Em *Os 5 desafios das equipes*, Patrick Lencioni cita a seguinte observação de um amigo que desenvolveu uma startup até se tornar uma organização de 1 bilhão de dólares: "Se você conseguir colocar todo mundo em uma organização remando na mesma direção, poderá dominar qualquer ramo de atividade, em qualquer mercado, contra qualquer concorrência, em qualquer tempo."

Uma empresa de tecnologia que começou recentemente o Processo do SOE me procurou depois de bater no teto por dois anos seguidos. O maior problema era que a equipe de liderança não conseguia identificar o motivo. Efetivamente, existiam muitos motivos, mas o fator fundamental era que a empresa não tinha uma visão central. Estava fornecendo três serviços muito diferentes ao mercado e, como as pessoas precisavam mudar de função várias vezes por hora para atender a clientes diferentes, as operações internas eram desnecessariamente complexas.

Com o SOE, a empresa tomou a decisão de focar uma única direção. Em duas sessões, a equipe de liderança definiu claramente sua visão de quem eles realmente eram, o que queriam e para onde desejavam ir. Num tempo muito curto, simplificaram a organização e liberaram recursos, abrindo mão de dois serviços. Isso permitiu que as pessoas se concentrassem e se superassem em uma única área com um único tipo de cliente. Agora a empresa tem objetivos claros e uma estratégia de marketing com foco nítido. De maneira pouco surpreendente, ela está começando a crescer de novo. Como resultado dessas decisões, teve recentemente o melhor primeiro trimestre de todos os tempos, gerando um aumento da receita de 125% com relação ao primeiro trimestre do ano anterior.

O primeiro passo é abrir mão, porque a visão que você está para esclarecer não pode ser sobre você. Ela necessita definir alguma coisa maior. Você precisa criar uma visão que aponte o caminho para um bem maior. Quanto antes você fizer isso, mais cedo tomará decisões melhores que resultarão numa empresa duradoura. Para aprender a criar uma visão forte, é preciso, primeiro, responder a oito perguntas importantes.

RESPONDENDO ÀS OITO PERGUNTAS

Vamos começar desfazendo o mito de que a visão de uma empresa precisa ter 100 páginas. Esse nível de detalhe pode ser necessário no campo das finanças, mas raramente é importante para desenvolver uma empresa de qualidade. Ao responder a oito perguntas, você e sua equipe de liderança devem ser capazes de estabelecer claramente sua visão e, em última instância, permitir que a organização "veja" para onde você quer ir.

A primeira ferramenta do SOE é o Organizador de Visão/Tração (OV/T). O OV/T não é programado somente para tirar sua visão da sua cabeça e colocá-la no papel. Vai ajudá-lo a responder a essas oito perguntas. Destina-se a ajudá-lo a criar uma imagem clara de para onde a empresa está indo e como chegará lá. Mais importante, ele faz isso de modo simples, resumindo sua visão em apenas duas páginas. Um exemplo de OV/T aparece na próxima página, e uma versão eletrônica do OV/T pode ser baixada gratuitamente em **www.eosworldwide.com.vto** (em inglês).

Aprendi o poder da simplicidade no planejamento com meu ex-sócio Ed Escobar. Junto com meu pai, Ed e eu éramos donos e administrávamos uma empresa de treinamento de vendas de imóveis. Uma vez, Ed me contou sobre a época antes de eu entrar para a organização, quando ele tinha apresentado um plano de trabalho bastante longo ao meu pai. Depois da primeira olhada, meu pai disse:

– Você pode condensá-lo em 10 páginas?

Um pouco frustrado, Ed respondeu:

– Claro.

Depois de algum trabalho, ele voltou com um plano de negócios de 10 páginas. Meu pai gostou, mas pensou em voz alta:

– Será que você poderia condensá-lo em duas páginas?

Embora mais perturbado, Ed tentou de novo. Depois de trabalhar mais um pouco, o plano de negócios de duas páginas foi criado. Quando o pedido do meu pai para condensá-lo em uma página se mostrou impossível, a ideia de um plano de negócios de duas páginas nasceu. Esse plano de negócios bem simples foi o catalisador da criação da maior empresa de treinamento de vendas de imóveis na América do Norte. Isso levou Ed a criar uma ferramenta de planejamento de negócios simplificada conhecida como Plano de Administração de Vida e Negócios. Foi a primeira ferramenta que usei para o planejamento de negócios.

Verne Harnish acabou ajudando. Autor de *Mastering the Rockefeller Habits* (Dominando os hábitos de Rockefeller), guru do crescimento muito procurado, fundador da Young Entrepreneurs' Organization (agora Entrepreneurs' Organization) e colaborador regular da *Fortune Small Business*, Harnish me apresentou seu Plano Estratégico de Uma Página, uma inspiração adicional para o OV/T.

MODELO SOE™

ORGANIZADOR DE VISÃO/TRAÇÃO™

NOME DA ORGANIZAÇÃO:

VISÃO

		IMAGEM DE 3 ANOS
VALOR CENTRAL	1. 2. 3. 4. 5.	
FOCO CENTRAL™	Propósito/Causa/Paixão: Nosso nicho:	Data futura: Receita: Lucro: Mensuráveis: Como parece? • • • • • • • • • • • •
META DE 10 ANOS		
ESTRATÉGIA DE MARKETING	Mercado-alvo/A Lista: Três singularidades: 1. 　　　　　　　　　　2. 　　　　　　　　　　3. Processo comprovado: Garantia:	

39

ORGANIZADOR DE VISÃO/TRAÇÃO™

NOME DA ORGANIZAÇÃO:

MODELO SOE™
- VISÃO
- DADOS
- PROCESSO
- TRAÇÃO
- PROBLEMAS
- PESSOAS
- SUA EMPRESA

TRAÇÃO

PLANO DE 1 ANO

Data futura:
Receita:
Lucro:
Mensuráveis:

Objetivos para o ano

1.
2.
3.
4.
5.
6.
7.

- Foco/Tema
- Papéis e responsabilidades
- Análise de fluxo de caixa/Orçamento
- Tabela de Desempenho

PEDRAS

Data futura:
Receita:
Lucro:
Mensuráveis:

Objetivos para o ano — **Quem**

1.
2.
3.
4.
5.
6.
7.

LISTA DE PROBLEMAS

1.
2.
3.
4.
5.
6.
7.
8.
9.
10.

Priorizar
- Identificar
- Discutir
- Solucionar

Em seu livro *The One-Page Business Plan* (O plano de negócios de uma página), Jim Horan também derruba vários mitos populares. Dois deles são: "os planos de negócios precisam ser longos para ser bons" e "demoram seis meses, um tempo significativo do dono e dos principais funcionários, e precisam de consultores caros" para ser criados. Segundo Horan, nenhuma dessas premissas é verdadeira. A melhor abordagem costuma ser a mais simplificada ao planejamento estratégico.

O que é visão? É uma definição clara de quem e o que é sua organização, para onde ela vai e como chegará lá. Explicar sua visão deveria ser simples, porque ela provavelmente já está na sua cabeça. Infelizmente, se existem cinco pessoas na sua equipe de liderança, pode haver cinco variantes da visão da empresa. O objetivo é colocar todos em sintonia. Se todos da equipe conseguirem responder às oito perguntas a seguir e concordar totalmente, vocês terão uma visão clara.

Ao responder a estas oito perguntas e preencher o OV/T, esclareceremos exatamente qual é a sua visão. Vamos começar. As oito perguntas são:

1. Quais são os seus valores fundamentais?
2. Qual é o seu foco central?
3. Qual é a sua meta de 10 anos?
4. Qual é a sua estratégia de marketing?
5. Qual é a sua imagem de três anos?
6. Qual é o seu plano de um ano?
7. Quais são suas Pedras trimestrais?
8. Quais são os seus problemas?

É recomendável que você responda a todas as oito perguntas numa reunião de um ou dois dias fora da empresa.

QUAIS SÃO OS SEUS VALORES FUNDAMENTAIS?

O que são valores fundamentais? São um pequeno conjunto de princípios orientadores vitais e atemporais para a sua empresa. A regra de ouro é limitá-los a três a sete. Como sempre, menos é mais. Esses valores fundamentais definem a sua cultura e quem vocês são realmente como pessoa. Quando os valores estiverem claros, você descobrirá que atraem pessoas de pensamento parecido para a sua organização. Além disso, você descobrirá que, quando aplicados à sua organização, eles afastam as pessoas que não se encaixam. Assim que estiverem definidos, você deve contratar, demitir, avaliar, recompensar e reconhecer as pessoas com base nesses valores fundamentais. É assim que se constrói uma cultura próspera ao redor delas.

Infelizmente, a maioria das organizações não definiu seus valores fundamentais e a falta de clareza decorrente atrapalha o crescimento. Quando seus funcionários não abraçam seus valores fundamentais, as ações deles mais prejudicam do que ajudam a sua causa. Ao não definir quais são os seus valores, você não tem como saber quem acredita neles e quem não acredita.

Quando a Image One começou o Processo do SOE, a equipe de liderança descobriu cedo que passaríamos algumas horas determinando quais eram os valores fundamentais da empresa. Um dos donos, Rob Dube, argumentou que primeiro eles deviam solucionar problemas. "Preparamos uma lista de problemas, e são milhares", disse ele. "Deveríamos fazer esse negócio de valores fundamentais depois de resolvermos tudo." Em resposta, pedi a Rob que tivesse confiança em mim e disse que, se depois de uma hora não gostasse de nossa busca dos valores fundamentais, poderíamos passar para a Lista de Problemas. Depois de terminarmos o processo, Rob mudou de ideia. "Eu não gostei simplesmente de como a coisa aconteceu. Eu adorei", lembra ele. "Desde então comprei essa ideia. Conto essa história a todos os novos membros das equipes da Image One e quando falo com grupos sobre o SOE. A definição dos valores fundamentais mudou nossa empresa, o modo como fazemos negócios e o modo como selecionamos nosso pessoal."

Muito já foi escrito sobre o poder de identificar os valores fundamentais e instilá-los numa organização. Ao longo de seis anos, enquanto escreviam *Feitas para durar*, Jim Collins e Jerry I. Porras pesquisaram organizações que superaram décadas de recessões e depressões. Uma das descobertas principais foi que, em todos os casos, essas empresas definiram seus valores fundamentais nos primeiros estágios e construíram uma cultura de pessoas ao redor deles.

Mesmo assim, a percepção da importância dos valores fundamentais diminuiu ultimamente. Depois de toda a badalação na década de 1990, hoje em dia eles são frequentemente considerados clichê e ultrapassados. Isso, ironicamente, é o que os torna mais vitais do que nunca. Neste livro, eles são o primeiro passo para formar a sua visão.

É importante entender que os valores fundamentais já existem na sua organização – só estão perdidos no caos do dia a dia. Sua tarefa é meramente redescobrir o que eles são e instilá-los como as regras pelas quais você joga.

O processo apresentado em seguida é exatamente o mesmo que todos os clientes do SOE seguem para descobrir quais são seus valores fundamentais. Primeiro, programe um tempo com sua equipe de liderança. Recomendo um mínimo de duas horas, de preferência longe do escritório, já que o pensamento estratégico é sempre alcançado melhor fora da empresa. Nessa reunião, faça o seguinte:

1º Passo

Peça que cada membro cite três pessoas que, se pudessem ser clonadas, iriam liderá-los para chegar ao domínio do mercado. De preferência, esses três nomes devem vir de dentro da organização. Assim que cada pessoa tenha escolhido, escreva todos os nomes num quadro branco, para que todos vejam.

2º Passo

Examine os nomes e faça uma lista das características que essas pessoas incorporam. Quais são as qualidades que elas exemplificam? O que elas fazem de bom para serem incluídas na lista? Comece com uma lista longa, de modo a enxergarem todas as possibilidades. Para ajudá-lo no processo, aqui vai uma lista de valores fundamentais no mundo real:

- Tem excelência inequívoca
- Luta continuamente pela perfeição

- Vence
- Faz a coisa certa
- Tem compaixão
- É honesto
- Tem fome de realização
- É entusiasmado, enérgico, tenaz e competitivo
- Encoraja a capacidade e a criatividade individuais
- Presta contas
- Serve ao cliente acima de tudo
- Trabalha duro
- Nunca está satisfeito
- Interessa-se pelo autodesenvolvimento contínuo
- Ajuda primeiro
- Demonstra profissionalismo
- Encoraja a iniciativa individual
- Deseja o crescimento
- Trata todos com respeito
- Fornece oportunidades baseadas no mérito; ninguém tem direito automático a nada
- É criativo, tem sonhos e imaginação
- É íntegro
- Não é cínico
- Demonstra modéstia e humildade junto com a confiança
- É atento à consistência e aos detalhes de maneira obsessiva
- É comprometido
- Entende o valor da reputação
- É divertido
- É justo
- Encoraja o trabalho em equipe

3º Passo

Os valores fundamentais da sua organização estão em algum lugar nessa longa lista que você acabou de criar. Agora encurte-a. Na primeira revisão, circule os que são realmente importantes, risque os que não são e combine os que são semelhantes. Lembre-se: a regra de ouro é ter algo entre três e sete; depois da primeira rodada, você deve reduzir a lista para algo entre cinco e quinze.

4º Passo

É aqui que você tomará algumas decisões difíceis. Com discussões e debates em grupo, decida quais valores realmente existem e são efetivamente fundamentais. Lembre-se: seu objetivo é reduzir a lista a três a sete itens.

Aqui vão alguns exemplos de valores fundamentais de clientes do SOE no mundo real:

McKinley
- Proatividade
- Gumby™[1]
- Serviço
- Resultados
- Habilidade

Schechter Wealth Strategies
- Primeiro as necessidades do cliente – sempre
- Uma experiência completa do tipo "UAU"
- Um lugar especial onde estar
- Conhecimento de ponta – somos os especialistas

Zoup! Fresh Soup Company
- Orientado para a ação
- Atitude proativa
- Sem abalos
- Aberto e honesto
- Paixão pela marca

---

[1] Gumby Marca Registrada e Copyright™ e ©Premavision, Inc. e Prema ToyCo.

Randall Industries
- Colaboração
- Entusiasmados, enérgicos, tenazes e trabalhadores
- Honestidade e integridade
- Humildade
- Orgulho pelo trabalho
- Capacidade de se adaptar/se ajustar

Professional Grounds Services
- Fazemos o que for necessário em todas as situações
- Nós nos divertimos
- Somos apaixonados pelo nosso trabalho
- Temos integridade em tudo que fazemos

Não saia contando a todo mundo imediatamente depois de estabelecer seus valores fundamentais. Em vez disso, deixe-os fermentando por 30 dias e então reúna a equipe uma última vez para aprovar a lista final.

O passo seguinte no processo é comunicar esses valores fundamentais ao resto da organização. É hora de criar seu discurso de apresentação. As pessoas não entenderão necessariamente o que você quer dizer se apenas declarar cada valor central. É por isso que cada valor precisa ser sustentado com histórias, analogias e ilustrações criativas para enfatizar sua importância.

Quando estiver escrevendo seu discurso sobre os valores fundamentais, certifique-se de redigir cada valor central com o mesmo padrão ou tempo verbal (por exemplo, "Nós somos..." ou "Nós fazemos..."). Certifique-se de citar três a cinco exemplos que sustentem cada um. Isso vai lhe dar um guia de como o discurso deve ser preparado. A partir daí você pode improvisar.

Segue um exemplo de roteiro real para um discurso sobre valores fundamentais.

Abordagem orientada para o trabalho em equipe
- Você pode conseguir o que deseja ajudando os outros a obter o que eles desejam. Tudo tem a ver com serviço. Como podemos servir aos clientes e aos colegas de trabalho?
- Esforçar-se para sempre agir pelo bem maior da organização, e não com interesse próprio.
- Deveríamos nos enxergar como armadores: uma boa assistência costuma ser mais satisfatória do que o gol, tanto nos esportes quanto no trabalho.
- Nos esportes, o trabalho em equipe supera o talento natural se os talentos não estiverem jogando juntos. Vamos juntos aspirar a e trabalhar para nos tornarmos grandes!

Compromisso com a excelência
- Como diz o ditado, "só temos uma chance de causar uma boa primeira impressão". Vamos dar uma boa primeira impressão.
- A palavra escrita deve ser clara, concisa e ir direto ao ponto. Meu pai gosta de dizer que "se tivesse mais tempo, teria escrito uma carta mais curta". Ou seja, deixe todo mundo falar.
- Use "nós", e não "eu". Usar o "nós" significa que você é representante de uma organização maior do que você. O uso do "eu" pode sugerir ego.
- Seja profissional quando a situação pedir e, do mesmo modo, sinta-se livre para ser informal nas circunstâncias certas. Use sua inteligência emocional para isso. Quando em dúvida, tenda para o lado do profissionalismo e do conservadorismo.
- A reputação sempre pesa mais do que o lucro.

Abordagem de solução de problemas
- O que nós fazemos bem: resolver problemas.
- Como resolvemos bem os problemas?
    - Conhecendo os fatos
    - Estabelecendo as questões de modo correto e sucinto
    - Fazendo as perguntas certas

- Participando de debates sem restrições e com eficiência
- Ouvindo com atenção todos os argumentos
- Baseados em fatos relevantes e argumentos persuasivos, decidindo o próximo rumo de ação
- Designando responsabilidades pelos "próximos passos"
- Executando prontamente o curso de ação combinado
- Acompanhando o progresso na próxima reunião
* Às vezes toma-se uma decisão em que não há decisão nenhuma.
* Às vezes uma "decisão errada" produz um resultado melhor do que nenhuma. A velocidade na tomada de decisões costuma ser tão importante quanto a qualidade das decisões. Em outros casos, é necessária uma reflexão demorada para obter o resultado correto. Isso é uma arte, não ciência. Aqui a experiência conta.

Sinceridade
* Nosso objetivo deve ser a comunicação aberta e honesta.
* Todos podemos procurar melhorar se tivermos nossos pontos fortes e fracos avaliados de modo construtivo.
* Seja claro e honesto, mas, ao mesmo tempo, sensível e apoiador.
* Evite falar com os outros "de cima para baixo".
* Procure se comunicar com o equilíbrio adequado entre confiança e humildade.
* Quando for tomada uma decisão que não estiver alinhada com sua recomendação, simplesmente siga adiante. Não leve para o lado pessoal. Isso não reflete negativamente o valor da sua colaboração.

Justiça
* Exija resultados.
* Tenha um sentimento de equidade. O que é um resultado justo nas circunstâncias atuais?
* Tudo bem ser duro quando as circunstâncias exigem, mas não se aproveite injustamente da sua força.
* Seja compassivo.

- Se estiver lidando com um oponente implacável ou sem ética, lute muito, mas sempre dentro das regras. Não caia na armadilha de descer ao nível do oponente.

Equilíbrio
- Trabalhe com inteligência. Faça o necessário para que o serviço seja bem realizado.
- A melhor medida é o resultado valioso, e não as horas gastas. Qualquer um pode se manter ocupado, mas isso não é o mesmo que produtividade.
- É um exemplo de vida equilibrada a história do contador que trabalha até a madrugada na época de preparar as declarações do imposto de renda mas tem um tempo enorme para o golfe e a família nos meses intermediários?
- Seja voluntário na comunidade. Sempre busque devolver. Envolva sua família.

Para mais inspirações, aqui vai um discurso completo sobre valores fundamentais feito para os 51 funcionários do Wolff Group por um dos donos, Stuart Wolff:

Nós, do Wolff Group, vamos celebrar nosso aniversário de 10 anos! Uma década nos negócios como Wolff Group!

Mas na verdade nada é mais importante do que o número 51.

É, 51. Este é o número de indivíduos – de pessoas, sim, de vocês – que compõem a equipe Wolff Group, a família Wolff Group. Aqui vão mais alguns números: não poderíamos trabalhar como uma equipe por 10 anos, com quatro escritórios em três estados, se não fosse cada um de vocês. Cada um de vocês acrescenta alguma coisa para definir quem somos como Wolff Group. Somos um dos líderes no nosso ramo de atuação, sim, mas também somos muito mais do que isso.

Chega de números, agora vamos usar algumas palavras. Palavras como:

- Integridade e honestidade
- Trabalho duro
- Orientados para o serviço
- Dedicados
- Trabalho em equipe

Essas palavras nos descrevem como o Wolff Group. Essas palavras descrevem o que nos faz funcionar, o que impele nossa paixão, o que está no nosso âmago, no coração do Wolff Group, no nosso coração. Essas palavras descrevem uma parte de cada um de vocês.

Por que os clientes fazem negócios com o Wolff Group, com um Scott, uma Tina, um Bill, uma Lynn, um Josh, uma Debbie, um Hank, uma Barb, um Sean, um Steve, uma Kelly, só para citar alguns?

Porque tanto essas pessoas que acabei de mencionar quanto todos vocês entendem a importância de tratar os outros com respeito, de serem honestos, sinceros e dignos de confiança. Sabemos como são importantes...

A integridade e a honestidade nos relacionamentos, em qualquer relacionamento, seja empresarial ou pessoal. Associe isso a um interesse sincero por entender as necessidades dos nossos clientes, ouvindo suas necessidades e estando prontos para ajudar quando necessário. Estar dispostos a ajudar nos torna...

Orientados para o serviço. É por isso que, quando um cliente como [a Empresa ABC] liga e diz a Tina que o novo produto está no cardápio deles na semana que vem e o fornecedor não tem estoque, Barb interrompe o que está fazendo e se dirige ao fornecedor para que ele cuide do aumento da oferta desse produto. E, de novo, quando descobrimos que o pedido para o fornecedor está em espera devido a um problema de crédito, Debbie precisa parar o que está fazendo para ajudar a resolver essa questão de modo que o pedido seja enviado a tempo. Isso mostra que nós somos...

Dedicados e não nos incomodamos em **trabalhar duro**. Aí Sean recebe um telefonema urgente da [Empresa XYZ], numa tarde de quinta-feira, dizendo: "Precisamos de você numa reunião de vendas amanhã cedinho com a [Empresa PDQ]." Então Sean liga, em pânico, para Debbie pedindo ajuda para preparar um folheto especial para a reunião da manhã seguinte. Ela prepara o folheto e manda por e-mail para Sean à uma hora daquela madrugada. Isso prova que nós prosperamos com...

O trabalho em equipe. Nós respondemos dizendo: "Sim, podemos fazer isso por você, podemos fazer acontecer." Esta é uma equipe de indivíduos orientados para o serviço, focados nas necessidades dos clientes, que trabalham duro e estão prontos para fazer tudo que for necessário! Eu poderia continuar contando mais e mais histórias, mas, para a sorte de vocês, só vou citar umas poucas.

Uma coisa que vocês notarão é que essas virtudes não podem ser ensinadas numa sala de aula nem obtidas em treinamento; elas são parte do que compõe cada um de vocês. É o seu cerne, são os seus valores fundamentais, são o que faz o coração de vocês bater todo dia. Não sei se são resultado da sua criação ou se estão nos genes, mas uma coisa é certa: as pessoas com essas virtudes são as que desejamos que façam parte da nossa equipe, da nossa família. O compromisso continuado de encontrar as pessoas certas será uma das chaves para levar o Wolff Group ao próximo nível.

É importante identificar o que nos move, porque isso estabelece a base para quem nós somos, para onde vamos, como chegaremos lá e quando. Estamos num caminho que nos levará a lugares onde jamais estivemos e a coisas que ainda não alcançamos. Estamos num caminho que vai nos levar e nos impelir para onde queremos ir. É um momento muito empolgante para o Wolff Group. Estou muito feliz porque cada um de vocês faz parte disso.

Estou direcionado e dedicado a tornar os próximos 10 anos do Wolff Group os melhores de todos os tempos. Espero que todos vocês se juntem a mim nesta viagem, será muito divertido! Um brinde à nossa próxima década abrindo uma nova estrada!

> Esse discurso sobre valores fundamentais foi um ponto essencial para Stu Wolff catapultar sua empresa até uma dimensão quatro vezes maior. Wolff fez esse discurso há cinco anos. Mais tarde, com a clareza de sua cultura, ele e seu sócio decidiram romper a parceria devido à falta de harmonia entre seus valores fundamentais. Ele encontrou um novo sócio com valores fundamentais parecidos com os seus.
> Assim que desenvolveu uma cultura forte e cristalizou seu modelo de negócios, Stu adquiriu três empresas que duplicaram o tamanho da sua e recentemente completou a aquisição de uma empresa de tamanho igual.
> Agora o Wolff Group é uma empresa de 16 milhões de dólares com uma cultura forte, muito bem administrada e respeitada no seu ramo de atividade.

Seus valores fundamentais devem se tornar uma força orientadora na sua organização e devem ser incorporados no processo de contratação. Quando você entrevista candidatos a emprego, eles precisam ouvir esse discurso. Precisam saber quem vocês são. É fácil encontrar pessoas com as habilidades corretas, mas você quer ter aquela que rema na sua direção. Você descobrirá que sua taxa de sucesso nas contratações aumentará se avaliar os valores fundamentais dos candidatos antes de avaliar a capacidade deles. Todos os meus clientes seguem exatamente esse processo. O motivo? Ele funciona.

Assim que seu discurso for escrito, feito e incorporado em seu processo de contratação, ele se tornará uma linguagem comum na organização, e é aí que seus valores fundamentais começam a viver. Existem muitos modos criativos de mantê-los vivos. Por exemplo, um cliente específico com uma cultura incrível usa um valor central como nome de cada uma das suas salas de reuniões. A McKinley tem um valor central chamado "Gumby". Ela dava a cada empregado um boneco Gumby com uma etiqueta, explicando que o Gumby é flexível, otimista, honesto e puro, aventureiro, intrépido, amoroso e amigo de todo mundo.

> Trabalhei com muitos clientes que adquiriram outras empresas, fundiram-se com outras organizações e foram adquiridos (por acaso, cinco das minhas empresas clientes foram adquiridas e, em todos os casos, o valor de venda foi um múltiplo extremamente alto e as companhias que as adquiriram disseram que elas eram as pequenas empresas mais bem administradas que já tinham visto). O principal motivo para esses negócios terem sucesso e continuarem com sucesso é o alinhamento dos valores fundamentais. Aconselhei cada cliente a começar cada processo de diligência prévia com a combinação dos valores fundamentais. Se há uma combinação, tudo flui. Se não há, aconselho-os a não seguir em frente.

Resumindo, não importa *quais* são os seus valores fundamentais, desde que você os tenha definido e comunicado claramente e que os viva como uma organização. Só então você pode realmente se cercar de pessoas que preparem sua companhia para o crescimento.

Trabalhe para estabelecer seus valores fundamentais agora. Assim que tiver terminado, coloque-os no OV/T.

VALORES FUNDAMENTAIS	1. FLEXÍVEL
	2. INOVADOR
	3. RESPEITOSO
	4. ANIMADO
	5. EQUIPE
FOCO CENTRAL™	Propósito/Causa/Paixão
	Nosso nicho:

QUAL É O SEU FOCO CENTRAL?

Na agitação do mundo dos negócios não é necessário muita coisa para uma organização sair dos trilhos. As empresas podem se distrair facilmente com oportunidades que são lobos em pele de cordeiro. Outras presumem falsamente que, como experimentam sucesso num negócio, podem ter sucesso em todos. Outras simplesmente ficam entediadas.

Seu trabalho como líder de equipe é estabelecer o foco central da sua organização e não deixar que nada o distraia disso. Muitas coisas têm o potencial de nos distrair do nosso foco central. Steve, membro de uma equipe de liderança, chama isso de "coisa brilhante". Um concorrente, uma ideia nova, um produto novo e um conselho ruim que na hora parece bom são apenas alguns exemplos.

O conceito básico de foco central tem recebido muitos nomes diferentes ao longo do tempo, entre eles "declaração de missão", "declaração de visão", "negócio central", "ponto certo", "a zona" e "a bola" (tipo, "fique de olho na bola"). Em seu livro *O 8º hábito*, Stephen Covey chama isso de "voz". Dan Sullivan chama de Capacidade Singular® e, em *Empresas feitas para vencer*, Jim Collins chama isso de "conceito da marmota". Eu o denomino foco central porque deve vir do cerne da sua empresa e você deve se manter totalmente focado nele.

O conto "Acres of Diamonds", de Russell H. Conwell, ilustra bem esse ponto. Era uma vez um homem chamado Ali, dono de uma fazenda com muitos pomares. Ali estava perfeitamente contente com o que lhe cabia na vida. Até que, um dia, um sacerdote da região lhe disse que o Todo-Poderoso havia criado diamantes e que uma pedra do tamanho do seu polegar valia o suficiente para comprar um país inteiro. Segundo o conto, Ali foi para a cama pobre. Vendeu a fazenda e partiu atrás de uma fortuna em diamantes.

Depois de anos procurando por toda a Palestina e pela Europa sem encontrar um único diamante, acabou sem um tostão. Numa crise de desespero, jogou-se no mar furioso e se afogou. Logo depois, o comprador da fazenda de Ali foi visitado pelo mesmo sacerdote que havia contado a Ali sobre os diamantes. O sacerdote viu um pequeno diamante no console da lareira e perguntou:

– Onde você encontrou essa pedra?

E o homem respondeu:

– Um riacho que atravessa a fazenda está cheio delas.

A maioria das pessoas está sentada em cima de suas minas de diamantes. O modo mais seguro de perder sua mina de diamantes é ficar entediado, ambicioso demais ou começar a pensar que a grama é mais verde do outro lado da cerca. Encontre seu foco central, atenha-se a ele e dedique seu tempo e seus recursos a ser excelente nele.

Quando os donos de empresas ficam entediados, sempre há o potencial de se distraírem com coisas brilhantes e, sem querer, sabotarem o que criaram. Deixar a paixão desbotar e perder de vista o motivo para você estar nos negócios são outras armadilhas que podem levar ao mesmo destino. Definir seu foco central vai levá-lo de volta aos seus níveis originais de clareza e empolgação.

Um ótimo exemplo de uma empresa distraída por coisas brilhantes foi a Broder & Sachse Real Estate Services Inc. Pouco antes de iniciar seu Processo do SOE, a empresa de administração imobiliária tinha escapado de uma bomba.

Essa bomba específica veio na forma de uma proposta de negócio feita por um homem que queria que a Broder & Sachse comprasse um prédio industrial que ele possuía de modo que ele fundasse uma empresa de revestimento em pó para motores. O acordo era que o homem alugaria o prédio da Broder & Sachse e usaria o dinheiro da venda para construir a linha de montagem e as instalações. O homem já contava com clientes esperando; só precisava montar a empresa e abrir as portas. No papel, era uma ideia de 1 milhão de dólares. Empolgados com a perspectiva, os proprietários Rich Broder e Todd Sachse decidiram dar um passo a mais e fazer sociedade com o homem da empresa de revestimento em pó.

Depois de investir 1 milhão de dólares próprios e um ano e meio de seu tempo, Rich e Todd acabaram fechando a empresa. Nos três meses em que ficou aberta ela havia perdido um total de 300 mil dólares. Sem dúvida, foi a pior decisão empresarial da carreira dos dois. Mas houve um lado positivo. Seis meses depois, alguém surgiu e comprou a empresa por um valor quase igual ao que eles tinham investido. Tiveram sorte. Por outro lado, eles perderam um ano e meio de dedicação e foco em seu negócio central, e essa perda é incalculável.

Hoje em dia, o erro deles é conhecido no escritório como um CCT, sigla do nome da empresa: Capital Coating Technologies. Agora, sempre que veem algo brilhante, dizem de brincadeira que é um CCT e direcionam as energias para outro lado.

O foco central da Broder & Sachse é possuir e administrar imóveis, e não revestimento em pó. Ainda que no papel uma nova ideia possa parecer simples, não vale a pena realizá-la se não fizer parte do seu foco central.

Quando seu foco central estiver nítido, você chegará a várias percepções importantes. Perceberá que determinadas práticas, pessoas e, às vezes, divisões e/ou linhas de produtos inteiras não se encaixam no seu foco central. Devido a essa descoberta, antigos clientes do SOE se livraram de departamentos inteiros e tiveram resultados excelentes.

Assim que a Image One, uma empresa de serviço de impressão a laser e de suprimentos com valor de 7 milhões de dólares, esclareceu seu foco central, decidiu eliminar sua unidade voltada para redes de computação e concentrou-se inteiramente em simplificar os ambientes de impressão dos clientes. A decisão foi dolorosa e dramática, mas foi o que a empresa fez. O resultado foi um crescimento médio de 30% anuais nos últimos quatro anos, culminando na venda para uma empresa de capital aberto do seu ramo de atividade por um valor muitas vezes maior.

O presidente e coproprietário da Image One, Rob Dube, diz: "A decisão de fechar nossa divisão de informática depois de seis meses foi um ponto de virada na história da empresa. Assim que nosso foco central ficou nítido, não havia como retornar." Por acaso, Rob e Joel compraram a empresa de volta e continuam a fazê-la crescer 30% ao ano. Recentemente a Image One foi escolhida como Pequena Empresa do Ano pela *Crain's Detroit Business* e também foi finalista do Prêmio Empreendedor do Ano da Ernst & Young.

Decida em que negócio você está e fique firme nesse negócio. Como diz o velho ditado: "Quem persegue dois coelhos acaba sem nenhum." Ou como observou Al Ries na *Focus*: "Imagine os administradores de uma clínica médica dizendo: 'Somos conhecidos como cirurgiões cerebrais fantásticos, então vamos entrar no negócio de coração, fígado, pulmões e membros."

Sempre acho engraçado quando um cliente olha para outro ramo de atividade e diz: "Eu gostaria de estar naquele negócio. É muito mais simples." E penso: "Ah, se ele soubesse!" Em outras palavras, ainda não vi um único negócio fácil de ser administrado. *Todos* exigem trabalho. O sucesso num ramo de atividade não determina necessariamente o sucesso em outro. Você só pode ter sucesso no tipo de negócio certo para você e para sua equipe. Como disse Jim Collins em *Empresas feitas para vencer*: "Você precisa descobrir para que coisa é geneticamente programado." É um ponto vital. A combinação de seus talentos e paixões com a sua liderança cria algo único que nenhuma outra empresa tem, e esse é o seu foco central. Você precisa descobrir qual é ele. O exercício seguinte foi pensado para ajudá-lo a fazer exatamente isso.

Como determinar o seu foco central

Primeiro, você e sua equipe de liderança devem definir, com clareza absoluta, suas duas verdades: seu motivo para existir e seu nicho.

A rigor, o foco central é algo bastante simples. Não pense demais. Depois de ler esta seção do livro, tranque sua equipe de liderança em uma sala por, no mínimo, duas horas ininterruptas. Comece pedindo que escrevam as respostas para as duas perguntas a seguir. Assim que todos tiverem terminado, peça que cada um leia o que escreveu. Depois abra a discussão e conversem em grupo pelo tempo necessário.

Faça isso com as duas perguntas, uma de cada vez, até que todos estejam em sintonia e reduzam cada resposta a apenas algumas palavras. Um aviso: vocês podem precisar de várias sessões para terminar a tarefa. Seja paciente e se lembre de não pensar demais nem analisar demais. Como os valores fundamentais, seu foco central já existe; é só uma questão de descartar os itens que não são essenciais antes de chegar a ele. O que se segue são duas perguntas com alguns exemplos da vida real para orientar:

1. Por que sua organização existe?
Qual é o propósito, a causa ou a paixão dela?

Quando seu propósito, causa ou paixão estiver claro, você não poderá dizer em que ramo de atividade atua. Você deverá ser capaz de levá-lo para qualquer ramo. Isso também impedirá que você confunda propósito, causa ou paixão com o seu nicho.

> Quando anotar seu foco central na versão eletrônica do OV/T, por favor, escolha uma das três palavras: "propósito", "paixão" ou "causa" – a que tenha mais a ver com a sua equipe – e apague as outras do documento. Menos é mais.

Quando seu propósito, causa ou paixão estiver nítido, deve atender a todos os oito pontos da seguinte lista:

1. É declarado em três a sete palavras. ☐
2. É escrito em linguagem simples. ☐
3. É grande e ousado. ☐
4. Tem um efeito do tipo "eureca". ☐
5. Vem do coração. ☐
6. Envolve todo mundo. ☐
7. Não tem a ver com dinheiro. ☐
8. É maior do que um objetivo. ☐

Exemplos de propósitos, causas ou paixões
Cunningham/Limp: Satisfação do cliente
McKinley: Enriquecer a qualidade de vida nas nossas comunidades
Image One: Construir uma empresa excelente, com excelentes profissionais e excelentes resultados
Schechter Wealth Strategies: Criar relacionamentos para toda a vida e admiradores ardorosos

2. Qual é o nicho da sua organização?

Seu nicho deve ser simples. Ele vai se tornar um mecanismo de filtragem para sua equipe tomar decisões enquanto vocês avançam. A teoria de Orville Redenbacher diz tudo: "Fazer uma coisa e fazê-la melhor do que todo mundo."

Exemplos de nichos
Autumn Associates: Criar o programa certo com a cobertura certa para os clientes certos

Orville Redenbacher: Oferecer a melhor pipoca do mundo
Atlas Oil Company: Transportar combustível
Image One: Simplificar os ambientes de impressão das empresas
McKinley: Solucionar problemas imobiliários complexos

Ao esclarecer seu nicho e o motivo de ser da sua organização, você tem um foco central. Assim que o seu foco central estiver nítido, você precisará se manter fiel a ele. Se uma nova oportunidade de negócio não se encaixar, não o faça. Se alguém da equipe de liderança tentar empurrar para os outros alguma ideia inconsistente, jogue-a de volta para o autor. Que esse seja seu mecanismo de filtragem para todas as decisões futuras.

Abaixo vão alguns exemplos do foco central de algumas empresas no mundo real:

Asphalt Specialists, Inc. (ASI)
Paixão: Vencer
Nicho: Pavimentação de qualidade com asfalto

Zena Comp
Paixão: Criar soluções eficientes
Nicho: Tecnologia sem preocupações que protege e faz crescer as empresas dos clientes

Ronnisch Construction Group
Propósito: Superar as expectativas
Nicho: Cumprir o prazo em todas as vertentes da construção civil

Image One
Paixão: Construir uma empresa excelente, com excelentes profissionais e excelentes resultados
Nicho: Simplificar os ambientes de impressão das empresas

Junto com dois outros sócios, os irmãos Tyler e Jonathan B. Smith fundaram uma pequena empresa de tecnologia para design de websites com aplicativos de *back-end*. Assim que perceberam que a empresa não se encaixava em seu foco central pessoal, eles deixaram a firma com os sócios e cada um foi desenvolver companhias bem-sucedidas alinhadas com seu foco central.

Jonathan foi um dos fundadores da Wave Dispersion Technologies, empresa que fornece segurança costeira para países em todo o mundo. Ela chegou à lista das 500 empresas particulares de crescimento mais rápido segundo a revista *Inc*.

Com seu novo sócio, Brad, Tyler criou a empresa de varejo na internet Niche Retail, levando-a de startup até uma receita de 19 milhões de dólares em nove anos. Tyler e Brad foram finalistas ao Prêmio Empreendedor do Ano da Ernst & Young, e a Niche Retail ficou em 300º lugar na lista das 500 empresas particulares de crescimento mais rápido segundo a revista *Inc*. Ilumine o seu foco central e você também poderá gerar esse tipo de resultado.

Um ponto importante: a tarefa de esclarecer o seu foco central presume que você já tenha um modelo financeiro que funcione. Nesse caso, é apenas uma questão de se concentrar em sua visão e executá-la de modo que o lucro venha em seguida.

Se você joga golfe, sabe que a face de um taco tem um ponto de contato ideal. Ainda que o tamanho desse ponto varie dependendo do taco, vamos presumir que seja cerca de 50% da face. Se você acertar a bola com esse ponto ideal, ela irá mais longe e numa trajetória mais reta, o contato será melhor e você terá mais chance de acertar. O mesmo se aplica à sua empresa. Como um taco de golfe, sua empresa tem um ponto de contato ideal e, agora que você esclareceu seu foco central, sabe qual é ele. Presumindo que você se concentre no seu ponto ideal, que deve ser mais ou menos 50% do seu mercado, sua empresa irá mais longe e terá melhores resultados em lucratividade.

Assim que o seu foco estiver nítido, seu pessoal, seus processos e seus sistemas podem ser orientados a impulsioná-lo de modo consistente. Até exaurir cada possibilidade de seu foco central, não se permita ser distraído pelo brilho de outros pontos.

Agora que o trabalho está feito, acrescente seu foco central ao OV/T.

QUAL É A SUA META DE 10 ANOS?

Agora que seus valores fundamentais e seu foco central estão nítidos, a próxima pergunta é: Qual é a sua meta de 10 anos? Onde você quer que sua organização esteja daqui a uma década?

Um fio comum une pessoas de sucesso e empresas de sucesso. Todas elas têm o hábito de estabelecer e alcançar objetivos. Por isso me causa espanto o número de empreendedores que não conseguem me dizer qual é o seu objetivo principal. Para mim, eles são como barcos sem leme. Como você sabe se está seguindo na direção certa se não sabe qual direção deve tomar? Como disse Yogi Berra: "Você precisa ter cuidado se não souber para onde está indo, porque pode não chegar lá."

Em seu livro *Feitas para durar*, Jim Collins e Jerry I. Porras mostraram que as organizações que têm durado décadas compartilham outra prática comum: todas estabelecem enormes objetivos para 10 a 25 anos. Collins e Porras se referem a eles como OGCAs – Objetivos Grandes, Cabeludos e Audazes – e os definem como tendo "uma visão de longo prazo ousada a ponto de parecer impossível".

Essa é uma das principais diferenças entre uma meta de 10 anos e qualquer outra meta mais curta que você possa estabelecer. Esse é o objetivo gigantesco, na direção do qual todo mundo está trabalhando, é o que dá a todos na organização um direcionamento de longo alcance. Assim que sua meta de 10 anos estiver nítida, você e sua equipe de liderança começarão a fazer as coisas de modo diferente aqui e agora, para chegar lá.

Em *You2* (Você também), Price Pritchett explica como dar esses saltos quânticos: "Você precisa se concentrar nos fins, e não nos meios." O alvo de longo prazo é o fim que ele está descrevendo. Ele continua: "É crucial ter uma imagem claríssima do que você quer realizar... Prenda a atenção no ponto em que você pousará no fim do seu salto quântico... Assim que fizer isso, é quase como se você se magnetizasse nos caminhos e meios envolvidos na metodologia para chegar lá. As soluções começam a aparecer. As respostas chegam."

O motivo para esse período específico de 10 anos é que 90% dos clientes do SOE o escolheram no passado. Alguns preferiram um período de cinco anos, ao passo que outros chegaram até 20. Esse tempo está totalmente por sua conta.

Exemplos de metas de 10 anos
ZenaComp: Receita de 10 milhões de dólares com lucro líquido de 10%
Autumn Associates: Uma referência dada por cada cliente e cada cliente vindo a partir de uma referência
McKinley: Possuir ou administrar 20 mil unidades multifamiliares
Atlas OilCompany: Transportar 5 bilhões de galões de combustível
SchechterWealthStrategies: 15% do mercado-alvo

Como estabelecer uma meta de 10 anos

Reúna-se com sua equipe de liderança e discuta para onde quer levar sua organização. Aqui é necessário um aviso: ainda que seus valores fundamentais e seu foco central já estejam presentes na organização, a meta de 10 anos será diferente. Nunca vi uma equipe concordar na primeira rodada quando se trata de uma meta de 10 anos. Seja paciente na primeira tentativa.

Recomendo começar perguntando a todos até que distância eles gostariam de olhar. Depois eu perguntaria a todos qual, a seu ver, seria a receita da organização naquele ponto. Essa é uma pergunta particularmente divertida e provavelmente você receberá uma vasta gama de respostas. Esses números diferentes devem começar a fazer todo mundo falar e, enfim, entrar em sincronia. Assim que essas duas perguntas tenham ligado o motor, pergunte qual eles imaginam que seja o alvo. Podem ser necessárias algumas reuniões para estabelecer uma resposta final. Já precisei voltar a determinados clientes do SOE com a mesma pergunta a cada trimestre até eles a encontrarem.

Assim que essa decisão tiver sido tomada, confirme que todo mundo esteja motivado com ela e em sintonia. Como acontece com as atividades para estabelecer os objetivos, sua meta de 10 anos deve ser específica e mensurável, de modo a não haver muitas áreas cinzentas. Você saberá identificar o objetivo certo quando o tiver. Será aquele que provoca paixão, empolgação e energia em todas as pessoas da organização sempre que for mencionado.

> Agora, com muitos clientes chegando perto ou alcançando suas metas de 10 anos, surge frequentemente a questão relativa ao que fazer quando estiverem se aproximando. A resposta, e regra de ouro, é que, assim que você estiver a três anos de alcançar sua meta de 10 anos, transfira-a para sua imagem de três anos (que será abordada na página 75) e estabeleça uma nova meta.

Acrescente sua meta de 10 anos à terceira seção do OV/T.

QUAL É A SUA ESTRATÉGIA DE MARKETING?

Uma mãe, seu filho pequeno e seu jumento estão fazendo uma longa jornada pelo campo. A mãe está montada no jumento, com o filho caminhando ao lado, quando entram numa aldeia. De repente as pessoas da aldeia se reúnem e começam a jogar pedras neles. Os dois fogem e conseguem escapar. A mãe está perplexa e, enquanto se aproximam da próxima aldeia, reflete: "Talvez eles tenham pensado que não era certo deixar meu filho no chão." Por isso os dois trocam de lugar e se preparam para entrar. Outra vez são apedrejados pelos aldeões. Totalmente perplexa, ela pensa: "Talvez seja o jumento. Talvez eles adorem jumentos neste país." Assim, antes de entrar na aldeia seguinte, eles decidem pegar o jumento e carregá-lo, mas ele é tão pesado que, quando atravessam uma ponte, o jumento cai no rio e se afoga.

Qual é a moral da história? Se você tentar agradar a todos, vai terminar a pé.

Não posso dizer quantos clientes meus começam tentando ser tudo para todo tipo de pessoa. Eles dizem "Você precisa disso? Sim, nós fazemos" e "Você quer aquilo? Sem problema". Com o tempo, eles, os clientes e os funcionários ficam frustrados e a empresa se torna menos lucrativa. Esse método atabalhoado pode tê-lo trazido ao ponto em que você está e ajudado a sobreviver às primeiras dificuldades, porém, para romper o teto, você precisa criar algum foco.

O objetivo desta seção é criar um foco afiadíssimo para seus esforços de vendas e marketing. Muitas empresas gastam milhares de dólares em consultoria, mensagens de marketing inconsistentes, impressos e tempo só porque não conseguiram estabelecer uma estratégia clara desde o início. Um esforço concentrado permitirá que você venda mais e feche mais negócios certos. Ele se tornará o alicerce para criar todos os materiais, planos, mensagens e anúncios no futuro.

Isso permite que você seja diferente e apareça para o seu cliente ideal. Todo o seu pessoal terá uma ideia clara de quem é seu cliente ideal, o que deveria estar fazendo por ele e como fará. Por fim, você saberá com quais clientes deveria ou não fazer negócios. Isso significa que você pode parar de tentar ser todas as coisas para todas as pessoas.

Em seu livro *Get Back in the Box: Innovation from the Inside Out* (Volte para a caixa: inovação de dentro para fora), Douglas Rushkoff observa que as empresas precisam parar de olhar para outros lugares em busca de respostas. Em vez de contratar marqueteiros e consultores, ele estimula as empresas a usar a própria experiência, seus valores fundamentais e suas principais competências (seu foco central). Ele instiga os leitores a "parar de resolver seus problemas de fora para dentro". E diz: "Volte para a caixa e faça as coisas que você faz melhor. Esse compromisso disciplinado com sua paixão central – e não um consultor, uma campanha publicitária ou um plano de negócios – é a verdadeira fonte de inovação."

A estratégia de marketing é composta de quatro elementos, contidos na quarta seção do OV/T:

1. Seu mercado-alvo/A Lista
2. Suas três singularidades
3. Seu processo comprovado
4. Sua garantia

Seu mercado-alvo/A Lista

O primeiro elemento da estratégia de marketing é seu mercado-alvo, ou A Lista.

Identificar seu mercado-alvo implica definir seus clientes ideais. Quem são eles? Onde estão? O que eles são? Você precisa conhecer suas características demográficas, geográficas e psicográficas. Ao identificar seu mercado-alvo você cria um filtro. Daí sai A Lista de alvos perfeitos para sua organização e sua equipe de vendas.

Se você é uma pequena empresa normal, provavelmente chegou aonde está com uma abordagem nem tão perfeita assim para encontrar clientes. Quando estava tirando o negócio do chão, qualquer cliente que pagasse era considerado bom. Por isso é provável que alguns de seus clientes não façam parte do seu mercado-alvo. Talvez eles não sejam lucrativos ou façam exigências ridículas. Talvez você nem goste deles.

Um problema para a maioria das empresas é que elas usam uma abordagem de metralhadora giratória para as vendas e o marketing. Ao definir seu mercado-alvo e criar A Lista, você está trocando a metralhadora giratória pelo fuzil. Com isso, seus esforços de vendas e marketing serão muito mais eficientes.

Um passo crucial para recolocar as vendas nos trilhos durante a reviravolta na nossa empresa de treinamento de vendas de imóveis implicou determinar qual era o nosso mercado-alvo ideal. Com o tempo percebemos que eram os presidentes e CEOs de organizações imobiliárias com 200 ou mais agentes (característica demográfica) na América do Norte (geográfica) que percebiam o valor e a necessidade de um treinamento de vendas externo (psicográfica).

Tendo isso em mente, usamos o filtro (o que significa que pesquisamos cada publicação, banco de dados e recurso do ramo) para descobrir quais e quantos eles eram. Chegamos a um total de 525. Na reunião trimestral seguinte com todos os nossos treinadores, fizemos um esquete de temática bíblica que incluía música e figurinos. Criamos um grande fichário cuja capa tinha a inscrição "A Lista". Ele continha informações e detalhes relevantes sobre 525 presidentes e CEOs.

Distribuímos esses nomes aos nossos 30 treinadores, que eram nossa força de vendas, e eles foram trabalhar. Ao nos concentrarmos na Lista, conseguimos provocar uma reviravolta nas vendas. Por fim, conseguimos penetrar na Lista e manter 50% dos clientes. Não era uma anomalia. Cada cliente que define seu mercado-alvo cria esse foco objetivo.

Exemplos
Image One: Diretores de TI em empresas que tenham 25 impressoras a laser ou mais em Michigan e Ohio
McKinley: Apartamentos, shopping centers e prédios de escritórios que gerem oportunidade e valor em Michigan, Indiana, Ohio, Illinois, Virgínia, Geórgia e Flórida
Identity Marketing and Public Relations: Empresas pequenas e médias que trabalham para outras empresas nos Estados Unidos que atendam ao nosso perfil

Definir seu mercado-alvo é recompensador. A diferença na atitude e na percepção de meus clientes ao fazer isso é como a da noite para o dia. Antes eles tentavam laçar cada cliente que estivesse em seu raio de visão, mas agora, nos primeiros 15 minutos de conversa com um cliente potencial, sabem se ele é certo ou não. Dessa forma, têm obtido clientes melhores, com menos complicações e mais lucrativos. Não desperdiçam mais um tempo valioso com clientes potenciais que não são convenientes para eles. Além disso, deixaram clientes que não estão em seu mercado-alvo e criam estresse devido a exigências pouco razoáveis e baixa lucratividade.

Como fazer a Lista
Peça que todos os membros da equipe de liderança discutam quais eles acreditam ser:

- as características geográficas dos seus clientes ideais
- as características demográficas dos seus clientes ideais (se o cliente for uma empresa, considere características como cargo, ramo de

atividade, tamanho e tipo de negócio. Se for consumidor final, considere idade, gênero, rendimentos ou profissão)
- as características psicográficas dos seus clientes ideais. Como eles pensam? De que precisam? Do que eles gostam?

Com as respostas, trabalhe na criação da Lista, que consiste nas informações principais de contato para cada cliente potencial. Não vou enganá-lo: criar A Lista exigirá algum trabalho. Implica uma combinação de examinar suas listas atuais de possíveis clientes, gerar referências a partir de clientes existentes, ler publicações comerciais, comprar listas, perguntar e dizer aos seus vendedores que fiquem atentos a qualquer coisa. Você precisa coletar e depois colocar esses nomes num banco de dados. Assim que estiver tudo compilado, seu gerente de vendas/marketing terá uma Lista de todos os seus possíveis clientes num único lugar ou pelo menos saberá onde eles estão e os administrará de acordo com isso, confirmando que os esforços de vendas e marketing estejam totalmente focados neles.

Determine a melhor forma de alcançar essas pessoas usando sua estratégia de marketing recém-esclarecida, que você completará no fim desta seção. A maioria das empresas percebe que o melhor modo de chegar ao mercado-alvo recém-esclarecido é através de referências, usando seus clientes para se conectar com novos possíveis clientes. Você tem uma variedade de opções para alcançar seu mercado-alvo; tudo depende da melhor abordagem para a sua empresa. A McKinley usa relacionamentos bancários; a Image One emprega uma combinação de telefonemas, chamadas frias, referências e mala direta; a ZenaComp utiliza networking. Assim que você tenha clareza a respeito dos seus valores fundamentais, do seu foco central, da sua meta de 10 anos e da sua estratégia de marketing, a resposta deve se apresentar. Tendo essa clareza, você pode avançar com uma abordagem direcionada para seus esforços de vendas e marketing. Isso criará uma bola de neve crescente até você chegar ao ponto em que o esforço de vendas se perpetua automaticamente. Então a tarefa de gerar novos negócios exigirá um esforço consideravelmente menor do que no início.

Acrescente o seu mercado-alvo ao OV/T.

Suas três singularidades

Outros termos comuns de marketing para isso são "diferenciais" e "proposições de valor". Dito de modo simples, são as coisas que o tornam diferente, que o fazem se destacar e que você usa para competir. Se você se alinhar contra 10 concorrentes, todos devem compartilhar uma dessas singularidades. Alguns de vocês podem até compartilhar duas, mas nenhum deve ter as três que você tem. Você precisa escolher três qualidades que realmente tornarão sua empresa única para o cliente ideal.

Outra vez, o que você está criando aqui é foco. O erro mais comum que a maioria das organizações comete é competir em um número excessivo de setores, mercados, serviços ou linhas de produtos e tentar ser tudo para todo tipo de pessoa. É um jogo que você não vencerá.

Em vez de seus vendedores dizerem "Sim, nós fazemos isso, e ah, sim, vamos fazer isso", deveriam estar falando: "Se você estiver procurando isso, provavelmente não somos a empresa certa. Nós somos excelentes é nestas três coisas." Na verdade, se essas pessoas não querem o que você tem a oferecer, não são os clientes certos para você. No fim das contas, todos terminarão infelizes de qualquer modo.

A Southwest Airlines é um ótimo exemplo disso. Ela se concentra em tarifas baixas, voos no horário e diversão. É isso que impulsiona tudo no modelo de negócio dessa organização. Se você já viajou pela Southwest, sabe que ela não oferece nenhum benefício extra. Por isso não atrai todo mundo, mas tudo bem. A Southwest importa para o seu cliente ideal, e é só isso que conta.

No livro da empresa, *Nuts! Southwest Airlines' Crazy Recipe for Business and Personal Success* (Loucura! A receita maluca da Southwest Airlines para os negócios e o sucesso pessoal), existe a história de uma mulher que mandava uma carta de reclamação para a empresa depois de cada viagem que fazia. Reclamava de problemas como falta de lugares marcados, falta de um compartimento de primeira classe, falta de refeições, reclamava dos uniformes dos comissários de voo e da atmosfera casual. Segundo o livro, uma das cartas chegou à mesa do então CEO Herb Kelleher. Ele levou 60 segundos para escrever o seguinte bilhete: "Cara Sra. Crabapple, sentiremos sua falta. Com amor, Herb."

Se você acredita nas suas três singularidades e se acredita que elas importam para o seu cliente ideal, jamais deveria se desculpar por elas.

Como escolher suas três singularidades

Para este passo você deve pensar em incluir sua equipe de vendas nas sessões de estratégia de marketing. Faça uma lista de tudo que você acredita que compõe seu pessoal, sua empresa, seu produto ou serviço. O que seus clientes ideais acham que é especial com relação a vocês? Pergunte a eles: é um telefonema de 10 minutos.

Pelo processo de eliminação, tome algumas decisões difíceis. Discuta e decida quais são as três coisas que tornam a empresa única e quais importam para você e para o cliente. Cada singularidade não precisa ser diferente daquelas de seus concorrentes. É a combinação de todas as três singularidades que diferencia você. Ninguém mais deve combinar todas as três como você.

Exemplos
Identity Marketing and Public Relations (RP e marketing)
1. Nós entendemos o que você faz
2. Geramos resultados
3. Casa cheia, treinamento interno

McKinley (administração imobiliária)
1. Serviços e vendas para clientes de alto nível
2. Investimos no nosso pessoal
3. Assumimos a perspectiva do proprietário

Autumn Associates (seguros de imóveis e contra acidentes)
1. Nosso pessoal/valores fundamentais
2. Somente por referência
3. Processo de seleção de clientes

Acrescente suas três singularidades ao OV/T.

Seu processo comprovado

Meu pai sempre ensina: "Nunca diga a uma pessoa algo que você possa mostrar a ela." Na maioria das empresas, quando os vendedores estão se reunindo com um novo cliente em potencial, normalmente tentam ganhar o novo negócio usando incontáveis palavras e estímulos visuais na forma de páginas e gráficos. No fim, acabam parecidos com todo mundo.

Há um modo comprovado de fornecer seu serviço ou produto aos seus clientes. Você pode fazê-lo sempre e o resultado é o mesmo. É o que o levou ao lugar onde você está. O que você precisa fazer é capturar esse processo num formato visual para guiar sua equipe de vendas. Ele deve caber num único pedaço de papel, deve ilustrar seu processo comprovado e deve ter um nome. Deve mostrar cada passo, desde a primeira interação com o cliente até o acompanhamento contínuo assim que seu produto ou serviço tenha sido entregue.

Habitualmente, existem de três a sete passos principais no processo comprovado de qualquer empresa. O Processo do SOE é mostrado como exemplo na página 73. Criar um processo-padrão comprovado para usar em situações de vendas lhe trará duas vantagens poderosas. Aumentará a confiança e a paz de espírito dos seus clientes potenciais ao fazer negócios com você. E, já que a maioria das outras empresas não ilustra o modo como trabalham, isso fará você se destacar entre os concorrentes.

Em vez de dar aos clientes uma apresentação de vendas e inundá-los com informações, você está dizendo: "Deixe-me mostrar exatamente como podemos alcançar grandes resultados para os nossos clientes. Seguimos um processo comprovado chamado A Diferença da [nome da sua empresa]."

Um benefício a mais de criar seu processo comprovado é que isso ajudará sua organização internamente. Cada pessoa na organização saberá como as ações dela afetarão o cliente e por que os passos que ela dá no processo são importantes.

Como criar seu processo comprovado

1º Passo

Junto com sua equipe, mostre num quadro branco quais você acredita que são os principais passos no seu processo comprovado e dê um nome a cada um deles. Esses passos principais são os pontos de contato com os seus clientes quando você interagir com eles. A regra de ouro é ter três a sete passos.

Exemplo

A empresa de serviços financeiros Schechter Wealth Strategies demorou cerca de três horas para criar seu processo comprovado. Depois de muitos debates e discussões, a equipe concordou que tinha seis passos em seu processo comprovado:

1. Descoberta
2. Apresentação da solução nº 1
3. Oferta competitiva
4. Apresentação da solução nº 2
5. Implementação da solução
6. Revisão e serviço

2º Passo

Assim que seus passos forem determinados, acrescente dois a cinco pontos embaixo de cada item para seus vendedores usarem como temas de conversa durante a venda a um possível cliente. Por exemplo, no caso da Schechter, embaixo do Passo 1 há três pontos: (1) sobre nós, (2) sobre vocês, e (3) definindo nossos objetivos.

3º Passo

Dê um nome ao seu processo. Se não conseguir pensar num nome, simplesmente o chame de "Nosso Processo Comprovado" ou "A Diferença da [nome da sua empresa]", como fazem muitos clientes do SOE.

4º Passo

Assim que você deixar claro seu processo comprovado, leve o trabalho a um designer gráfico para que ele lhe dê um visual baseado nas cores, no logotipo e na aparência da sua empresa. Em face de todo o trabalho que você já fez, isso não deve ser muito caro. O designer gráfico precisa simplesmente mostrar o seu processo comprovado de um modo atraente para você, seu pessoal e seus clientes.

5º Passo

Faça com que seu processo comprovado seja impresso profissionalmente, colorido, em papel grosso e/ou plastificado. Isso aumentará o valor percebido aos olhos dos clientes em potencial.

Acrescente o nome do seu processo comprovado ao OV/T.

Sua garantia

O quarto e último elemento da estratégia de marketing é o que você garante ao cliente. Pense no que a Federal Express fez com as entregas de um dia para outro: "Quando absolutamente, positivamente, precisa estar lá de um dia para outro." A Domino's fez a mesma coisa com a entrega de pizzas: "Trinta minutos ou então é grátis." Agora as emergências hospitalares nos Estados Unidos estão adotando a ideia para o tempo na sala de espera, garantindo uma espera de 30 minutos ou menos. Algumas até garantem não haver espera alguma.

Uma garantia é sua oportunidade de abordar um problema e resolvê-lo. Geralmente é um problema de serviço ou qualidade. Você deve determinar com que seus clientes podem contar. Se você garantir isso, eles ficarão tranquilos e permitirão que você feche mais negócios.

Alguns negócios não são adequados a garantias. Metade dos clientes do SOE não tem garantias porque não pôde pensar numa garantia consistente que traga mais negócios. Você não vai falir se não tiver uma garantia, mas será mais fácil alcançar sua visão se tiver uma. Na verdade, você tem fechado menos negócios porque não conta com a confiança total de seus clientes potenciais. Se você puder fazer isso, ganhará mais clientes.

A Image One pensou numa garantia que vem capitalizando há mais de 10 anos. O maior problema com que seus clientes se deparavam no negócio de impressão a laser era perder dias de produtividade por causa

O PROCESSO DO SOE™

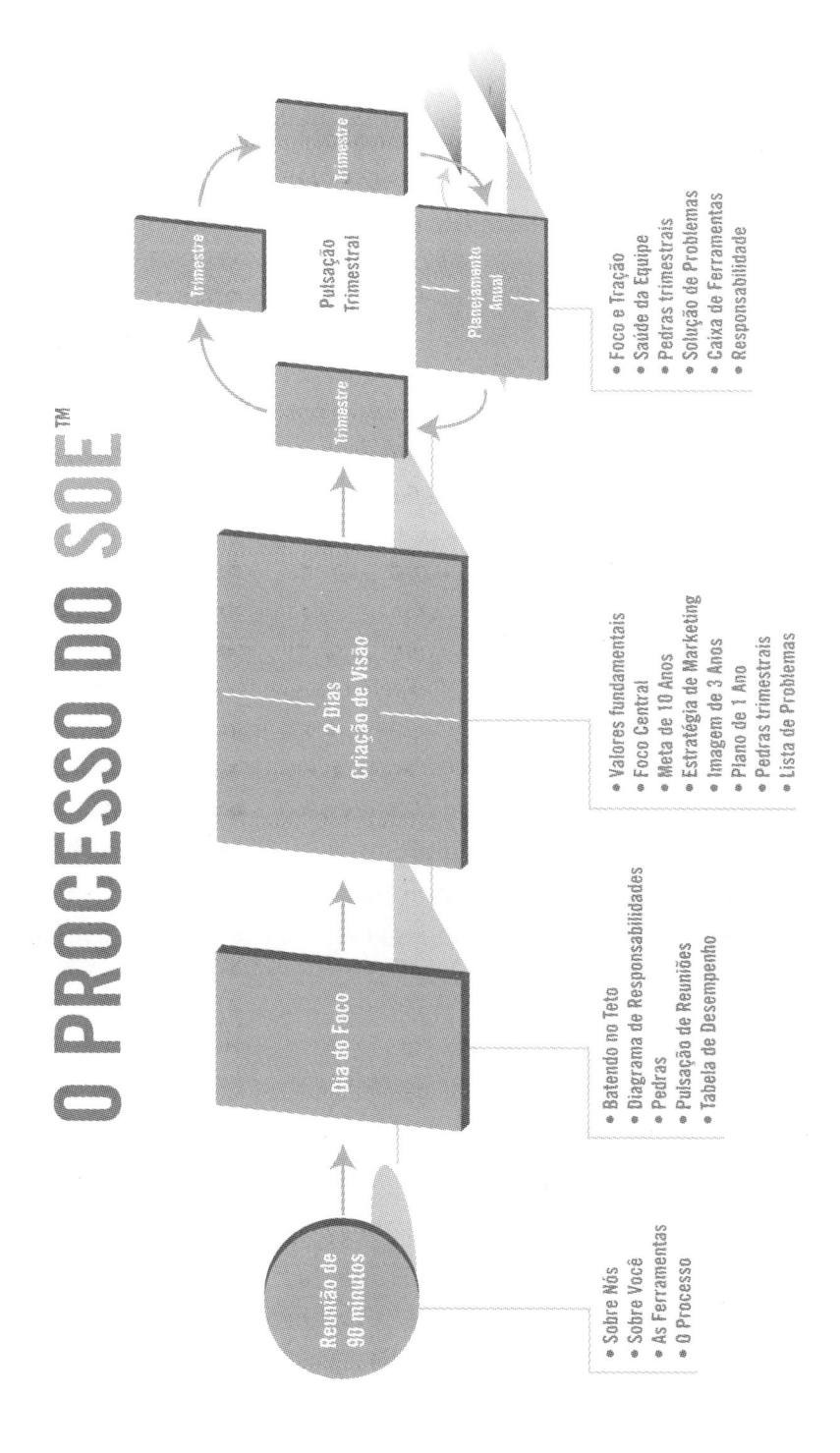

Reunião de 90 minutos
- Sobre Nós
- Sobre Você
- As Ferramentas
- O Processo

Dia do Foco
- Batendo no Teto
- Diagrama de Responsabilidades
- Pedras
- Pulsação de Reuniões
- Tabela de Desempenho

2 Dias Criação de Visão
- Valores fundamentais
- Foco Central
- Meta de 10 Anos
- Estratégia de Marketing
- Imagem de 3 Anos
- Plano de 1 Ano
- Pedras trimestrais
- Lista de Problemas

Pulsação Trimestral (Trimestre → Trimestre → Trimestre)

Planejamento Anual
- Foco e Tração
- Saúde da Equipe
- Pedras trimestrais
- Solução de Problemas
- Caixa de Ferramentas
- Responsabilidade

das falhas nas impressoras. O coproprietário Joel Pearlman resolveu isso garantindo: "Em quatro horas ou é grátis."

Sua garantia tem um benefício secundário: força todas as pessoas da organização a produzir a partir dela, o que, por sua vez, o força a olhar para dentro e se certificar de que tem todas as pessoas, todos os processos e sistemas certos para isso. Caso contrário, será obrigado a melhorar. Seu cliente jamais precisará cobrar essa garantia se você tiver um ótimo desempenho.

Como escolher sua garantia

Faça um brainstorm com sua equipe de liderança e redija uma lista do que imaginam que sejam os maiores temores, frustrações e preocupações de seu cliente potencial ao tratar de negócios com você. A garantia ideal é sustentada por uma penalidade tangível se você não entregá-la. Sua garantia deve trazer mais oportunidades ou permitir que você feche mais negócios que não eram realizados. Se isso não acontecer, você não deve perder tempo usando-a.

Uma boa ideia é pedir feedback a alguns clientes atuais ou potenciais. Às vezes meus clientes têm dificuldade com a palavra "garantia". Nesses casos, eu chamo de promessa, compromisso ou comprometimento. Isso parece fazer o processo criativo avançar.

Faça uma lista de todas as garantias possíveis que você está disposto a oferecer e que darão tranquilidade a seus clientes potenciais e renderão mais negócios. A partir daí, escolha a melhor. Se ela atender a todos os critérios acima e você acreditar que é a certa, passe a usá-la.

Talvez você não consiga na primeira tentativa. Seja paciente e a garantia certa surgirá. Essa simples percepção começará a dar ideias a você e à sua equipe. Por exemplo, eu estava passando por uma oficina mecânica um dia desses e vi um cartaz dizendo: "Empréstimo de carro grátis." A empresa estava abordando a maior frustração dos seus clientes: ficar sem carro. Pelo rádio, ouvi uma financeira garantir qualquer empréstimo em 14 dias, senão a pessoa recebe 500 dólares. Assim que você toma consciência, passa a ver e ouvir garantias em toda a parte. A sua surgirá.

Acrescente sua garantia ao OV/T.

Agora que os quatro elementos da sua estratégia de marketing estão claramente definidos, é hora de unir toda a sessão de estratégia de marketing. Você já pode divulgar com clareza uma estratégia de marketing para ser apoiada por toda a organização, esclarecendo a todos o que eles devem desenvolver. A estratégia será a base para que todos os seus materiais de vendas e marketing, suas mensagens e suas apresentações avancem.

Procure todos os clientes potenciais da Lista, informe a eles por que você é especial, mostrando seu processo comprovado para fazer negócios e oferecendo sua garantia. Essa exatidão em seus esforços de vendas e marketing aumentará sensivelmente suas vendas.

QUAL É A SUA IMAGEM DE TRÊS ANOS?

Com as primeiras quatro seções do OV/T preenchidas, agora você sabe quem são, o que são, para onde vão e qual estratégia de marketing usarão para chegar lá. Agora é hora de desenhar como ficará sua empresa daqui a três curtos anos.

Com a vida e os negócios se movendo tão rapidamente no século XXI, há pouco valor no planejamento estratégico detalhado para além de uma janela de três anos. Muita coisa pode mudar nesse tempo. O retorno é tipicamente baixo para o investimento de tempo e dinheiro nesse tipo de planejamento. Mesmo assim, vale a pena criar uma projeção da organização num futuro próximo de três anos, o que vai fazê-lo alcançar dois objetivos vitais. Primeiro, o seu pessoal poderá "ver" o que você está dizendo e determinar se todos querem fazer parte do cenário. Presumindo que queiram, se eles puderem enxergar a visão, ela terá mais probabilidade de acontecer. Segundo, isso melhora tremendamente o processo de planejamento de um ano. Tendo a imagem de três anos nítida na mente, você pode determinar com mais facilidade o que precisa fazer nos próximos 12 meses para permanecer nos trilhos. Como disse Napoleon Hill: "A mente humana certamente pode realizar qualquer coisa que ela consiga conceber e em que possa acreditar."

Como você pode ver no OV/T, a imagem de três anos é criada pela composição de pontos essenciais e parâmetros mensuráveis bem altos. É simples, mas poderosa. Não subestime a importância desta seção, mas também não pense demais nela. Você está pintando um quadro do local de destino, e não discutindo cada obstáculo no caminho.

Pinte a imagem de três anos

Marque um horário com sua equipe de liderança. Assim que tiverem se reunido, ponha uma cópia do OV/T diante de cada membro. Comece escolhendo uma data futura. Recomendo mantê-la perto do fim do ano, tornando assim mais fácil a visualização pelas pessoas.

Em seguida, determine a imagem da receita. Comece fazendo esta pergunta à equipe: Como será a receita daqui a três anos? Isso é sempre divertido, porque você descobre se sua liderança está em sincronia com a rapidez com que deseja crescer. É certo que surgirão vários números, mas você terá que escolher um. Um cliente novo ouviu valores que iam de 20 milhões a 100 milhões de dólares. Dá para imaginar como deviam ser diferentes essas visões individuais do futuro? Elas não podem coexistir na mesma empresa sem criar complexidade, confusão e frustração. Esse cliente acabou colocando todos em sintonia com uma cifra de 30 milhões.

Originalmente, o Wolff Group obteve uma variação entre 10 milhões e 25 milhões, com os dois proprietários nos extremos desse espectro. Na época, era uma empresa de 4 milhões de dólares com 51 funcionários. Depois de muitas discussões, debates e estudos, foi combinado o valor de 15 milhões e os dois proprietários, junto com toda a equipe de liderança, terminaram concordando, igualmente empolgados com o futuro. A necessidade de criar uma imagem de três anos se torna cada vez mais evidente sempre que trabalho com um cliente.

O próximo passo é concordar com o valor do lucro. A discussão poderá até parecer com a anterior, mas deverá encontrar uma solução com muito mais rapidez. Então, você vai querer determinar seus parâmetros mensuráveis específicos. Esses parâmetros dão alcance e tamanho a todos. Toda empresa tem um ou dois números muito específicos que são um sinal revelador do tamanho da organização. Podem ser o número de clientes, clientes grandes, unidades ou ferramentas produzidas.

A Atlas Oil Company fornece combustível para postos de gasolina e seu parâmetro mensurável são galões. Em 2010, a empresa transportou 725 milhões de galões. Em sua imagem de três anos, o parâmetro é de mais de 1 bilhão. Esse número mostra alcance e tamanho, e força a equipe a pensar no que seria necessário para quase dobrar o tamanho da organização em três anos. Igualmente importante, confirma que a liderança concorda e está pronta para esse tipo de crescimento. Outro exemplo é a Zoup!, uma franquia de um conceito prático de sopa e sanduíche. Seu parâmetro mensurável é o número de lojas. Com 38 lojas, projetou em sua imagem de três anos um salto para 94 lojas.

Assim que você tiver determinado seus números, faça com que todos da equipe de liderança tirem alguns minutos para registrar pontos essenciais que mostrem como a organização estará daqui a três anos. Entre os fatores a considerar estão itens como número e qualidade dos funcionários, recursos extras, ambiente e tamanho dos escritórios, eficiências operacionais, sistematização, necessidades de tecnologia, mix de produtos e mix de clientes.

Combine esses resultados. Depois de alguma discussão e debate, sua imagem de três anos conterá, basicamente, de 10 a 20 pontos que descrevem como sua organização estará. Além disso, cada pessoa da equipe de liderança deve verbalizar sua visão do papel que representará na organização nessa época futura. Você obterá informações interessantes sobre a motivação de seu pessoal e ajudará a alinhar as expectativas de todos.

Você só pode ir em frente e finalizar sua imagem de três anos quando todos da equipe de liderança a enxergarem com nitidez. Nesse ponto, todos na sala devem fechar os olhos enquanto uma pessoa lê em voz alta a imagem de três anos. Cada pessoa deve acreditar nessa imagem e desejá-la. Afinal, eles são a equipe que precisa fazer isso acontecer. Nessa sessão, encoraje as pessoas a falar, debater, avançar e recuar, mas elas devem concordar com todos os pontos principais. Agora você tem uma imagem de três anos que pode levar para o resto da organização.

Acrescente sua imagem de três anos ao OV/T.

QUAL É O SEU PLANO DE UM ANO?

Agora vamos para o lado da tração no OV/T, que tem a ver com sua visão de longo prazo bem "pé no chão" e com torná-la real. Isso implica decidir o que deve ser feito neste ano.

Lembre-se: menos é sempre mais. A maioria das empresas comete o erro de tentar cumprir um número excessivo de objetivos em um ano. Ao tentar fazer tudo ao mesmo tempo, elas acabam realizando muito pouco e se frustrando. Um cliente meu era muito teimoso com relação a esse ponto nos dois primeiros anos. Eu lhe dizia para limitar os objetivos da empresa a um número entre três e sete, e, a cada ano em que estabelecíamos objetivos, ele continuava empilhando outros. Quando terminávamos, a empresa tinha de 12 a 15 objetivos para o ano. Invariavelmente, no fim do ano eles haviam feito muito pouco e terminavam frustrados. No início do terceiro ano, ele finalmente teve uma revelação: estavam tentando fazer coisas de mais. Com essa percepção, concordamos que a equipe deveria escolher apenas três objetivos para aquele ano. Eles fizeram isso e, no fim do ano, realizaram todos os três, aumentaram as vendas em 19% e tiveram o ano mais lucrativo nos últimos cinco. Quando tudo é importante, nada é importante. A abordagem do SOE vai obrigar você a se concentrar em poucos objetivos, e não em objetivos em excesso. Assim você acabará realizando mais. Esse é o poder do foco.

Como criar seu plano de um ano

Programe um encontro de duas horas com sua equipe de liderança. Quando todos estiverem sentados à mesa, decida a data futura. É altamente recomendável que essa data seja estabelecida dentro do ano corrente ou do seu ano fiscal, independentemente do período em que você estiver no ano. Assim, se for julho, estabeleça sua data futura como 31 de dezembro. Depois desse período, você poderá estabelecer um plano totalmente novo para o ano inteiro. Ter um plano parcial permite que você ganhe experiência com o processo entre o momento atual e a data marcada.

Como foi feito com a imagem de três anos, decidam os números. Qual é o seu objetivo de receita anual? Qual é o seu objetivo de lucro? Qual é o parâmetro mensurável? Esse número deve ser coerente com o parâmetro mensurável da imagem de três anos.

Tendo em mente a imagem de três anos, comecem a debater e definam de três a sete prioridades que devem ser cumpridas ao longo do período determinado para que vocês estejam no caminho da imagem de três anos. Esses se tornam os seus objetivos. Eles precisam ser específicos, mensuráveis e alcançáveis. Esse é um ponto importante. Não posso dizer quantas vezes no fim do ano, ao revisar as metas de um ano, observo clientes debatendo qual era o verdadeiro significado do objetivo. Para evitar isso, o objetivo deve ser específico, sem espaço de manobra. Uma pessoa de fora deve ser capaz de lê-lo e saber o que significa. Lembre-se: mensurável significa que você pode medi-lo. "Vendas" não é um objetivo específico, mas "1 milhão em novas vendas" é. "Melhorar a satisfação do cliente" não é um objetivo específico, mas "aumentar a nota média do cliente para 9" é.

"Alcançável" significa que pode ser feito. Estabelecer objetivos pouco realistas é a maior armadilha para os empreendedores. A equipe precisa acreditar que é possível alcançar o objetivo, caso contrário você não poderá responsabilizar alguém por ele. Se todo objetivo for um "objetivo elástico", como você saberá se foi bem-sucedido? Os objetivos são estabelecidos para ser alcançados.

Certifique-se de ter um orçamento projetado que sustente o seu plano de um ano. Muitas empresas estabelecem objetivos para o ano sem projeção financeira para garantir que o plano seja viável. Um orçamento obrigará você a confirmar que tem todos os recursos necessários para seguir o plano e que, quando alcançar o objetivo de receita, o valor do lucro seja realista. Quase sempre que um objetivo de lucro é projetado primeiro, a discussão reduz seu valor à medida que a realidade é percebida.

Acrescente seu plano de um ano ao OV/T.

QUAIS SÃO SUAS PEDRAS TRIMESTRAIS?

Assim que o seu plano de um ano estiver claro, você precisa direcionar a visão até o que realmente importa: os próximos 90 dias. Você deve determinar quais são as prioridades no próximo trimestre. Essas prioridades são chamadas de Pedras.

As Pedras Trimestrais criam um Mundo de 90 Dias para a sua organização, um conceito poderoso que lhe permite obter uma tração tremenda. Como eles funcionam? A cada 90 dias sua equipe de liderança se reúne a fim de estabelecer as prioridades para os próximos 90 dias, baseada em seu plano de um ano. Vocês discutem e concluem o que precisa ser executado no próximo trimestre com o objetivo de colocá-los nos trilhos para o plano de um ano, que, por sua vez, os coloca nos trilhos para a imagem de três anos e assim por diante.

Numa organização em crescimento é normal a batalha por recursos, tempo e atenção. Haverá tensões. Mas, quando vocês terminarem de estabelecer suas Pedras e toda a poeira tiver assentado, todos devem sentir-se unidos em relação a quais objetivos têm precedência no próximo trimestre. O que torna esse processo tão produtivo é o foco das Pedras. A maioria das organizações entra no trimestre seguinte batalhando em todas as frentes. Tornam tudo uma prioridade e realizam muito pouco. Ao estabelecer Pedras para cada trimestre em equipe, vocês ganham consideravelmente mais tração e, por fim, alcançam os objetivos.

O processo completo de estabelecer Pedras é abordado no Capítulo 8. Assim que elas estejam estabelecidas, acrescente-as ao seu OV/T.

QUAIS SÃO OS SEUS PROBLEMAS?

A oitava e última seção do OV/T é a Lista de Problemas. Ainda que possa parecer estranho incluir uma lista de problemas como parte da sua visão, na verdade essa lista é tão importante quanto as sete perguntas anteriores. Agora que você sabe com clareza aonde está indo, precisa identificar todos os obstáculos que poderiam impedi-lo de alcançar suas metas.

Quanto mais cedo você aceitar que tem problemas, em melhor situação estará. Você sempre vai tê-los; seu sucesso está na proporção direta com sua capacidade de solucioná-los. Sua equipe de liderança deve declará-los de forma aberta e honesta, de modo que vocês possam tirá-los da cabeça e colocá-los no papel. Ao fazer isso, estarão dando o primeiro passo para solucioná-los.

Como identificar os seus problemas

Este exercício pode ser feito muito rapidamente, em no máximo 15 minutos. Peça à equipe para pensar nos obstáculos, nas preocupações e oportunidades que vocês enfrentam a fim de alcançar sua visão. A partir daí, deixe as opiniões voarem. Não doure a pílula. Encoraje uma atmosfera aberta em que todos eles possam vir à tona.

Ao responder em equipe às oito perguntas mostradas neste capítulo, a maioria dos problemas irá emergir. Eles surgirão quando sua equipe disser algo como "Mas e se...?" ou "Não podemos fazer isso porque..." ou "Bill não vai comprar essa ideia porque...". Tudo isso são problemas. No fim deste livro você terá desenvolvido um sexto sentido para captar problemas. A partir daí, desenvolverá uma disciplina para acrescentá-los à Lista de Problemas. Você saberá quando a Lista de Problemas tiver realmente se tornado um hábito porque, na próxima vez em que encontrar um obstáculo, dirá simplesmente "Aí vem mais um" e o acrescentará à lista.

Assim que todos os problemas estiverem evidentes, acrescente-os à Lista de Problemas do OV/T. Por enquanto, não se preocupe em resolvê-los. Isso será abordado no Capítulo 6.

Você respondeu a todas as oito perguntas, sua visão está clara e seu OV/T está preenchido. Eis um exemplo de como o seu pode estar parecendo:

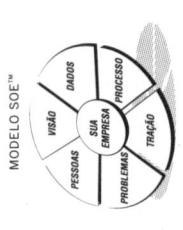

ORGANIZADOR DE VISÃO/TRAÇÃO™

NOME DA ORGANIZAÇÃO: RCS International

VISÃO

MODELO SOE™

		IMAGEM DE 3 ANOS
VALOR CENTRAL	1. FLEXÍVEL 2. INOVADOR 3. RESPEITOSO 4. ANIMADO 5. EQUIPE	**Data Futura:** 31 de dezembro de 20XX **Receita:** $15 milhões **Mensuráveis:** 45 clientes/ projetos > $50k Como parece? • 3 total $1,5M + clientes • 3 total $1M + clientes • 15 total $200k + clientes • 50% dos novos projetos são clientes novos • Nossa nova localização • Capacidade de trabalho do escritório • Funcionários incentivados adequadamente • Ampla automação da empresa • Ótima reputação/considerada líder no ramo • Mais associações – PIA escrita, falada, MFSA, Red Tag • Defender-se de aquisição
FOCO CENTRAL™	**Paixão:** Criar fãs da empresa ao vivenciar nossos valores fundamentais **Nosso nicho:** Ser seu "sócio" na Canadian Logistics	
META DE 10 ANOS	$25 milhões em receita com uma margem líquida de 10%	
ESTRATÉGIA DE MARKETING	**Mercado-alvo/A Lista:** 1. Produtores de correio eletrônico que possam e estejam dispostos a procurar seu correio de marketing direto no Canadá. 2. Grandes contas usando provedores internacionais para seu serviço de correio eletrônico no Canadá. **Três Singularidades:** 1. Conhecimento do Canadá 2. Cadeia de valor 3. A Solução da Rota Certa **Processo Comprovado:** A Solução da Rota Certa	

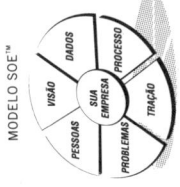

ORGANIZADOR DE VISÃO/TRAÇÃO™

NOME DA ORGANIZAÇÃO: RCS International

TRAÇÃO

PLANO DE 1 ANO

Data futura: 31 de dezembro de 20XX
Receita: $10 milhões
Mensuráveis: 30 clientes/projetos maiores do que $50k cada (anualizado)

Objetivos para o ano

1. Contratar um controlador
2. 14 novos projetos > $50k (metade clientes novos)
3. Software de vendas para capturar a lista e administrar o funil de vendas
4. 8 contatos para associação
5. Implementar um Sistema Operacional
6.
7.

PEDRAS

Data futura: 11 de setembro de 20XX
Receita: $2 milhões
Mensuráveis: 20 clientes/projetos maiores do que $50k cada (anualizado)

Objetivos para o ano

		Quem
1.	Criar e executar estratégia de vendas com métricas	Joe
2.	Revitalizar a cultura: • Cotação simples em 4h • Telefones 8h30 às 17h30 • Eventos mensais • Valores fundamentais	Bob
3.	Preencher a lista com 3.000 nomes	Patrick
4.	Lançar o site	Joe
5.		
6.		
7.		

LISTA DE PROBLEMAS

1. Instalações operacionais
2. Taxa de câmbio
3. Sistema de operações
4. Banco de dados
5. Tempo para cotações
6. Necessidades de equipamentos
7.
8.
9.
10.

MODELO SOE™

COMPARTILHADA POR TODOS

Agora que você completou seu OV/T – a primeira parte do Componente da Visão –, está estabelecido o alicerce para o resto do Processo do SOE. A segunda parte é compartilhar sua visão com seus funcionários. O motivo número um para os funcionários não compartilharem da visão de uma empresa é não saberem qual é ela. O único modo de determinar se sua visão é compartilhada por todos é simplesmente dizer a eles.

Uma pesquisa da Harris Interactive/Franklin Covey – com mais de 23 mil funcionários de indústrias importantes e trabalhando em áreas funcionais – lança uma luz sobre esse tema. A pesquisa revelou que 37% dos funcionários não entendiam as prioridades das suas empresas. Apenas um em cada cinco sentia-se entusiasmado pelos objetivos da organização. E apenas um em cada cinco via uma conexão clara entre suas tarefas e os objetivos da organização.

Agora que sua visão está no papel, você deve comunicá-la a todos na organização e cada pessoa deve entendê-la e compartilhá-la. Quando a energia de todo mundo segue na mesma direção, o impulso acumulado vai agir e criar uma força exponencial.

Não tenha medo de deixar seu pessoal questionar a visão e fazer perguntas. Esses questionamentos, junto com o diálogo anterior, vão ajudá-lo a se tornar mais envolvido com a visão. Ainda que você tema que eles possam vir a encontrar alguma falha no plano, isso não é ruim. Se notarem e enfatizarem um problema potencial, ficarão ainda mais comprometidos por causa do envolvimento na discussão resultante e na solução. Esteja disposto a ser vulnerável.

A verdade nua e crua é que nem todo mundo na sua organização há de compartilhar da sua visão. A responsabilidade que vocês têm, como equipe de liderança, é compartilhar o OV/T e inspirar seu pessoal com uma visão envolvente. Desde que os funcionários a compreendam, que queiram fazer parte dela e que suas ações perpetuem a visão, eles irão compartilhá-la. Quem não compartilhar vai se destacar pelo contraste. Na maior parte das vezes, eles deixarão a empresa antes que você precise mandá-los embora. Mas, como bom administrador, você estará prestando um desserviço a eles e à empresa se os mantiver. Talvez você precise ajudar a liberar os que não estejam dispostos a ir embora.

Você pode comunicar com eficácia a visão da empresa em três eventos:

1. Faça uma reunião do pontapé inicial da empresa e revele sua visão claramente definida (OV/T). Essa é uma oportunidade para compartilhar pela primeira vez seu discurso de valor central criado recentemente. Certifique-se de incluir um tempo para perguntas e respostas.

> A reunião trimestral sobre a situação da empresa tem se mostrado a maneira mais eficaz para ajudar as pessoas a compartilhar, entender e comprar a visão da empresa. Em sua forma mais pura, a reunião tem uma agenda em três partes:
>
> 1. Onde vocês estavam
> 2. Onde vocês estão
> 3. Para onde estão indo
>
> A cada trimestre você e sua equipe de liderança preencherão esses itens da agenda com três dos pontos mais relevantes e darão uma mensagem clara, concisa e poderosa que vai manter seu pessoal informado. Sua eficácia resulta de fazê-la em todos os trimestres e ser consistente.

2. A cada 90 dias faça uma reunião curta (não mais de 45 minutos) com todos os funcionários para falar sobre o estado da empresa. O objetivo desse evento é compartilhar o sucesso e o progresso, rever o OV/T e comunicar as novas Pedras da empresa para o trimestre.
3. A cada trimestre, enquanto estabelece as Pedras em cada departamento, faça uma revisão completa do OV/T em equipe.

Cada um desses três eventos instigará perguntas e respostas que esclarecem continuamente a visão para todos. Você precisará dar às pessoas a oportunidade de fazer perguntas e entender a visão. Com esse processo, elas poderão se direcionar, decidindo se essa é a empresa da qual querem fazer parte. Os valores fundamentais, o foco central e a estratégia de marketing sempre darão uma direção clara para as ações delas e irão possibilitar que tomem decisões melhores, permitindo ainda que você delegue e se eleve.

As pessoas precisam escutar a visão sete vezes antes de realmente ouvi-la pela primeira vez. Os seres humanos têm períodos de atenção curtos e são um tanto impermeáveis às mensagens novas. Como um bom líder, você precisa permanecer coerente com sua mensagem. Na primeira vez em que a escutarem, elas irão revirar os olhos e dizer: "Lá vamos nós, de novo." (Lembre-se: você criou essa cultura por causa das incoerências do passado.) Na segunda vez, elas ainda vão revirar um pouco os olhos. Mas na quarta e na quinta vez em que ouvirem, perceberão que isso é de verdade. Na sétima vez, estarão a bordo. Você precisará ajustar sua percepção, mudando de "Eu disse a elas três vezes, isso é frustrante demais!" para "Eu disse a elas três vezes, só faltam quatro!". Seja paciente e lembre-se de que isso é um percurso.

Aqui vão mais alguns exemplos, tirados da vida real, de como as empresas compartilham sua visão com os funcionários:

Exemplos
RE/MAX First: Cada membro da equipe de liderança composta por quatro pessoas falou pessoalmente com 12 funcionários (84 no total) e perguntou a eles sobre suas Três Singularidades.

McKinley: Distribuiu seus 12 gerentes intermediários entre os membros da equipe de liderança e os orientou.

The Professional Group: Fez verificações de conhecimento dos valores fundamentais. Se alguém pudesse citar todos, recebia uma nota de 20 dólares no ato.

Outros clientes do SOE fizeram um cartaz com o OV/T e o prenderam em algum ponto do escritório para que todos vissem.

Também fiquei sabendo de uma empresa que oferecia um cartão de brinde de 20 dólares, só que com um detalhe especial. O empregado que o recebesse numa semana iria dá-lo ao próximo empregado que demonstrasse um dos valores fundamentais da empresa. Eles precisavam mandar um e-mail para toda a organização relacionando todos a quem deram o prêmio e que valor fundamental a pessoa demonstrou. O cartão de brinde jamais poderia ir para o mesmo empregado até que todos o recebessem, e, a cada vez, precisava mudar de departamento. Em 52 semanas, essa empresa espalhou 52 histórias de valores fundamentais.

Você alcança seu potencial pleno quando sua equipe de liderança está em sintonia com respostas para as oito perguntas. Todo mundo na organização compartilha a visão da empresa, quer fazer parte dela e a perpetua com suas ações e palavras.

Agora você precisa tornar a visão uma realidade prática.

COMPONENTE DA VISÃO

RESPONDENDO ÀS 8 PERGUNTAS
- Organizador de Visão/Tração (OV/T)
  1. Quais são seus valores fundamentais?
  2. Qual é seu foco central?
  3. Qual é sua meta de 10 anos?
  4. Qual é sua estratégia de marketing?
  5. Qual é sua imagem de três anos?
  6. Qual é seu plano de um ano?
  7. Quais são suas Pedras trimestrais?
  8. Quais são os seus problemas?

COMPARTILHADA POR TODOS
- Dizer a eles
  - Fazer uma reunião para dar o pontapé inicial da empresa
  - Fazer reuniões trimestrais sobre a situação da empresa
  - Fazer reuniões de departamento trimestrais

CAPÍTULO

4

COMPONENTE DE PESSOAS

Cerque-se de pessoas boas

ocê já notou que os grandes líderes creditam frequentemente o sucesso a ter "boas pessoas"? Que diabo isso significa? Sempre que perguntava a esses líderes exatamente o que eles queriam dizer, eu recebia uma resposta diferente. Com o tempo, percebi que todas as respostas eram a mesma. Claro, as palavras eram diferentes, mas o contexto jamais mudava. Neste capítulo vou deixar de lado toda a terminologia confusa como "boas pessoas", "jogadores de nível A", "de platina", "nível máximo" e "superastros" para chegar à raiz da questão.

Tudo se resume a colocar as pessoas certas nos lugares certos. Jim Collins tornou essa ideia muito popular no best-seller *Empresas feitas para vencer*. É uma ideia que existe há muito tempo. Infelizmente, nunca houve uma definição claríssima do que ela realmente significa. Acabou por tornar-se outra expressão num conjunto complexo de terminologias que só fez aumentar a confusão. No entanto, a definição é bastante simples.

As pessoas certas são as que compartilham os valores fundamentais da sua empresa. Elas se encaixam e prosperam na sua cultura. São pessoas com quem você gosta de estar e que tornam sua organização um lugar melhor. Um exemplo perfeito é a recepcionista da Autumn Associates. Quando voltava das férias, seu voo atrasou tanto que o avião pousou apenas uma hora antes de ela ter de chegar ao trabalho para uma reunião às oito da manhã. Os funcionários tinham criado o costume de usar um logotipo na roupa em todas as reuniões da empresa, por isso ela pediu que sua mãe a pegasse no aeroporto com sua blusa de trabalho. Ela se trocou no carro e chegou ao trabalho a tempo, com a roupa certa e tudo. Isso exemplificou dois dos valores fundamentais da empresa: compromisso e atenção. Neste capítulo você será apresentado à sua segunda ferramenta do SOE, o Analisador de Pessoas, que vai deixar de lado as complicações das escolhas pessoais para mostrar quem é certo para a sua empresa.

Valores fundamentais + Analisador de Pessoas = Pessoas certas

No lugar certo significa que cada empregado está atuando na área da organização pela qual demonstra e experimenta maior habilidade e paixão, e que os papéis e responsabilidades esperados de cada um combinam com a *Capacidade Singular*® que ele tem.[2] Esse é um conceito criado por Dan Sullivan e é uma marca registrada de The Strategic Coach, Inc. No livro *Unique Ability* (Habilidade única), as autoras Catherine Nomura, Julia Waller e Shannon Waller explicam que todo mundo tem uma Capacidade Singular. O truque é descobrir qual é a sua. Quando você atua dentro da sua Capacidade Singular, sua habilidade superior costu-

---

[2] The Strategic Coach e Unique Ability® são marcas registradas e conceitos integrais de propriedade de The Strategic Coach, Inc. Unique Ability® e as obras derivadas são de propriedade de The Strategic Coach, Inc. Todos os direitos reservados. Usado com permissão escrita. Ver www.strategiccoach.com.

ma ser notada por outras pessoas que a valorizam. Você experimenta um desenvolvimento constante, sente-se energizado e não exaurido por ela e, acima de tudo, tem paixão pelo que faz, uma paixão que o impele a ir mais longe do que outros iriam em determinada área. Quando essa combinação de paixão e talento encontra a plateia certa, naturalmente cria valores para os outros, que, por sua vez, lhe oferecem maiores recompensas e mais oportunidades de desenvolvimento. É como o seu foco central pessoal. Quando uma pessoa atua dentro da sua Capacidade Singular, ela está no lugar certo.

Um dos obstáculos para obter tração e alcançar sua visão é que os papéis, as responsabilidades, as expectativas e as descrições de cargo não são claros devido a problemas estruturais. Uma estrutura nebulosa pode ter levado você ao lugar onde se encontra agora, mas não vai levá-lo mais longe. Um erro comum é o de criar uma estrutura para acomodar pessoas de quem você gosta ou que não quer perder. Às vezes isso implica eliminar ou mudar cargos que não são mais relevantes. Para romper o teto, você deve se assegurar de que tem a estrutura certa para levá-lo ao próximo nível. Isso nos leva ao Diagrama de Responsabilidades, a ferramenta definitiva para estruturar sua organização do modo certo, definindo papéis e responsabilidades e identificando claramente todos os postos em sua organização.

Capacidade Singular + Diagrama de Responsabilidades = Lugares certos

À medida que avança, você ficará diante de dois tipos de problema com relação ao seu pessoal. O primeiro é ter a pessoa certa no lugar errado. O segundo é ter a pessoa errada no lugar certo. Para obter tração você precisará abordar os dois. Vamos analisar um de cada vez.

A PESSOA CERTA NO LUGAR ERRADO

Nesse caso, você tem a pessoa certa (isto é, uma pessoa que compartilha dos seus valores fundamentais), mas ela não atua dentro de sua Capacidade Singular. Essa pessoa foi promovida para um cargo que é alto demais, é muito qualificada para um cargo baixo demais ou foi posta num cargo que não utiliza sua Capacidade Singular. Em geral, essa pessoa está onde está porque faz parte da empresa há muito tempo, você gosta dela ou ela é um ótimo acréscimo à equipe. Até agora você provavelmente acreditava que estava ajudando essa pessoa ao promovê-la ao cargo atual. Na verdade, você estava atrapalhando o crescimento dela e o da empresa. Nessa situação, seu trabalho é tirar a pessoa desse lugar e colocá-la no lugar certo para ela, um lugar onde ela terá sucesso.

Presumindo que esse lugar exista – e, na maior parte das vezes, ele existe –, o problema é resolvido assim que você transfere a pessoa. Infelizmente, às vezes não existe um lugar disponível. Nesse caso você precisa fazer uma escolha muito difícil. Precisa tomar decisões para o bem maior da empresa e não pode se dar ao luxo de manter pessoas simplesmente porque gosta delas. Assim, você precisa abrir mão delas. Será um dos problemas mais difíceis que você precisará enfrentar. Logo que a mudança for feita, a empresa estará em melhor situação. E, geralmente, a pessoa ficará mais feliz a longo prazo.

A PESSOA ERRADA NO LUGAR CERTO

Nesse caso, a pessoa é excelente no que faz, é extremamente produtiva e claramente usa sua Capacidade Singular. O que a torna errada é que ela não compartilha dos seus valores fundamentais. Ainda que esse obstáculo possa parecer algo com o qual você consiga viver a curto prazo, a longo prazo essa pessoa estará matando sua organização. Estará desfazendo o que você tenta construir, de maneiras pequenas que, na maior parte das vezes, você nem enxerga. É aquele comentário maldoso no corredor, o olhar sujo pelas suas costas e a dissensão que essa pessoa espalha.

Um cliente no início do processo tinha um problema de pessoa errada no lugar certo. O principal vendedor da empresa era um homem sem integridade. Ainda que fosse muito amistoso, com abordagem profissional e bem informado, ele escondia constantemente a verdade para garantir que receberia um elogio por seu sucesso. Seu crescimento em novos negócios era de 20% ao ano e seus clientes jamais reclamavam. Como a equipe de liderança ainda não tinha identificado os valores fundamentais, ela deixou a situação se arrastar por 12 meses. Quando perceberam como ele estava desenvolvendo o negócio, ficaram diante de uma decisão difícil. Só depois de ele ser demitido os funcionários e vendedores revelaram seus sentimentos e preocupações. Ele estava prejudicando a reputação da empresa o tempo todo em que trabalhou para ela. Os valores fundamentais da empresa já estavam estabelecidos por escrito e um deles era a integridade. "Nunca mais permitiremos que um empregado trabalhe para nós sem viver esse valor central", declarou o dono.

    Não importa quão difícil o problema seja, você precisa tomar uma decisão empresarial correta e imediata para obter benefícios a longo prazo. Se uma pessoa errada estiver no lugar certo, essa pessoa precisa ir embora, pelo bem maior.

    Claro, existe um terceiro tipo de problema pessoal: a pessoa errada no lugar errado. A solução é óbvia: ela precisa ir embora. Mas o modo como você chegou a esse ponto nem sempre é óbvio. Um cliente tinha um diretor financeiro havia mais de 20 anos. No início, ele compartilhava os valores fundamentais, era talentoso e estava absolutamente no lugar certo. À medida que o tempo passou, a empresa, o ramo de atividade e a tecnologia mudaram; ele não mudou junto. O cargo estava ficando maior do que o diretor financeiro. Sua atitude também mudou consideravelmente. Ficou ressentido, distante e menos amistoso. Não era mais a pessoa certa nem estava no lugar certo. Os donos só notaram a mudança quando os valores fundamentais e a estrutura correta foram esclarecidos e postos em prática. Eles lutaram com a questão espinhosa durante um ano e meio, o tempo todo dando ao diretor financeiro a chance de mudar, de adequar-se ao momento e adotar os novos valores fundamentais, sem sucesso. Não tendo outra escolha, eles o substituíram por um novo diretor financeiro. A diferença foi como da noite para o dia. As sessões se tornaram consideravelmente mais produtivas, o departamento financeiro finalmente se reorganizou e a empresa se posicionou para o salto seguinte.

Seu trabalho é contratar, demitir, recompensar e reorganizar todo o seu pessoal em torno de valores fundamentais e Capacidades Singulares. Esse é o modo de desenvolver uma organização com todas as pessoas certas nos lugares certos.

Vejamos como isso pode ser feito em termos práticos. As ferramentas apresentadas a seguir permitirão que você avalie o seu pessoal e faça as escolhas certas. Vamos abordar primeiro as pessoas certas e depois os lugares certos.

PESSOAS CERTAS

Com a resposta para a primeira pergunta do OV/T – "Quais são os seus valores fundamentais?" –, você tem a capacidade de definir quais são as pessoas certas para a sua organização. É importante observar que, independentemente de quais sejam os seus valores fundamentais, eles não fazem com que as pessoas que não os tenham sejam certas ou erradas, nem fazem com que elas sejam boas ou más. Elas simplesmente não se encaixam na cultura da *sua* empresa. Se forem para algum lugar que tenha os valores delas, estarão bem e provavelmente prosperarão. Tendo em mente seus valores fundamentais, é hora de examinarmos a ferramenta que vai mostrar o que você tem.

O ANALISADOR DE PESSOAS

Observei meus clientes discutindo, com frequência, questões de pessoal em termos muito subjetivos e pouco produtivos. Desse jeito, era comum que eles não conseguissem solucionar efetivamente seus problemas de pessoal e, quando resolviam, o processo demorava o dobro do tempo que deveria. Por necessidade, criei uma ferramenta para tornar essas discussões muito mais tangíveis.

NOME	SER CONFIANTE COM HUMILDADE	CRESCER OU MORRER	AJUDAR PRIMEIRO	FAZER A COISA CERTA	FAZER O QUE VOCÊ MANDA
JOHN SMITH	+	+	+	+	+
SALLY JONES	–	–	–	–	–
GEORGE WILSON	+/–	+/–	+/–	+/–	+/–

O Analisador de Pessoas é projetado para esclarecer se você tem a pessoa certa no cargo ou não. Essa é uma das cinco principais ferramentas usadas por todos os meus clientes. Na verdade, o conceito foi criado pelo meu pai, no início da década de 1970, para avaliar vendedores. Eu o alterei para se tornar uma ferramenta que ajuda a avaliar os valores fundamentais de um indivíduo. O modelo do Analisador de Pessoas pode ser baixado de **www.eosworldwide.com/people**.

Primeiro, ponha os nomes das pessoas que você vai analisar na coluna da esquerda. Em seguida, faça uma lista dos seus valores fundamentais na parte de cima. Depois, avalie cada pessoa de acordo com a adesão dela aos valores fundamentais. Dê uma de três notas:

+ Ele/ela exibe esse valor central na maior parte do tempo.

+/- Às vezes ele/ela exibe o valor central e às vezes não.

- Ele/ela não exibe o valor central na maior parte do tempo.

No exemplo acima você perceberá que John é absolutamente a pessoa certa para sua organização, George está em cima do muro e Sally precisa ir embora.

O ideal que você busca na sua organização é cercar-se totalmente de pessoas certas, que se parecem com John. Mas isso é apenas um ideal, portanto não se agarre à perfeição. O que sua equipe de liderança precisa fazer é determinar qual é o limite. O "limite" é o padrão mínimo que você aceitará a partir dos resultados do Analisador de Pessoas. Ao estabelecer o limite, você dará a todos os gerentes uma clareza absoluta do que é aceitável e do que não é. Assim que os gerentes conhecerem suas expectativas, eles farão os subordinados ter a noção correta de suas responsabilidades.

O limite recomendado para uma empresa com cinco valores fundamentais é de três +, dois +/- e jamais um -. Essa é estritamente a minha recomendação baseada em experiências. Tenho clientes com limites maiores e menores, portanto você é quem deve decidir. O ponto-chave é que qualquer um que esteja no limite ou acima dele é a pessoa certa, e seu objetivo é chegar a 100% de pessoas certas na organização.

A regra das três tacadas

O que você faz se alguém estiver abaixo do limite? Antes de tomar qualquer decisão drástica, recomendo enfaticamente que, primeiro, você comunique ao funcionário os resultados do Analisador de Pessoas e lhe dê a chance de melhorar seu desempenho. Quase sempre a pessoa melhora. A questão é: ela melhorará o suficiente para ultrapassar o limite? A maioria das pessoas conseguirá, algumas não, mas você deve lhe dar a chance de desempenhar segundo a nova estrutura.

A regra das três tacadas funciona do seguinte modo:

Tacada Um: Discuta a situação e suas expectativas com a pessoa e lhe dê 30 dias para corrigir o problema.
Tacada Dois: Se não perceber uma melhora, discuta o desempenho da pessoa de novo e lhe dê mais 30 dias.
Tacada Três: Se continuar sem perceber melhora, a pessoa não vai mudar e precisa partir. Quando o desligamento finalmente acontecer, todas as pessoas certas irão agradecer a você por isso e ficar se perguntando por que você demorou tanto a tomar essa decisão.

Na prática você descobrirá que na maioria das vezes não precisa demitir as pessoas. Assim que você criar uma percepção dos seus valores fundamentais através do discurso inicial, das reuniões trimestrais sobre o estado da empresa, do Analisador de Pessoas, das revisões de desempenho e da regra das três tacadas, as pessoas que não se encaixam não vão durar até a terceira tacada. Algumas nem durarão até a primeira. Em vez disso, partirão por vontade própria, porque sabem que não se encaixam.

O que esse processo faz é revelar quem são elas. Veja o seguinte exemplo: uma equipe de liderança tinha um membro que definitivamente não se encaixava. Ele era vice-presidente de vendas e marketing. Nas nossas duas primeiras sessões, eu observei que ele suava para criar o Diagrama de Responsabilidades e tinha dificuldades com o processo de descobrir quais eram os valores fundamentais da empresa. Era muito nítido por que as vendas da empresa estavam estagnadas havia alguns anos. Na terceira sessão, ele pediu que não comparecesse dizendo que tinha uma reunião importante com um cliente fora da cidade e não poderia estar presente. Na quarta sessão, ele havia saído da empresa e arranjado outro trabalho. O resultado foi que o cliente experimentou crescimento pela primeira vez em três anos. Esse é um exemplo perfeito de como alguém pode atrapalhar uma organização que não tenha clareza com relação aos papéis, aos valores e às expectativas. Quando essas ferramentas estão funcionando, com foco e responsabilidade crescentes, simplesmente não há lugar onde essas pessoas possam se esconder.

Recomendo os quatro passos seguintes para usar com o Analisador de Pessoas:

1º Passo

Depois de descobrir seus valores fundamentais junto com a equipe de liderança, usem o Analisador de Pessoas uns com os outros, como fazem todos os clientes do SOE. Isso levará a dois objetivos. Primeiro, vai validar seus valores fundamentais. Se vocês são todos fracos num valor específico, devem se questionar se ele precisa realmente ser incluído. Segundo, vocês verão se alguém da equipe de liderança está abaixo do limite. Ainda que essa situação difícil não seja frequente, vocês devem seguir a regra das três tacadas com essa pessoa também. Na maioria das vezes a pessoa melhorará seu desempenho. Algumas vezes ela optará por sair.

2º Passo

Peça à sua equipe de liderança que faça a análise de pessoas com todos na organização, depois peça a cada gerente que compartilhe esses resultados em sessões individuais. Isso fará a ferramenta ser conhecida por toda a organização.

3º Passo

Use o Analisador de Pessoas nas suas revisões de desempenho trimestral com todos os membros da equipe. Deixe que eles analisem você também. Não tenha medo de agir de acordo com o que você fala.

4º Passo

Se sua equipe de liderança tiver dificuldade com um problema pessoal, use o Analisador de Pessoas com a pessoa em questão. Isso lhe dará uma perspectiva clara para saber se é um problema de pessoa certa. Se não for – pode ser o cargo da pessoa –, não se preocupe: abordaremos isso em seguida.

VISÃO
– 8 perguntas
– Compartilhada por todos

PESSOAS
– Pessoas certas
– Lugares certos

SUA EMPRESA

LUGARES CERTOS

Quando tiver certeza de haver escolhido as pessoas certas, é importante colocá-las nos lugares certos. Isso significa que todo o seu pessoal está atuando dentro de suas Capacidades Singulares e que essas capacidades estão claramente alinhadas com os papéis e as responsabilidades das pessoas.

Um cargo só pode ser criado quando a organização estiver estruturada do modo correto para levar a empresa ao próximo nível. Para criar essa estrutura usaremos uma ferramenta excelente, o chamado Diagrama de Responsabilidades. É um diagrama organizacional extremamente poderoso e, depois de completado, ajuda os donos e a equipe de liderança a perceber com clareza os próprios papéis e suas responsabilidades. Isso, por sua vez, poderá ser replicado por todos com seus subordinados.

O DIAGRAMA DE RESPONSABILIDADES

Essa ferramenta não presume que só exista um modo de estruturar uma organização. Você poderia ler uma centena de livros sobre desenvolvimento organizacional e encontrar uma centena de opiniões diferentes sobre como estruturar uma organização. A questão fundamental é a seguinte: qual é a estrutura certa para levar sua organização adiante nos próximos seis a 12 meses?

Junto com o OV/T, o Diagrama de Responsabilidades é a ferramenta de maior impacto do SOE, pois força os usuários a enxergar sua organização de um modo diferente e a abordar questões de pessoal que vêm emperrando a empresa há anos.

Para que esse exercício tenha impacto sobre sua empresa, será necessário estabelecer algumas regras básicas:

1. Você precisa olhar para a frente. Não pode olhar para trás nem ficar preso no presente. Isso vai distorcer o julgamento.
2. Você precisa se separar da empresa existente, do seu papel atual e do seu ego.
3. Você precisa se elevar acima da empresa, olhá-la de cima para baixo e tomar decisões para o bem maior de longo prazo da organização.

O Diagrama de Responsabilidades começa com uma crença fundamental de que só existem três funções principais em qualquer empresa e que essas três funções fazem toda organização funcionar, independentemente de ser uma startup ou a maior companhia do mundo.

Para ilustrar as três funções principais, visualize três caixas lado a lado. Na da esquerda, você tem a primeira função importante: vendas e marketing. Na caixa do meio, fica a segunda: operações. Na caixa da direita, você tem a terceira: finanças. Você pode chamá-las por nomes diferentes, mas essas são as três funções principais. Vendas e marketing geram negócios. Operações é a área que fornece o serviço ou manufatura o produto e cuida do cliente. Finanças e administração cuidam do numerário que entra e sai, além da infraestrutura.

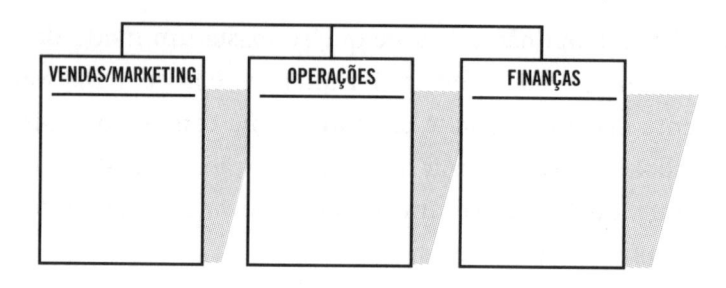

VENDAS/MARKETING	OPERAÇÕES	FINANÇAS

Presumindo que existam três funções principais em todas as organizações, a próxima verdade é que todas precisam ser fortes.

Já tive muitos debates sobre se a função de vendas e marketing é a mais importante. O argumento é sempre que, até que alguém venda alguma coisa, nada mais acontece. É difícil discordar disso. Mas, na realidade, todas as três precisam ser fortes.

Para enfatizar esse ponto, vamos considerar três possibilidades:

- Você tem uma função de vendas e marketing forte, uma função de operações fraca e uma função financeira forte. Qual é o resultado concreto? Nessa situação, seu trabalho é ótimo ao vender e conseguir novos clientes, mas você perde tudo em seguida porque as operações não entregam o que você prometeu e os clientes não ficam felizes.

- Você tem uma função de vendas e marketing forte, uma função de operações forte e uma função financeira fraca. Qual é o resultado concreto? Você vai, outra vez, trazer um monte de clientes e cuidar bem deles, mas o dinheiro entra pela porta da frente e sai imediatamente pela dos fundos por causa da falta de controle financeiro: entram 10 milhões e saem 10 milhões, ou pior, entram 10 milhões e saem 10,2 milhões. Isso pode ser estressante, porque muitas empresas caem numa situação em que não há monitoramento dos gastos e a lucratividade de cada cliente individual não é avaliada.
- Você tem uma função de vendas e marketing fraca, uma função de operações forte e uma função financeira forte. Qual é o resultado concreto? Um punhado de pessoas talentosas nas funções de operações e finanças fica à espera de alguma coisa acontecer e nada acontece.

Se qualquer uma das funções principais for fraca, sua organização não é eficiente. Como todas são igualmente importantes, é hora de aplicar o Diagrama de Responsabilidades. Para manter a responsabilidade, cada uma das funções principais da organização só pode ter um único encarregado. Só uma pessoa supervisiona vendas e marketing, só uma pessoa comanda operações e só uma pessoa gere finanças e administração. Quando mais de uma pessoa é responsável, ninguém é responsável.

Quando as equipes de liderança fazem esse exercício pela primeira vez, é frequente descobrirem que há dois ou mesmo três nomes numa determinada caixa. Isso pode acontecer com você também. Se for assim, você descobriu uma causa básica para a falta de crescimento ou para o caos da sua empresa e precisa eliminá-la reduzindo a um o número de nomes. A abordagem do tipo "um por todos e todos por um" não cria uma empresa sólida. Ela pode ter trazido você até aqui, mas apenas a responsabilidade clara vai levá-lo ao próximo nível.

Para fazer a estrutura dar um passo adiante, essas três funções não podem operar independentemente uma da outra. É por isso que todas as organizações de excelência têm outra função principal, um papel que gosto de chamar de integrador.

Integradores

O integrador é a pessoa que integra de modo harmonioso as funções principais da empresa. Quando essas funções principais são fortes e você tem pessoas fortes responsáveis por cada uma delas, vão ocorrer grandes fricções e tensões saudáveis entre elas. O integrador transforma essa fricção em energia maior para a empresa como um todo.

Uso o termo "integrador" para deixar de lado todos os títulos maravilhosos para esse cargo, como CEO, presidente, gerente geral, rei ou rainha. Não importa como você vai chamá-lo, mas o importante é que o integrador seja a pessoa que tem a Capacidade Singular de comandar a organização. O integrador é a cola que mantém a empresa unida.

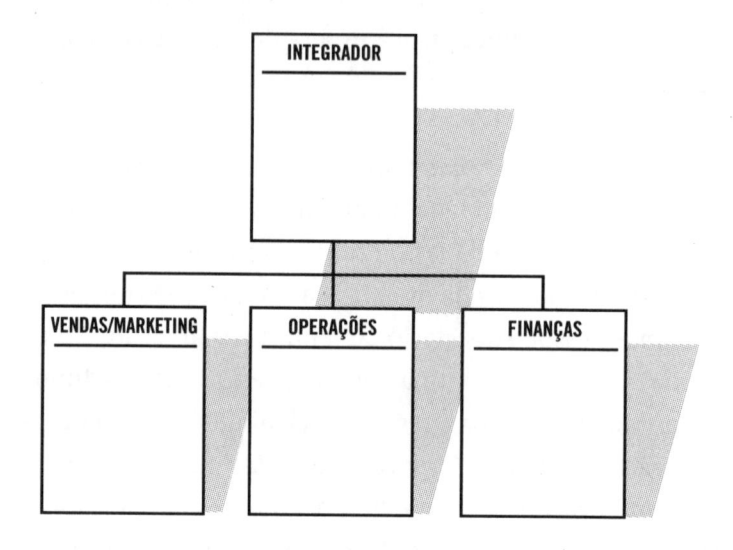

```
              ┌──────────────┐
              │  INTEGRADOR  │
              └──────────────┘
                     │
        ┌────────────┼────────────┐
┌───────────────┐ ┌──────────┐ ┌──────────┐
│VENDAS/MARKETING│ │OPERAÇÕES │ │ FINANÇAS │
└───────────────┘ └──────────┘ └──────────┘
```

Essa é a estrutura básica do Diagrama de Responsabilidades. Com esse entendimento, dois outros fatores muito importantes precisam ser levados em conta ao criar a estrutura certa para a sua organização.

Em primeiro lugar, quando estiver preparando o Diagrama de Responsabilidades da sua empresa, as três funções principais podem se dividir em mais funções. Por exemplo, às vezes vendas e marketing se dividem numa função de vendas separada de uma função de marketing. Às vezes a função de operações se divide em duas ou três funções distintas, como entregas, projetos e serviço ao cliente. Já a função de finanças e administração pode ser dividida em até quatro: finanças, administração, tecnologia da informação (TI) e recursos humanos (RH).

Dependendo do tamanho e do estado da sua organização, você acabará com algo entre três e dez funções principais nessa linha de frente. Desde que você se mantenha concentrado em qual estrutura é a certa para a sua organização, o número certo aparecerá. Mas, por favor, lembre que menos é mais. Nenhum cliente do SOE tem mais de sete funções principais.

O segundo fator é outra função importante que não está na linha de frente. Na minha experiência, no momento em que uma empresa cria seu Diagrama de Responsabilidades ela percebe que, além de um integrador para agregar as funções principais, há outro papel muito importante na organização. Esse papel aparece acima da função do integrador e é chamado de visionário.

Visionários

O conceito do visionário em um Diagrama de Responsabilidades é uma das minhas maiores descobertas. Clientes meus já ensinaram esse conceito em universidades para alunos de MBA em meu nome. Entender e implantar esse conceito é esclarecedor e poderoso. Francamente, ele também impediu que alguns sócios matassem uns aos outros.

O visionário e o integrador não poderiam ser mais diferentes. Numa empresa pequena ou média, o visionário é tipicamente o dono, um dos donos ou o fundador. Numa sociedade, na maior parte das vezes, um sócio é o visionário e o outro sócio é o integrador. É uma dinâmica que os elevou ao ponto em que estão. O visionário costuma ter 10 ideias novas por semana. Nove delas podem não ser tão maravilhosas assim, mas uma geralmente é, e é essa ideia a cada semana que mantém a organização crescendo. Por tal motivo, os visionários são valiosíssimos. Muito criativos, são excelentes solucionadores de problemas grandes e pavorosos (não dos pequenos e práticos) e são fantásticos com clientes importantes, vendedores, fornecedores e relacionamentos bancários. Para eles, a cultura da organização é muito importante, porque os visionários, em geral, operam mais pela emoção e, portanto, têm uma percepção melhor do sentimento dos outros. Se você for um, conheça-se e seja *livre*.

Por outro lado, os integradores são muito bons em liderar, administrar e cobrar a responsabilidade dos outros. Eles adoram cuidar dos aspectos cotidianos da empresa. São responsáveis pelo lucro e pelo prejuízo, além do plano geral de negócios da organização. Removem obstáculos de modo que as pessoas que cuidam das funções principais possam executá-las. São fantásticos com os projetos especiais. Resumindo: eles operam mais a partir da lógica. Se você é um, conheça-se e seja *estressado*.

Um professor da Universidade da Califórnia ensina que você precisa sempre de um empreendedor e um administrador no topo da empresa. A paixão do empreendedor precisa ser contrabalançada com a prudência e a disciplina do administrador. Ele está falando do mesmo relacionamento entre o visionário e o integrador, apenas usa uma terminologia diferente. Quando estruturada do modo correto, a dinâmica que existe entre essas duas Capacidades Singulares pode ser mágica.

> Para um mergulho mais fundo na dinâmica entre o visionário e o integrador, leia *Rocket Fuel: The One Essential Combination That Will Get You More of What You Want from Your Business* (Combustível de foguete: a combinação essencial que lhe renderá mais daquilo que você deseja da sua empresa). Escrito pelo meu coautor, Mark C. Winters, é um manual completo para encontrar, desenvolver e maximizar o relacionamento entre visionário e integrador.

Quando a Asphalt Specialists, Inc. (ASI), uma empresa de pavimentação com receita anual de 40 milhões de dólares e 120 funcionários, começou o Processo do SOE, a equipe de liderança era disfuncional e a firma havia acabado de ter seu primeiro ano sem lucro. Os proprietários, os irmãos Bruce e Dan, não tinham visões semelhantes. Comandavam juntos a empresa e nenhum dos dois estava no cargo certo. Dan estava entranhado em todos os aspectos da empresa e se exaurindo rapidamente, enquanto Bruce vendia em tempo integral e ficava muito frustrado com o estado das coisas.

A criação do seu Diagrama de Responsabilidades levou a uma compreensão dos papéis do visionário e do integrador. Ao realizar suas verdadeiras capacidades, os dois irmãos definiram com clareza seus papéis. Agora Bruce é o visionário e Dan o integrador. Com uma visão clara, a equipe de liderança é saudável e ansiosa por realizar o objetivo de ser a empresa de pavimentação asfáltica de melhor qualidade em seu mercado. Numa época em que as novas construções na sua região estavam no nível mais baixo em 20 anos e empresas concorrentes lutavam para permanecer nos negócios, o ano passado foi o mais lucrativo de todos os tempos para eles.

Minha primeira experiência com os papéis de visionário e integrador ocorreu na minha primeira empresa, a Wickman Productions, que meu pai e eu mais ou menos comandávamos juntos. Como visionário padrão, ele rapidamente ficou frustrado com a administração cotidiana da empresa, mas continuava pondo as mãos em tudo. Como integrador padrão, eu queria que ele ficasse fora do meu caminho e me deixasse cuidar das questões práticas.

Com as frustrações crescendo dos dois lados, reservei uma sala de reuniões num Hotel Marriott por um dia. Preparei uma apresentação e tranquei todos na sala. Ilustrei o que o visionário (a Capacidade Singular do meu pai) deveria fazer para o bem maior da organização e o que o integrador (minha Capacidade Singular) deveria fazer. Quando a poeira assentou, nós dois estávamos claramente nos lugares certos, com papéis e responsabilidades claras, motivados e prontos para ir em frente. Esse foi mais um fator fundamental para dar a reviravolta na empresa. A responsabilidade clara levará você ao próximo nível.

É comum uma empresa ter um visionário e não ter um integrador. Isso provoca uma verdadeira luta, porque o visionário fica constantemente frustrado com a falta de tração. Além disso, ele precisa continuar agindo como integrador e sendo puxado para a administração cotidiana da empresa. Por exemplo, Bob Shenefelt é um puro visionário. Ele criou sua primeira organização, a Great White, até alcançar uma receita de 10 milhões de dólares. Em seguida vendeu a empresa. Ela entrou para a lista de 500 empresas de crescimento mais rápido da *Inc.*, tinha uma cultura próspera e... adivinhe só! ... também tinha um sócio que era integrador.

Em sua segunda empresa, a RCS, Bob teve dificuldade em obter tração e crescer para além de 4 milhões de dólares num período de quatro anos porque não tinha encontrado o integrador certo. Recentemente, Bob conseguiu que Patrick Gysel desempenhasse esse papel. A RCS cresceu 40% e projetou uma receita de pelo menos 7 milhões de dólares para o ano seguinte, sem visualizar um fim para o crescimento.

O que torna o Diagrama de Responsabilidades mais do que apenas um organograma é que, assim que as funções principais estiverem claras, cada uma delas é definida por cinco papéis principais. Como exemplo, os cinco papéis da função de visionário podem ser os seguintes:

- Pesquisa e desenvolvimento (PeD)/ideias
- Solução criativa de problemas
- Principais relacionamentos
- Cultura
- Negociação

O gráfico a seguir mostra os exemplos mais comuns dos cinco papéis principais para cada função principal. Lembre-se de que cerca de metade de todas as organizações tem um papel visionário e as outras não têm. Isso é representado pela linha tracejada em volta do visionário.

LAR significa *liderar, administrar* e cobrar a *responsabilidade* das pessoas. Qualquer pessoa que esteja no Diagrama de Responsabilidades e tenha subordinados que lhe prestem contas tem uma responsabilidade de LAR vital. Isso exige tempo, energia e Capacidade Singular.

> Para saber mais sobre o LAR, leia *How To Be a Great Boss*. Escrito com meu coautor, René Boer, o livro é um guia completo para aprender a se tornar um líder e administrador de classe mundial.

Agora mapeie toda a sua organização usando a estrutura do Diagrama de Responsabilidades. Ilustre todas as funções da sua organização e a qual função elas prestam contas; depois liste os cinco papéis principais nessa função. Determine se você tem um visionário na sua organização. Se tiver, ilustre essa função com clareza.

Enquanto monta seu Diagrama de Responsabilidades, aqui vão algumas palavras de alerta: primeiro, crie apenas a estrutura. Por enquanto não ponha nenhum nome nas caixas. Em outras palavras, ilustre as funções corretas em todos os níveis da organização. Esse método vai mantê-lo honesto consigo mesmo e levá-lo à melhor estrutura. Assim que a estrutura correta estiver estabelecida, coloque as pessoas certas nos lugares certos. Quando escolher alguém para um posto, você quer ter certeza de que essa pessoa esteja atuando em sua Capacidade Singular.

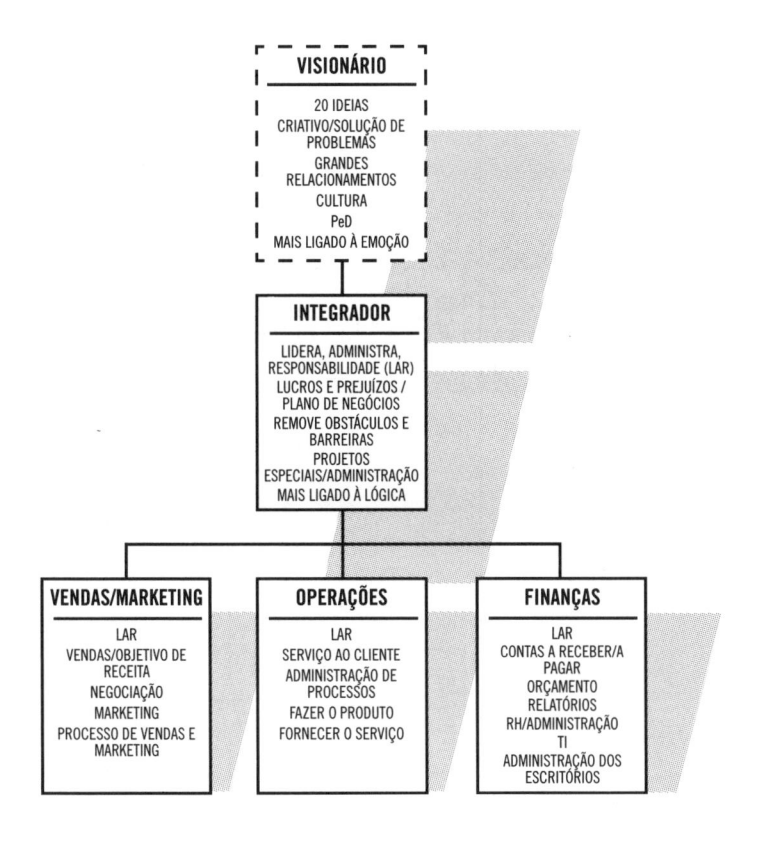

```
┌─────────────────────────┐
│       VISIONÁRIO        │
├─────────────────────────┤
│ 20 IDEIAS               │
│ CRIATIVO/SOLUÇÃO DE     │
│ PROBLEMAS               │
│ GRANDES                 │
│ RELACIONAMENTOS         │
│ CULTURA                 │
│ PeD                     │
│ MAIS LIGADO À EMOÇÃO    │
└─────────────────────────┘
            │
┌─────────────────────────┐
│       INTEGRADOR        │
├─────────────────────────┤
│ LIDERA, ADMINISTRA,     │
│ RESPONSABILIDADE (LAR)  │
│ LUCROS E PREJUÍZOS /    │
│ PLANO DE NEGÓCIOS       │
│ REMOVE OBSTÁCULOS E     │
│ BARREIRAS               │
│ PROJETOS                │
│ ESPECIAIS/ADMINISTRAÇÃO │
│ MAIS LIGADO À LÓGICA    │
└─────────────────────────┘
```

VENDAS/MARKETING	OPERAÇÕES	FINANÇAS
LAR	LAR	LAR
VENDAS/OBJETIVO DE RECEITA	SERVIÇO AO CLIENTE	CONTAS A RECEBER/A PAGAR
NEGOCIAÇÃO	ADMINISTRAÇÃO DE PROCESSOS	ORÇAMENTO
MARKETING	FAZER O PRODUTO	RELATÓRIOS
PROCESSO DE VENDAS E MARKETING	FORNECER O SERVIÇO	RH/ADMINISTRAÇÃO
		TI
		ADMINISTRAÇÃO DOS ESCRITÓRIOS

Quando concluído, o Diagrama de Responsabilidades deve se parecer com um organograma, tendo cinco pontos que ilustram os papéis principais em cada função. Nota importante: o Diagrama de Responsabilidades esclarecerá a estrutura de funções, papéis e relatórios, mas

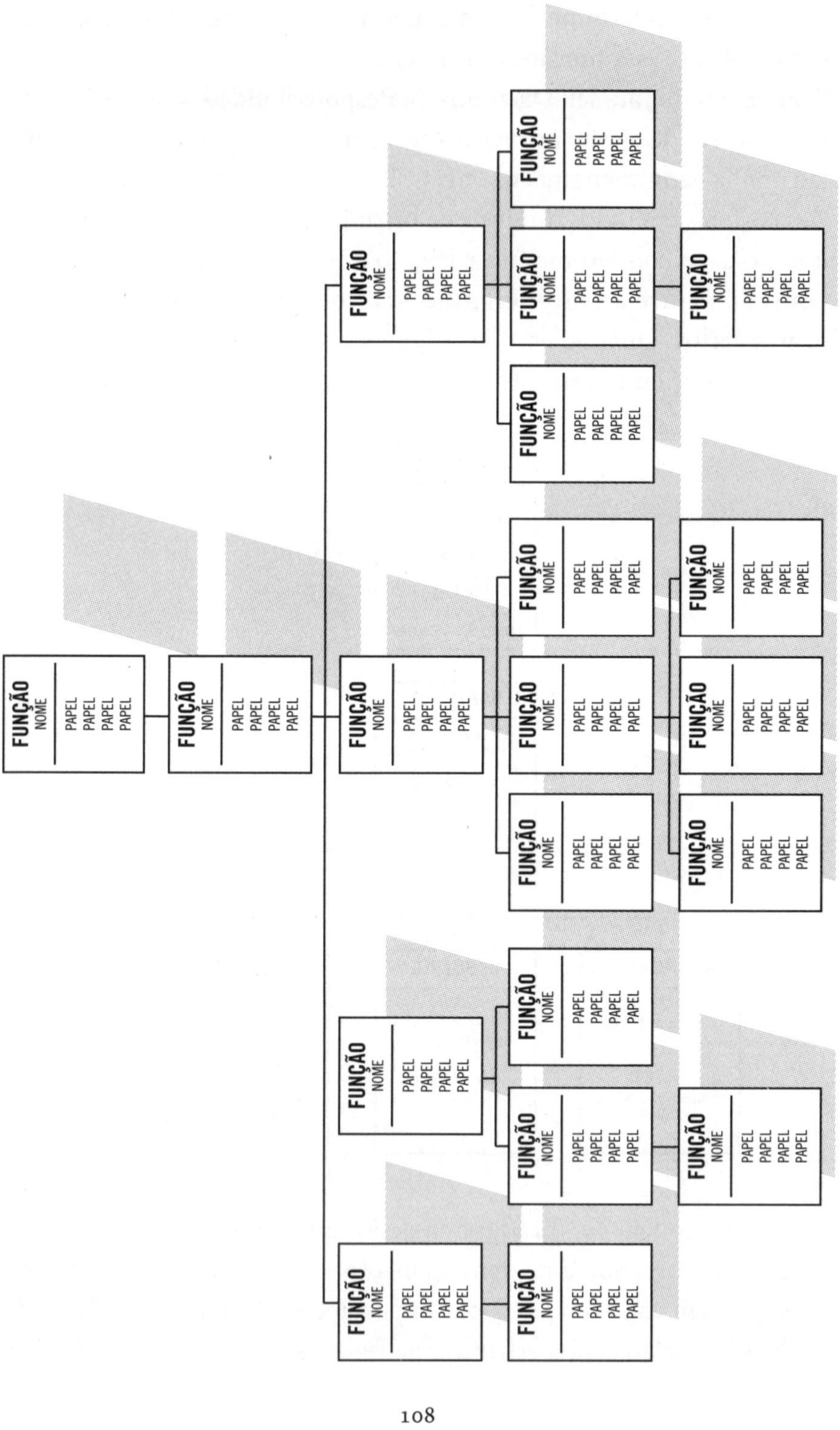

FUNÇÃO
NOME
PAPEL
PAPEL
PAPEL
PAPEL

não definirá a estrutura de comunicação. Sua comunicação deve fluir livremente por todas as linhas e departamentos em que for necessária, criando uma cultura aberta e honesta. Com a responsabilidade de cada cargo clara e a comunicação atravessando todos os departamentos, você evitará problemas interdepartamentais. O Diagrama de Responsabilidades não deve criar isolamentos ou divisões.

Sua equipe de liderança

Depois de terminar seu Diagrama de Responsabilidades, o visionário, se você tiver um, o integrador e as pessoas que comandam as principais funções vão se tornar sua equipe de liderança. Agora você tem representação e responsabilidade para todas as principais funções da empresa. Já que sua equipe de liderança está claramente situada, os quatro capítulos seguintes abordarão como vocês se reúnem, priorizam, comunicam, relatam, resolvem problemas e executam sua visão.

EQC

Seu Diagrama de Responsabilidades completo esclarece quem é responsável por quais coisas. Com esse nível de clareza, é hora de colocar todas as pessoas certas nos lugares certos. Para isso você só precisa de um filtro: EQC.

EQC significa *entender*, *querer* e ter *capacidade* de fazer. O EQC é uma ferramenta que resultou de milhares de horas trabalhando com líderes. O conceito se cristalizou para mim enquanto eu estava sentado num café com um cliente. Discutíamos por que uma das ações dele, a de promover um dos seus funcionários fundamentais ao papel de integrador, ainda não havia dado frutos. Ele tinha a pessoa certa, mas a promoção não funcionara. Naquele momento, a resposta para uma pergunta que vinha me incomodando surgiu. Expliquei a ele o conceito do EQC. Em função da clareza que o EQC lhe proporcionou, ele percebeu imediatamente que cometera um erro de atribuição. A pessoa que recebeu o cargo o desejava, mas não tinha capacidade para exercê-lo. Essa pessoa foi imediatamente retirada da função e colocada num posto mais adequado, onde agora tem excelente desempenho.

Essa descoberta veio depois de observar muitas pessoas que haviam recebido cargos mas não assumiam totalmente suas funções. Essas pessoas não desempenhavam seus papéis de modo integral porque um dos três fatores estava ausente. Elas não entendiam, não queriam ou não tinham capacidade para fazer o trabalho.

Para chegar ao próximo nível você precisa que as pessoas que lhe prestam contas sejam capazes de pegar a bola e correr com ela. Quando você, como líder ou administrador, explica com clareza o cargo (incluindo papéis, responsabilidades, expectativas e parâmetros mensuráveis) e apresenta essa oportunidade, cria uma vaga. O resultado é que acontecerá uma coisa ou outra: a pessoa vai se apresentar e se encarregar da tarefa ou jamais fará isso. Se não fizer, é porque está faltando o E ou o Q ou o C. Nessa situação você ficará frustrado, a pessoa ficará frustrada, você jamais poderá delegar e se elevar e sempre será obrigado a fazer algum ou todo o trabalho da pessoa. Vamos analisar cada um desses quesitos.

Entender

Você já viu pessoas que entendem e pessoas que não entendem. Isso simplesmente significa entender a própria função, a cultura, os sistemas, o ritmo e como o trabalho acontece. Nem todo mundo entende. A boa notícia é que existem muitas pessoas que entendem.

Querer

Isso significa que a pessoa realmente gosta do trabalho. Entende a atribuição e quer exercê-la baseada numa compensação justa e na responsabilidade. Em muitas situações, um gerente precisa motivar, pagar a mais ou implorar que uma pessoa queira, quando a realidade é que ela não quer. Às vezes o ego dessa pessoa, as esperanças que você tem ou a ignorância dela com relação ao que o trabalho exige pode levá-la a pensar que quer. Mas, se ela não quiser, nunca fornecerá aquela fagulha, não importando quão eficaz você seja como administrador. Portanto, pare de bater a cabeça na parede. Encontre alguém que queira e a diferença ficará visível de imediato.

Capacidade de fazer

Isso significa ter a capacidade de tempo e também mental, física e emocional para fazer bem o trabalho. Às vezes um cargo pode exigir um compromisso de 55 horas por semana, enquanto a pessoa só está disposta a dar 40. Às vezes o trabalho exige certo nível de intelecto, habilidade, conhecimento e inteligência emocional e a pessoa não tem essa capacidade. Esse é o Princípio de Peter no mais alto grau, quando as pessoas são promovidas até um nível de incompetência.

Um "não" para qualquer um desses quesitos significa que aquele não é o cargo certo para a pessoa, que não é a Capacidade Singular da pessoa. Nesse ponto, você não deve se enganar. Às vezes você pode transformar um "não" em um "sim" se estiver disposto a investir o tempo e o dinheiro necessários para promover a pessoa. No entanto, na maioria dos casos você não terá tempo para esperar que ela se ajuste à curva de aprendizagem.

Cuidado para não presumir que você já tem as pessoas para preencher as funções principais. Só porque no momento elas ocupam o cargo nem sempre significa que elas o entendam, queiram e tenham a capacidade para exercê-lo. O filtro EQC manterá você honesto consigo mesmo.

Quando a Ronnisch Construction Group, uma empreiteira com receita de 44 milhões de dólares e 37 funcionários, começou esse processo, Bernie Ronnisch, dono e integrador, tinha uma equipe de liderança composta por quatro pessoas. Como estou de fora e tenho um olhar imparcial, percebo, em geral muito antes do integrador, quando alguém não vai se sair bem na equipe de liderança. Naquela situação, dois dos quatro membros não iriam conseguir – 50% da equipe! Pelejamos com as tarefas de estabelecer prioridades trimestrais, criar o Diagrama de Responsabilidades e descobrir os valores fundamentais, depois passamos por vários trimestres de poucos resultados até alcançar essas prioridades. Num ataque de frustração, perguntei diretamente aos dois membros a que ponto eles estavam comprometidos com esse processo, numa escala de 1 a 10. Os dois se deram um 4.

Bernie só precisou ouvir isso para fazer algumas mudanças difíceis. Ainda que os dois fossem muito talentosos, ele os tirou da equipe de liderança. Ele mandou um embora, o outro foi transferido para um cargo de superintendente e pouco depois se demitiu. Bernie os substituiu pelas pessoas certas nos lugares certos. Dezoito meses depois a empresa havia crescido 50%. Assim que uma sólida equipe de liderança com cinco pessoas (Bernie acrescentou uma função importante) ficou bem estabelecida, ela passou a trabalhar com o resto da empresa. Dolorosamente, eles substituíram 40% dos funcionários. Agora têm as pessoas certas nos lugares certos em toda a organização. Quatro anos depois de começarem o Processo do SOE, um crescimento de 70% colocou a Ronnisch em sétimo lugar na lista de empresas de crescimento mais rápido do *Crain's Detroit Business*. Além disso, ela foi finalista no Prêmio Empreendedor do Ano da Ernst & Young.

> Nos últimos 11 anos venho acompanhando uma estatística com relação às mudanças nas equipes de liderança dos meus clientes nos dois primeiros anos depois de implementarem o SOE. Os dados mostram que em 80% das vezes a equipe de liderança com a qual você começa não é a mesma com a qual termina. Em metade das vezes, a mudança acontece retirando alguém da equipe; na outra metade, é acrescentando alguém à equipe. O ponto é o seguinte: se você quer realmente se comprometer em criar uma grande empresa, uma forte equipe de liderança e em colocar as pessoas certas nos lugares certos, deve se preparar para mudanças na equipe de liderança. Mas sua empresa pode ser uma dos 20% em que não haverá mudança.

A vida é muito mais fácil para todos quando você tem ao redor pessoas que genuinamente *entendem*, *querem* e têm a *capacidade* de fazer.

Uma vez que o EQC esteja esclarecido, incorpore-o ao seu Analisador de Pessoas. Quando estiver avaliando o seu pessoal, a nota no EQC deve ser um "sim" ou um "não" nítidos, diferentemente dos mais e menos dos valores fundamentais. Você deve ter um "sim" em todos os três quesitos, caso contrário a pessoa está no lugar errado.

NOME	SER CONFIANTE COM HUMILDADE	CRESCER OU MORRER	AJUDAR PRIMEIRO	FAZER A COISA CERTA	FAZER O QUE VOCÊ MANDA	ENTENDER	QUERER	CAPACIDADE DE FAZER
JOHN SMITH	+	+	+	+	+	SIM	SIM	SIM
SALLY JONES	−	−	−	−	−	SIM	NÃO	SIM
GEORGE WILSON	+/−	+/−	+/−	+/−	+/−	NÃO	SIM	SIM

Um nome, dois lugares

Você pode ter um nome em dois lugares, só não pode ter dois nomes em um lugar. Quando uma organização começa, o empreendedor fundador ocupa todos os lugares. É o único nome em todos os cargos. É o integrador, o chefe de vendas e marketing, o chefe de operações e o chefe de finanças. À medida que a organização cresce, novas pessoas são trazidas para preencher os lugares necessários. Por exemplo, assim que o empreendedor alcança a capacidade máxima, ele traz alguém para comandar as operações e pode abrir mão dessa importante função.

Se algum dos seus funcionários está com mais de uma atribuição – por exemplo, seu contador também é encarregado das remessas e do serviço ao consumidor –, tudo bem, desde que ele tenha tempo suficiente para exercer bem as duas funções. É uma questão de tamanho da organização. Se ele ou você não tiverem tempo suficiente para estar em todos os lugares, isso precisará mudar. O que nos leva ao próximo ponto.

Delegar e se elevar

À medida que sua empresa cresce, você precisa ascender à sua Capacidade Singular e o mesmo acontece com sua equipe de liderança. Com o Diagrama de Responsabilidades estabelecido, você pode determinar quando alguém está trabalhando em capacidade máxima. Cada pessoa só tem 100% de seu tempo de trabalho. Esses 100% representam a quantidade de tempo que cada pessoa está disposta a trabalhar e ainda manter o equilíbrio. Para algumas pessoas são 40 horas por semana; para outras são 70. Cada um é diferente.

Quando a quantidade de trabalho exige mais de 100% para ser bem-feito, digamos 120%, alguma coisa precisa ser alterada. Essa pessoa precisa delegar e se elevar pelos 20% extras porque está retardando a organização e batendo no teto. Em alguns casos, é hora de colocar essa pessoa em apenas um lugar em vez de nos dois que ela está ocupando. Se essa pessoa estiver em um lugar, ela precisa delegar mais a outras pessoas, alcançar algum rendimento ou eliminar algumas tarefas. Em todas as vezes, você vai querer garantir que essa pessoa esteja chegando cada vez mais perto da sua Capacidade Singular.

Por exemplo, presuma que você tem um ótimo encarregado de operações e uma ótima pessoa encarregada das finanças. Ambos os liberam dessas funções importantes. No entanto, sua carga de trabalho ainda exige 120% do seu tempo para comandar e coordenar sua equipe de liderança como integrador, administrar a equipe de vendas, vender e criar materiais de marketing. É hora de abrir mão de mais alguma coisa. Presumindo que comandar e administrar a equipe de liderança e fazer contatos seja sua Capacidade Singular, você deve delegar a administração da equipe de vendas e a criação de materiais de marketing para liberar os 20%. Delegue à pessoa certa no lugar certo e se eleve à sua Capacidade Singular.

Quando você delega e se eleva, é vital ter a pessoa certa no lugar certo. Se não tiver, você jamais se sentirá totalmente tranquilo ao abrir mão da tarefa. Além disso, você precisa notar que não tem escolha a não ser delegar. Se você estiver funcionando a 120%, estará retardando a empresa e provavelmente começando a se esgotar. Você não tem mais tempo para comandar totalmente a empresa e administrar bem a equipe de vendas – quanto mais para exercer aqueles outros cargos. Se o único motivo para não abrir mão é a pessoa que ocupa o cargo, é hora de tomar a decisão difícil. Você não pode continuar fazendo o trabalho do outro. Não pode continuar descascando os "abacaxis" dele, como Hal Burrows, William Oncken Jr. e Kenneth Blanchard ilustraram tão bem em seu livro *O gerente minuto e a administração do tempo*.

Visualize todas as responsabilidades, os problemas e as questões de todos os seus subordinados diretos como se fossem "abacaxis". Quando seu subordinado direto entra na sua sala com um problema, ele está tentando deixar um "abacaxi" com você. No fim do dia, depois de várias pessoas terem entrado na sua sala com seus problemas e os deixado com você, você acaba tendo 20 abacaxis para descascar. Se alguém entra com um abacaxi, essa pessoa precisa sair de volta com ele. Se não puder ou não quiser, você contratou a pessoa errada.

Tyler Smith, da Niche Retail, é um exemplo clássico de alguém capaz de delegar e se elevar constantemente à medida que sua organização crescia e continuamente rompia novos tetos. Quando Tyler e seu sócio Brad Sorock fundaram a empresa de varejo pela internet (com Tyler como integrador e Brad como visionário), Tyler cuidava de todas as vendas, operações e finanças, enquanto Brad ficava no laboratório, pesquisando e descobrindo a próxima ideia de produto ou estratégia. Tyler ouvia um bipe no celular indicando que tinha recebido um pedido, descia ao porão e imprimia o pedido, o empacotava e despachava. Depois processava o pagamento, fazia pedidos ao fornecedor e pagava as contas. Isso continuou durante o primeiro ano.

À medida que a empresa crescia, ele alcançou sua capacidade máxima. Não conseguia mais executar todos os trabalhos anteriores. Sua primeira delegação e elevação foi para a esposa, Stacey, que o ajudava a encher as caixas. Logo os dois chegaram de novo à capacidade máxima. Ele contratou alguém para ajudar a despachar os pedidos e abriu mão totalmente dessa função. Depois a empresa se mudou para um armazém de 200 metros quadrados que podia abrigar todo o estoque, o que criou a necessidade de um gerente de operações. Então ele contratou um contador e abriu mão dessa função. O crescimento continuou.

A Niche se mudou para um armazém de 1.000 metros quadrados. Isso criou a necessidade de um diretor financeiro e depois de um chefe de operações, além de um encarregado do depósito e outro do marketing. O crescimento ainda maior exigiu um armazém de 8 mil metros quadrados e a história continua até hoje. Tyler delegou e se elevou de modo magistral a cada vez que alcançou a capacidade máxima, evitando se esgotar. Além disso, cada membro da equipe de liderança continua a delegar e se elevar à medida que a organização continua a crescer. Aqui vai o Diagrama de Responsabilidades da Niche Retail.

Ano 1
4 pessoas / Receita: $500.000

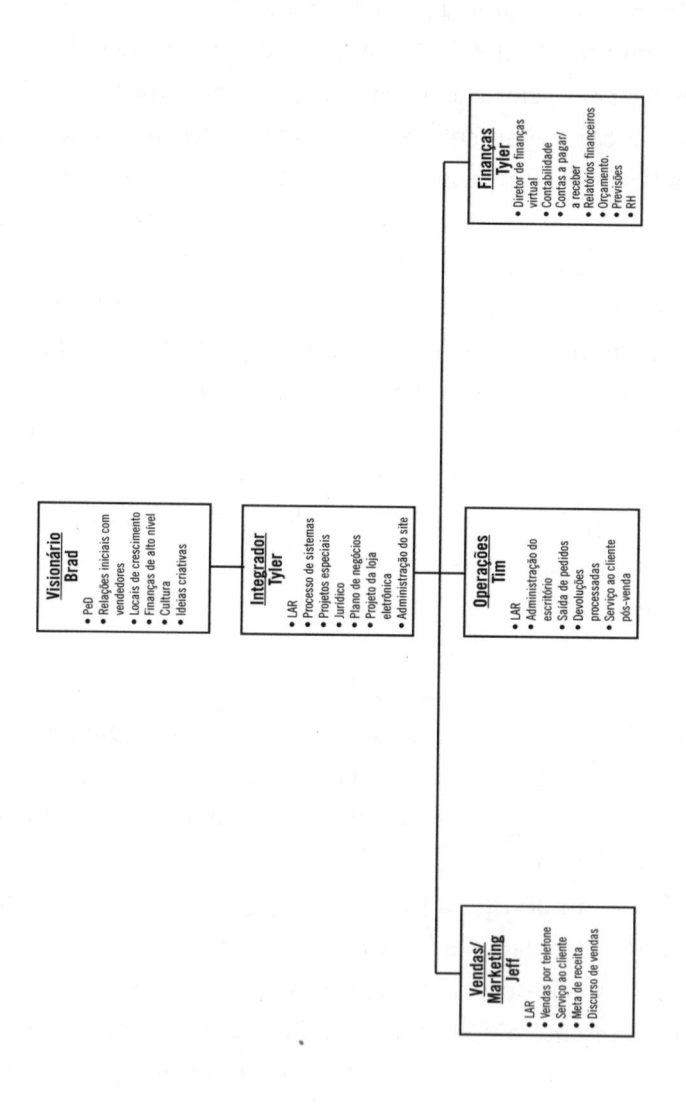

Visionário
Brad
- P&D
- Relações iniciais com vendedores
- Locais de crescimento
- Finanças de alto nível
- Cultura
- Ideias criativas

Integrador
Tyler
- LAR
- Processo de sistemas
- Projetos especiais
- Jurídico
- Plano de negócios
- Projeto da loja eletrônica
- Administração do site

Finanças
Tyler
- Diretor de finanças virtual
- Contabilidade
- Contas a pagar/a receber
- Relatórios financeiros
- Orçamento
- Previsões
- RH

Operações
Tim
- LAR
- Administração do escritório
- Saída de pedidos
- Devoluções processadas
- Serviço ao cliente pós-venda

Vendas/Marketing
Jeff
- LAR
- Vendas por telefone
- Serviço ao cliente
- Meta de receita
- Discurso de vendas

Ano 2
15 pessoas / Receita: $2,1 milhões

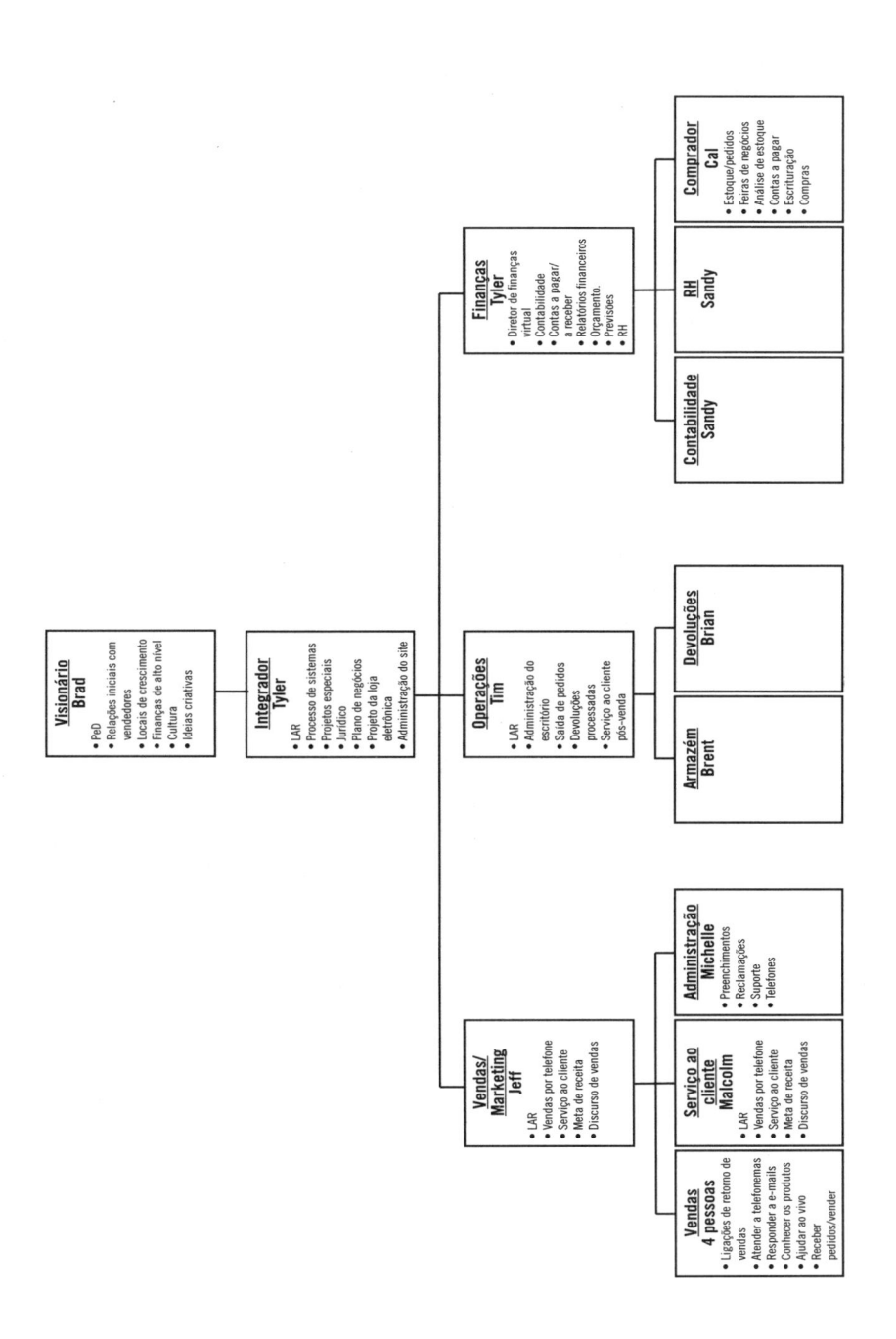

Visionário
Brad
- P&D
- Relações iniciais com vendedores
- Locais de crescimento
- Finanças de alto nível
- Cultura
- Ideias criativas

Integrador
Tyler
- LAR
- Processo de sistemas
- Projetos especiais
- Jurídico
- Plano de negócios
- Projeto da loja eletrônica
- Administração do site

Vendas/Marketing
Jeff
- LAR
- Vendas por telefone
- Serviço ao cliente
- Meta de receita
- Discurso de vendas

Serviço ao cliente
Malcolm
- LAR
- Vendas por telefone
- Serviço ao cliente
- Meta de receita
- Discurso de vendas

Vendas
4 pessoas
- Ligações de retorno de vendas
- Atender a telefonemas
- Responder a e-mails
- Conhecer os produtos
- Ajudar ao vivo
- Receber pedidos/vender

Administração
Michelle
- Preenchimentos
- Reclamações
- Suporte
- Telefones

Operações
Tim
- LAR
- Administração do escritório
- Saída de pedidos
- Devoluções processadas
- Serviço ao cliente pós-venda

Armazém
Brent

Devoluções
Brian

Finanças
Tyler
- Diretor de finanças virtual
- Contabilidade
- Contas a pagar/a receber
- Relatórios financeiros
- Orçamento
- Previsões
- RH

Contabilidade
Sandy

RH
Sandy

Comprador
Cal
- Estoque/pedidos
- Feiras de negócios
- Análise de estoque
- Contas a pagar
- Escrituração
- Compras

Ano 3
26 pessoas / Receita: $6 milhões

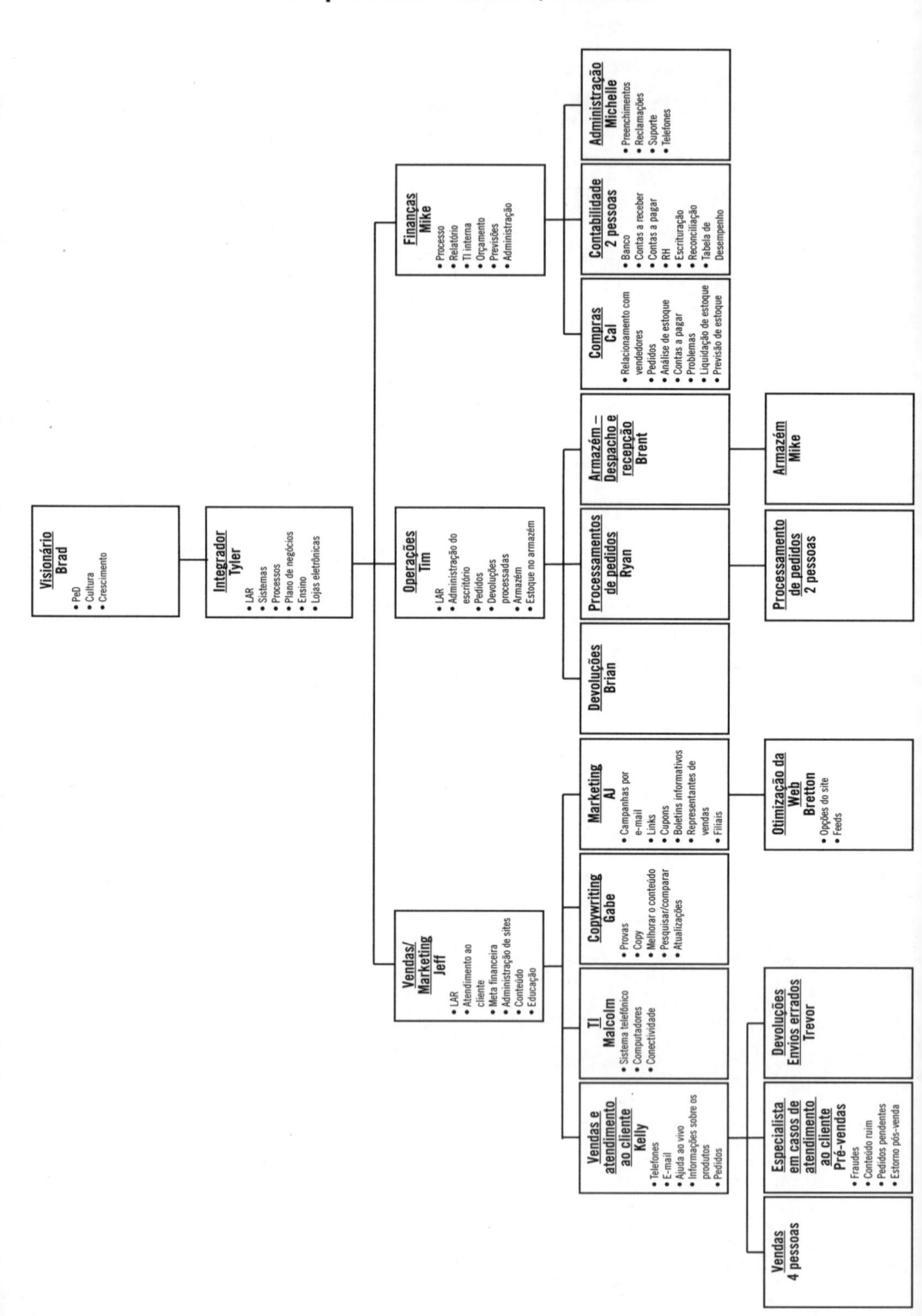

Visionário
Brad
- P&D
- Cultura
- Crescimento

Integrador
Tyler
- LAR
- Sistemas
- Processos
- Plano de negócios
- Ensino
- Lojas eletrônicas

Vendas/Marketing
Jeff
- LAR
- Atendimento ao cliente
- Meta financeira
- Administração de sites
- Conteúdo
- Educação

TI
Malcolm
- Sistema telefônico
- Computadores
- Conectividade

Copywriting
Gabe
- Provas
- Copy
- Melhorar o conteúdo
- Pesquisar/comparar
- Atualizações

Marketing
AJ
- Campanhas por e-mail
- Links
- Cupons
- Boletins informativos
- Representantes de vendas
- Filiais

Otimização da Web
Bretton
- Opções do site
- Feeds

Vendas e atendimento ao cliente
Kelly
- Telefones
- E-mail
- Ajuda ao vivo
- Informações sobre os produtos
- Pedidos

Especialista em casos de atendimento ao cliente Pré-vendas
- Fraudes
- Conteúdo ruim
- Pedidos pendentes
- Estorno pós-venda

Devoluções Envios errados
Trevor

Vendas
4 pessoas

Operações
Tim
- LAR
- Administração do escritório
- Pedidos
- Devoluções processadas
- Armazém
- Estoque no armazém

Devoluções
Brian

Processamentos de pedidos
Ryan

Processamento de pedidos
2 pessoas

Armazém – Despacho e recepção
Brent

Armazém
Mike

Finanças
Mike
- Processo
- Relatório
- TI interna
- Orçamento
- Previsões
- Administração

Compras
Cal
- Relacionamento com vendedores
- Pedidos
- Análise de estoque
- Contas a pagar
- Problemas
- Liquidação de estoque
- Previsão de estoque

Contabilidade
2 pessoas
- Banco
- Contas a receber
- Contas a pagar
- RH
- Escrituração
- Reconciliação
- Tabela de Desempenho

Administração
Michelle
- Preenchimentos
- Reclamações
- Suporte
- Telefones

Ano 5
43 pessoas / Receita: $14 milhões

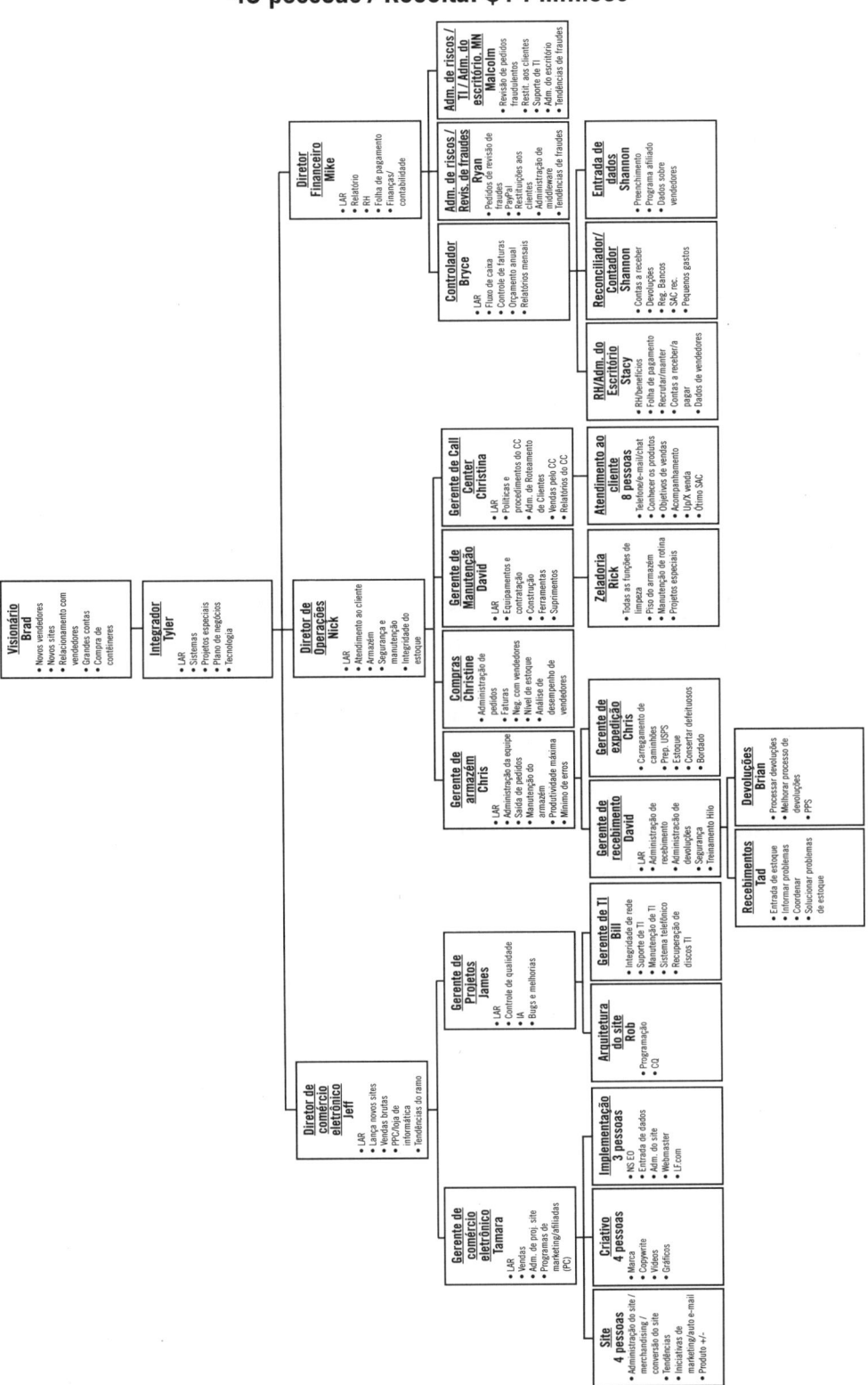

Visionário — Brad
- Novos vendedores
- Novos sites
- Relacionamento com vendedores
- Grandes contas
- Compra de contêineres

Integrador — Tyler
- LAR
- Sistemas
- Projetos especiais
- Plano de negócios
- Tecnologia

Diretor Financeiro — Mike
- LAR
- Relatório
- RH
- Folha de pagamento
- Finanças/contabilidade

Controlador — Bryce
- LAR
- Fluxo de caixa
- Controle de faturas
- Orçamento anual
- Relatórios mensais

Adm. de riscos / Revis. de fraudes — Ryan
- Pedidos de revisão de fraudes
- PayPal
- Restituições aos clientes
- Administração de middleware
- Tendências de fraudes

Adm. de riscos / TI / Adm. do escritório, MN — Malcolm
- Revisão de pedidos fraudulentos
- Restit. aos clientes
- Suporte de TI
- Adm. do escritório
- Tendências de fraudes

Entrada de dados — Shannon
- Preenchimento
- Programa afiliado
- Dados sobre vendedores

Reconciliador/Contador — Shannon
- Contas a receber
- Devoluções
- Reg. Bancos
- SAC rec.
- Pequenos gastos

RH/Adm. do Escritório — Stacy
- RH/benefícios
- Folha de pagamento
- Recrutar/manter
- Contas a receber/a pagar
- Dados de vendedores

Diretor de Operações — Nick
- Atendimento ao cliente
- Armazém
- Segurança e manutenção
- Integridade do estoque

Compras — Christine
- Administração de pedidos
- Faturas
- Neg. com vendedores
- Nível de estoque
- Análise de desempenho de vendedores

Gerente de armazém — Chris
- LAR
- Administração da equipe
- Saída de pedidos
- Manutenção do armazém
- Produtividade máxima
- Mínimo de erros

Gerente de Manutenção — David
- LAR
- Equipamentos e contratação
- Construção
- Ferramentas
- Suprimentos

Gerente de Call Center — Christina
- LAR
- Políticas e procedimentos do CC
- Adm. de Roteamento de Clientes
- Vendas pelo CC
- Relatórios do CC

Gerente de recebimento — David
- LAR
- Administração recebimento
- Administração de devoluções
- Segurança
- Treinamento Hilo

Gerente de expedição — Chris
- Carregamento de caminhões
- Prep. USPS
- Estoque
- Consertar defeituosos
- Bordado

Zeladoria — Rick
- Todas as funções de limpeza
- Piso do armazém
- Manutenção de rotina
- Projetos especiais

Atendimento ao cliente — 8 pessoas
- Telefone/e-mail/chat
- Conhecer os produtos
- Objetivos de vendas
- Acompanhamento
- Up/X venda
- Ótimo SAC

Recebimentos — Tad
- Entrada de estoque
- Informar problemas
- Coordenar
- Solucionar problemas de estoque

Devoluções — Brian
- Processar devoluções
- Melhorar processo de devoluções
- PPS

Diretor de comércio eletrônico — Jeff
- LAR
- Lança novos sites
- Vendas brutas
- PPC/loja de informática
- Tendências do ramo

Gerente de comércio eletrônico — Tamara
- LAR
- Vendas
- Adm. de proj. site
- Programas de marketing/afiliadas (PC)

Gerente de Projetos — James
- LAR
- Controle de qualidade
- IA
- Bugs e melhorias

Arquitetura do site — Rob
- Programação
- CQ

Gerente de TI — Bill
- Integridade de rede
- Suporte de TI
- Manutenção de TI
- Sistema telefônico
- Recuperação de discos TI

Implementação — 3 pessoas
- NS EO
- Entrada de dados
- Adm. do site
- Webmaster
- LF.com

Criativo — 4 pessoas
- Marca
- Copywrite
- Vídeos
- Gráficos

Site — 4 pessoas
- Administração do site / merchandising / conversão do site
- Tendências
- Iniciativas de marketing/auto e-mail
- Produto +/-

Evolução

À medida que a organização cresce, seu Diagrama de Responsabilidades evolui e muda constantemente, como pode ser visto no exemplo da Niche Retail nas páginas anteriores. Essa é uma ferramenta dinâmica. Pense em como era a sua estrutura quando a empresa tinha metade do tamanho atual. Agora imagine como ela ficaria com o dobro do tamanho. Quais são as diferenças? O ponto é que o Diagrama de Responsabilidades é uma ferramenta que evolui sempre se você estiver crescendo. Com uma taxa de crescimento de 20%, você fará uma mudança no Diagrama de Responsabilidades a cada 90 dias mais ou menos.

Escalabilidade

Quando fizer seu Diagrama de Responsabilidades, você notará que determinadas funções exigem que várias pessoas executem o mesmo serviço (por exemplo, vendedores, pessoal de atendimento ao cliente, escriturários). O Diagrama de Responsabilidades permite escalas. Quando várias pessoas têm o mesmo trabalho, você simplesmente coloca o número necessário de pessoas naquela função em vez de acrescentar várias caixas novas.

Por exemplo, se você olhar o Diagrama de Responsabilidades do Ano 5 da Niche Retail, abaixo do gerente do call center você verá a função de atendimento ao cliente, com oito pessoas.

Seu organograma atual

Você pode estar se perguntando o que fazer com seu organograma atual. O Diagrama de Responsabilidades recém-criado deve substituí-lo e se tornar a ferramenta que você usa para ilustrar a estrutura organizacional. Ele mostra com clareza a estrutura de prestação de contas e os papéis e responsabilidades de cada função. Mantenha-o simples. O próximo passo é compartilhá-lo com todos na empresa. Eles gostarão de saber onde se encaixam e quais são suas responsabilidades.

A partir daí, presumindo que todos compartilhem seus valores fundamentais e o EQC, solte o galho e deixe que eles executem. Você experimentará os resultados incríveis de aproveitar todos os talentos combinados.

Rescisões

Um aviso: agora que você tem clareza, você verá as pessoas que não se encaixam na organização. No entanto, você não deve sair correndo e demitir todas elas. Isso deixaria a organização vulnerável e abriria lacunas imensas. Assuma uma abordagem metódica para as mudanças de pessoal, certificando-se de que todos na equipe de liderança estejam em sintonia, e depois avance passo a passo. Isso não permite que você fuja da situação. Só significa que você não pode colocar a empresa em situação vulnerável. Você ainda precisará fazer a mudança.

Uma vez, meus pais saíram da cidade numa época em que meus irmãos adolescentes e eu ainda morávamos em casa. Depois de voltarem, meu pai percebeu que não tínhamos molhado a planta da minha mãe, que estava morrendo rapidamente. Decidimos que a solução seria encharcá-la, e claro que não deu certo. Depois de notar o problema, minha mãe pegou uma tesoura e podou alguns galhos meio mortos. A planta voltou à vida pouco tempo depois.

Você precisa fazer uma pequena poda de vez em quando para que a organização prospere. Esperar que as pessoas que não se encaixam direito consigam produzir, mandando-as para algum seminário ou tendo uma conversa estimulante, é o mesmo que encharcar a planta. Não vai resolver o problema. Assim que você fizer a poda necessária, sua organização será revitalizada.

36 horas de dor

Se pessoas precisarem ir embora e você estiver empurrando com a barriga porque a perspectiva de demiti-las parece dolorosa, espero que isto lhe dê alguma motivação. Durante a evolução da Niche Retail ilustrada nas páginas anteriores, Tyler Smith manteve uma pessoa por mais tempo do que devia porque estava com dificuldade para tomar a decisão de demiti-la. O que tornou a situação igualmente difícil era que a pessoa estava com eles desde os primeiros tempos. Mas a empresa cresceu mais do que ela. A pessoa tinha consciência disso e, com o tempo, sua atitude havia azedado. A equipe de liderança finalmente pegou o Analisador de Pessoas e os resultados mostraram que simplesmente não havia outra opção. A pessoa não era mais certa para a organização. Depois de muita angústia e reflexão, Tyler finalmente tomou a decisão certa de demiti-la. Alguns dias depois, Tyler me ligou e citou uma expressão que agora é de uso geral no SOE: 36 horas de dor.

As horas que levaram até a rescisão foram dolorosas, mas depois ele percebeu que foi uma das melhores decisões que já havia tomado pelo bem maior da empresa. Não conseguia entender por que não tinha feito isso antes. O ambiente de trabalho ficou muito melhor e menos tenso para todos. Ele se sentiu aliviado. Outros funcionários lhe agradeceram pela decisão difícil. Ele vivenciou toda aquela dor durante um ano, quando, pensando bem, poderia ter experimentado apenas 36 horas de dor, provavelmente para as duas partes interessadas. Por acaso, a pessoa demitida está se saindo bem e fazendo o que mais gosta. A decisão foi a melhor para todos.

Se o Analisador de Pessoas mostrar que alguém é a pessoa errada para a sua organização, decida-se. E, sim, haverá alguma dor, mas só por cerca de 36 horas.

Tenha em mente dois pontos importantes:

1. Cuidado com o que deseja, porque você vai conseguir. Se você quer crescer, precisa entender que nem todos podem estar à altura e permanecer no mesmo cargo para sempre.
2. Manter pessoas só porque você gosta delas é destrutivo. Você está prestando um desserviço à empresa, a todos que fazem parte dela e ao próprio funcionário. As pessoas devem acrescentar valor. Sei que isso pode parecer frio, mas desde que as pessoas estejam nos lugares certos, todo mundo fica mais feliz, especialmente elas.

Três perguntas a fazer

Quando um cliente completa seu Diagrama de Responsabilidades nós fazemos três perguntas para confirmar se ele está 100%. Por favor, faça estas três perguntas à sua equipe de liderança:

1. Esta é a estrutura certa para nos levar ao próximo nível?
2. Todas as pessoas certas estão nos lugares certos?
3. Todos têm tempo suficiente para fazer bem o trabalho?

Um "sim" para todas as três confirma que você está 100% nesse componente essencial.

Agora sabemos o que os grandes líderes querem dizer quando atribuem seu sucesso a cercar-se de pessoas boas. É colocar as pessoas certas (valores fundamentais) nos lugares certos (EQC e Capacidade Singular).

Com a visão clara e compartilhada por todos e com as pessoas certas nos lugares certos, o próximo passo é avaliar o seu progresso e ter um conhecimento completo da sua empresa. Isso exige o uso de dados.

RESUMO

COMPONENTE DE PESSOAS

PESSOAS CERTAS
- Valores fundamentais
- Analisador de Pessoas

LUGARES CERTOS
- Diagrama de Responsabilidades
- EQC (entender, querer, ter capacidade para fazer)

CAPÍTULO

5

COMPONENTE DE DADOS

Segurança nos números

VISÃO
~ 8 perguntas
~ Compartilhada por todos

PESSOAS
~ Pessoas certas
~ Lugares certos

DADOS

SUA EMPRESA

Visualize um avião pequeno sobrevoando o Oceano Atlântico. Na metade do caminho, o comandante anuncia:
– Tenho uma notícia ruim e uma boa. A ruim é que os mostradores não estão funcionando. Estamos totalmente perdidos, não faço ideia da velocidade a que viajamos nem em qual direção, e não sei quanto combustível resta. A boa notícia é que estamos fazendo a jornada em um tempo ótimo!

Isso parece familiar? É assim que a maioria dos empreendedores comanda suas organizações. Saem voando às cegas, sem dados que lhes permitam avaliar onde estão, para onde vão ou se seguem na direção certa. Mas continuam sempre otimistas.

As dúvidas podem atormentá-lo. Se você for um dono de empresa típico, é frequente que acorde às duas da madrugada com uma inquietação. Você sente que não consegue medir de modo adequado a pulsação da sua empresa. Para medir essa pulsação você percorre o escritório no dia seguinte e fala com cinco pessoas diferentes. Nesse processo, perde um bocado do seu tempo e do tempo dos outros e, depois de todas as conversas, tem em mãos opiniões subjetivas, e não dados sólidos. Apenas as informações factuais podem fornecer a base para uma discussão produtiva e uma tomada de decisão.

Este capítulo se destina a ajudá-lo a formular e administrar seus dados, permitindo que você meça a pulsação da sua empresa de modo consistente e exato, para então agir de modo eficaz. Você não estará mais administrando suposições, opiniões subjetivas, emoções e egos.

Você terá condições de administrar sua empresa com alguns números escolhidos. Esses números lhe permitirão monitorar a empresa semanalmente, mostrando rapidamente que atividades estão nos trilhos ou fora deles. Assim que tiver acompanhado esses números durante um tempo, você alcançará a capacidade valiosa de enxergar padrões e tendências e prever o futuro.

Para o Componente de Dados, você será apresentado a uma ferramenta testada por longo tempo que lhe permitirá quantificar os resultados da sua empresa. Chama-se Tabela de Desempenho. Assim que aprender a usá-la, poderá medir com precisão a pulsação da sua empresa. Com dados sólidos, você dormirá melhor à noite. Em última instância, terá a capacidade de soltar o galho e estar mais bem conectado do que nunca. Além disso, chegará ao ponto em que cada um na sua organização terá um número, um parâmetro mensurável significativo e administrável. Isso dará às pessoas uma direção clara e aumentará a produtividade.

TABELA DE DESEMPENHO

Segundo um antigo ditado dos negócios, qualquer coisa que seja medida e observada tende a melhorar. O conceito de administrar com uma Tabela de Desempenho existe há muito tempo. A ideia tem sido expressa por muitos termos diferentes. Já foi chamada de painel de controle, relatório relâmpago, métrica de placar, mensuráveis, indicadores-chave de desempenho, números inteligentes e assim por diante. Não importa o nome que você dê, é um monte de números que podem lhe dizer, apenas com um olhar, como sua empresa está indo.

A realidade infeliz é que a maioria das organizações não tem uma Tabela de Desempenho. Elas carecem de números baseados em atividades para ser revisados regularmente. Podem ter uma demonstração de lucros e prejuízos para dizer como a coisa anda, mas nesse ponto será tarde demais para fazer correções. Uma demonstração do resultado (DRE) é um indicador posterior. Os dados chegam depois do fato e você não pode mudar o passado. Mas, com uma Tabela de Desempenho, você pode mudar o futuro.

Observemos alguém que resolveu uma situação aparentemente impossível de ser administrada usando uma Tabela de Desempenho. Em seu livro *Leadership* (Liderança), Rudolph Giuliani diz, no capítulo adequadamente intitulado "Todo mundo é responsável o tempo todo", que um de seus primeiros atos ao assumir a Prefeitura de Nova York foi introduzir o CompStat. CompStat é uma ferramenta de administração multinível que permite aos policiais do Departamento de Polícia de Nova York (NYPD) informar números específicos de crimes numa base diária ou semanal.

Giuliani diz que isso permitiu aos comandantes das delegacias enxergar padrões e tendências, depois reagir e colocar policiais onde fossem necessários. No passado, o NYPD meramente rastreava o número de prisões e os tempos de resposta aos telefonemas para o 911, mas esses são indicadores posteriores. Quando os números eram recebidos, trimestral ou mesmo anualmente, o padrão do crime havia mudado. O CompStat rastreava a atividade criminosa numa base diária e semanal, o que, segundo Giuliani, permitiu ao NYPD verificar a pulsação das atividades criminosas e, com isso, alcançar a capacidade de prevenir o crime em vez de simplesmente informá-lo.

Em oito anos o número de assassinatos caiu quase 70%, e o crime geral cerca de 65%. Em 1996 o CompStat ganhou o Prêmio Inovações no Governo, da Kennedy School of Government da Universidade Harvard. Atualmente, muitas cidades usam o mesmo tipo de ferramenta. Depois do sucesso do CompStat, Giuliani introduziu uma Tabela de Desempenho para toda a cidade, chamada CapStat, que permite uma avaliação de desempenho detalhada de 20 agências municipais.

Meu mentor nos negócios Sam Cupp me mostrou como usou sua Tabela de Desempenho para avaliar a pulsação das suas empresas, que totalizavam mais de 300 milhões de dólares em vendas. Em seus ensinamentos, ele me forçou a fazer o mesmo com a minha empresa.

Na minha primeira empresa, eu podia administrar toda a companhia usando 14 números. A quantidade de números de que você precisa para acompanhar o desempenho depende do tipo de empresa que tem. A Tabela de Desempenho de cada empresa é diferente. Com mais de 400 clientes do SOE, existem mais de 400 Tabelas de Desempenho diferentes. Sua tabela será apenas sua e da sua organização. O seguinte exercício mostrará um processo passo a passo para criar uma Tabela de Desempenho adequada à sua empresa.

1º Passo

Passe uma hora com sua equipe de liderança. Imagine que estão em alguma ilha deserta. Nenhum de vocês pode falar com ninguém, acessar e-mails ou telefonar. Tudo que têm é um pedaço de papel com um monte de números. Esses números devem permitir uma avaliação absoluta da sua empresa. Quais são os números que devem estar nesse pedaço de papel? Decidam e façam uma lista de todas as categorias que precisarão acompanhar semanalmente para fazer essa avaliação.

Essas categorias devem incluir itens como receita semanal, balanço financeiro, atividade de vendas semanal, satisfação/problemas dos clientes, contas a receber / a pagar e projeto de cliente ou status de produção, para citar apenas alguns.

		TABELA DE DESEMPENHO DA EMPRESA													
				JANEIRO				FEVEREIRO				MARÇO			
QUEM	CATEGORIA		OBJETIVO	5	12	19	26	2	9	16	23	2	9	16	23	30
	RECEITA SEMANAL															
	BALANÇO FINANCEIRO															
	TELEFONEMAS DE VENDAS															
	REUNIÕES DE VENDAS															
	PROPOSTAS															
	NEGÓCIOS FECHADOS															
	FOLHA DE PAGAMENTO															
	PROBLEMAS DE CLIENTES															
	AVALIAÇÃO DE CLIENTES															
	CONTAS A RECEBER															
	CONTAS A PAGAR															

Via de regra, você deve acabar tendo de 5 a 15 números – de preferência, mais perto de 5. Informação demais atrapalha, portanto mantenha a coisa simples. Assim que tiver identificado todas as categorias, coloque-as no seu modelo de Tabela de Desempenho. Acima apresento um modelo em forma de planilha. Como você pode ver, nela estão listadas as categorias sob o cabeçalho Categoria.

2º Passo

Na coluna da esquerda, faça uma lista de quem é responsável por cada um dos números. Apenas uma pessoa é responsável por cada um deles, e geralmente é quem comanda essa função principal. Ela é quem deve entregar esse número semanal à organização, e não o indivíduo que apenas anota o número. Por exemplo, o chefe do departamento de vendas e marketing é responsável por colocar os números da atividade de vendas, e não a pessoa do setor de finanças que preenche a Tabela de Desempenho a cada semana.

3º Passo

Decida e preencha qual é o objetivo esperado para a semana em cada categoria. Agora que o seu OV/T e a sua visão estão claros, os números dos objetivos em sua Tabela de Desempenho devem estar ligados diretamente ao seu plano de um ano.

4º Passo

Coloque a data da próxima semana na primeira coluna de data, como um preparativo para preencher sua Tabela de Desempenho na próxima semana.

5º Passo

Decida quem é responsável por coletar todos os números e preencher a Tabela de Desempenho toda semana para ser revisada pela liderança. Decida como essa pessoa receberá os números de cada membro.

6º Passo

Use-a! Você deve revisar sua Tabela de Desempenho a cada semana para garantir que está nos trilhos rumo a sua visão. A verdadeira magia de usar uma Tabela de Desempenho não se limita a administrá-la semanalmente. Logo você verá 12 semanas (três meses) de uma vez, o que lhe permitirá enxergar padrões e tendências. A partir daí, os números vão rolando, o que significa que a primeira semana sairá da Tabela de Desempenho quando a 13ª semana for acrescentada. Certifique-se de guardar os números que saem para referência futura e histórico.

TRÊS REGRAS BÁSICAS PARA A TABELA DE DESEMPENHO

1. Os números na Tabela de Desempenho devem ser baseados semanalmente nas atividades, e não ser os números de alto nível que você vê numa demonstração do resultado (DRE). Lembre-se: a Tabela de Desempenho não é uma DRE. Ela se baseia em números que mostram atividades e dizem se você está no caminho para uma DRE forte. Em outras palavras, a Tabela de Resultados *prevê* sua DRE. O que são números baseados em atividades? Para ajudar a esclarecer, vejamos alguns exemplos.

    Uma categoria seria nova receita/vendas. Se você só monitora a receita quando ela entra, vai reagir tarde demais às quedas. Observe seu processo de vendas e recue passo a passo o máximo que puder. É provável que descubra que cada passo pode ser medido com um número. Pegue-os em ordem, começando com o primeiro passo. Meça o número de *leads* (vendas potenciais) gerados, o número de contatos, o número de encontros marcados, o número de encontros realizados, o número de propostas e/ou o número de fechamentos. Você decide até onde, no passado, quer medir, porque pode acompanhar o processo desde o primeiro passo.

    Digamos, por exemplo, que você escolha o número de *leads* gerados e acompanhe esse número na Tabela de Desempenho. Ao saber o número de *leads* que você tem, pode ver quantos se transformam em contatos, quantos contatos se transformam em encontros marcados e assim por diante. Ao entender essas fórmulas e esses números, você poderá prever o número de vendas fechadas dois, três e às vezes quatro meses à frente. Isso, por fim, lhe dá a capacidade de prever e lhe diz quantos *leads* você precisa desenvolver hoje.

Outro exemplo de número baseado em atividades é a satisfação do cliente. Se você meramente rastreia as reclamações dos clientes ou os clientes perdidos, também será tarde demais. Em vez disso, vá ao primeiro passo do processo: descubra que fatores impelem os clientes satisfeitos e os insatisfeitos. Por exemplo, você pode fazer uma pesquisa numérica proativa, talvez usando três perguntas que exigem uma resposta baseada em números sempre que você fecha o negócio ou entrega o produto. Assim você criará indicadores que lhe permitirão saber como está se saindo. Por exemplo, se, em média, você recebe 8,5 como nota numa determinada área da sua entrega e, de repente, vê uma nota 7 numa série de três semanas, saberá que há um problema em algum lugar. Então você tem a oportunidade de resolvê-lo antes de potencialmente perder o cliente.

2. A Tabela de Desempenho é muito mais uma ferramenta proativa, ajudando você a prever os problemas antes que eles aconteçam. Mas você ainda precisa examinar os demonstrativos financeiros mensal ou trimestralmente e monitorar o orçamento numa base mensal ou trimestral.

3. Quando administram uma Tabela de Desempenho, muitos clientes encontram valor em colocar um sinal vermelho em categorias que estão fora dos trilhos. O sinal vermelho ocorre quando um dos seus números não alcança ou não ultrapassa o objetivo da semana. Destaque esse número na Tabela de Desempenho usando a cor vermelha numa planilha eletrônica ou mesmo manualmente. Isso vai gerar um foco e uma percepção melhor do número, alertando para o que é mais urgente na reunião semanal.

Sua Tabela de Desempenho evoluirá nos próximos meses. Presumindo que você tenha feito uma boa avaliação inicial, suas categorias devem estar mais ou menos 85% corretas. Por enquanto, isso é suficiente. À medida que sua Tabela de Desempenho se desenvolva nos próximos capítulos, ela vai evoluir para 100%. Em média, são necessários três meses até ela se transformar numa ferramenta que você vai adorar.

A Tabela de Desempenho deve provocar uma mudança organizacional. Sua equipe de liderança vai se tornar mais proativa na solução de problemas porque vocês terão dados sólidos que não somente indicam os problemas do momento como também preveem problemas futuros. Ao solucioná-los, você garante que está acompanhando sua visão. Para resolver um problema, você precisa saber a fonte do número que está na Tabela de Desempenho; portanto, pode ir direto à causa fundamental, implementando mais clareza e responsabilidade para seu pessoal. Isso leva à segunda parte do Componente de Dados.

VISÃO
– 8 perguntas
– Compartilhada por todos

PESSOAS
– Pessoas certas
– Lugares certos

DADOS
– Tabela de Desempenho
– Mensuráveis

SUA EMPRESA

MENSURÁVEIS

O que é feito é medido. O domínio completo do seu Componente de Dados é alcançado quando você reduz a quantidade de números da organização até o ponto em que cada pessoa tem um número simples, significativo e administrável para guiá-la no trabalho. Esse número permitirá que os líderes criem clareza e responsabilidade para todas as equipes. Com uma Tabela de Desempenho completa, você pode rastrear os números de alto nível até uma única pessoa, que é a fonte.

TODO MUNDO TEM UM NÚMERO

Uma vez, o fundador e presidente de uma grande sociedade hipotecária em Michigan – uma das principais empresas hipotecárias na internet – deu uma palestra no nosso Entrepreneur's Organization Chapter. Isso foi há 16 anos, quando eu estava administrando minha primeira empresa. Ele tinha 75 funcionários e era fanático por medir tudo; num determinado ponto, disse que "todo mundo tem um número". E continuou explicando que todo empregado na sua organização tinha um número, até a recepcionista. O dela era dois, o que queria dizer "dois toques do telefone é bom, três é ruim".

Seu discurso foi como um despertador para mim. De volta ao escritório, pensei num número para todos e o implementei. Desde então, ensinei essa disciplina a todos os clientes. E ela produziu resultados fantásticos.

O livro de Dale Carnegie *Como fazer amigos e influenciar pessoas* contém um exemplo que ilustra o poder que os números podem gerar no seu pessoal: Charles Schwab comandava a Bethlehem Steel Company, no início do século XX, e tinha um gerente de usina cujo pessoal não estava produzindo a cota de trabalho. Um dia, Schwab perguntou a ele: "Por que um gerente capaz como você não consegue fazer essa usina produzir o que deveria?" O gerente da usina não soube responder. Tinha tentado de tudo. Essa conversa aconteceu no fim do dia, logo antes da chegada do turno da noite. Schwab pediu ao gerente um pedaço de giz e perguntou ao homem mais próximo quantos lotes de aço refinado seu turno tinha produzido naquele dia. O homem disse que eram seis. Sem mais palavra, Schwab riscou um grande número seis no piso e foi embora.

Quando os funcionários do turno da noite chegaram, viram o número seis e perguntaram o que ele significava. O pessoal do dia explicou que Charles Schwab, o chefão, havia perguntado quantos lotes de aço refinado eles tinham produzido e escreveu o número no chão. Na manhã seguinte, Schwab entrou na usina de novo e descobriu que os funcionários da noite tinham riscado o seis e substituído por um grande número sete. Quando a turma do turno do dia apareceu para trabalhar naquela manhã, também viu o sete escrito no chão. Decidiram, então, que deveriam mostrar uma ou duas coisas ao turno da noite. O pessoal se encheu de entusiasmo e, quando saiu naquela noite, deixou para trás um enorme número 10. Não demorou muito até que aquela usina, que vinha ficando para trás em termos de produção, estivesse entregando mais trabalho do que qualquer outra.

Isso demonstra o poder de atribuir um número. Na verdade, há oito vantagens distintas em todo mundo ter um número.

1. **Os números impedem a comunicação subjetiva e confusa entre o gerente e seus subordinados diretos.** Por exemplo: se a antiga reação do gerente de vendas para o vendedor ao falar da atividade na semana anterior era um vago "Ótimo! As coisas estão esquentando", a nova resposta baseada em números é claríssima: "Consegui três." Se três for bom para essa empresa, significa que a semana anterior foi ótima. Se eles precisavam alcançar 10, há um problema a ser resolvido. Melhor resolvê-lo agora do que daqui a dois meses, quando ele surgir como uma receita ruim na DRE. Os números não são apenas para a pessoa. Eles se tornam uma ferramenta de comunicação entre o gerente e seus subordinados diretos, criando uma base para comparação, diálogo sem emoção e, por fim, resultados.
2. **Os números criam responsabilidade.** Quando você estabelece um número, todo mundo sabe qual é a expectativa. A responsabilidade começa com expectativas claras, e nada é mais claro do que um número. Por exemplo, se no departamento de contabilidade as expectativas das pessoas são "cobranças", isso não é claro. Mas se eles tiverem que manter o prazo para contas a receber abaixo de 40 dias, saldo abaixo de 100 mil dólares ou as contas antigas a receber em menos de 50 mil dólares, isso é uma expectativa clara. As pessoas sabem exatamente qual é o objetivo.
3. **As pessoas responsáveis apreciam os números.** As pessoas erradas nos lugares errados costumam resistir aos mensuráveis. As pessoas certas nos lugares certos adoram a clareza. Conhecendo os números que devem alcançar, elas gostam de fazer parte de uma cultura em que todos são responsáveis. Isso cria um espírito corporativo, com todos se esforçando para que a empresa seja um sucesso, porque as pessoas certas querem vencer.
4. **Os números geram clareza e comprometimento.** Quando um funcionário tem clareza com relação ao seu número e concorda

que pode alcançá-lo, você obtém comprometimento. Não existe área cinzenta. Um exemplo é o número que a Nordstrom usa com seus vendedores: vendas por hora. O número é posto nos contracheques e gera vantagens. Os vendedores da Nordstrom sabem exatamente quais são suas metas até mesmo numa base horária.

5. **Os números criam competição.** Charles Schwab instaurou a competição fazendo com que um número-alvo fosse conhecido por todas as equipes. Claro, eles podiam experimentar algum desconforto e algum estresse, mas não há nada de errado em um pouco de pressão.

6. **Os números geram resultados.** Assim como Rudolph Giuliani ajudou a provocar uma reviravolta em uma cidade, você pode criar resultados fantásticos. Se a expectativa para o serviço de atendimento ao cliente é ter zero problemas de clientes não resolvidos, ao chegar a esse número você alcançará o resultado definitivo de fidelidade e satisfação dos clientes. Ou se o seu pessoal de atendimento ao cliente é responsável pelas vendas suplementares e sabe que 1.000 dólares em vendas suplementares diárias alcançarão o objetivo nesse quesito, você vai alcançá-lo ou ao menos terá um resultado melhor do que se não apresentar esse número. O que é vigiado melhora.

7. **Os números criam trabalho em equipe.** Quando uma equipe composta pelas pessoas certas nos lugares certos concorda em alcançar um número, os membros se perguntam "Como podemos alcançá-lo?", criando camaradagem e pressão dos colegas. Quando uma equipe de técnicos é desafiada a realizar seu serviço coletivamente em quatro horas ou menos, todos vão se unir para pensar em como alcançar esse número. Os que não estiverem se esforçando e alcançando o número serão instigados pelos membros de outra equipe que estiver.

8. **Você resolve os problemas mais rapidamente.** Quando um número baseado em atividade estiver fora dos trilhos, você pode atacá-lo e resolver o problema de modo proativo, diferentemente do

que acontece com um número baseado no resultado, que aparece depois de ser tarde demais para mudá-lo. Além disso, o uso de dados sólidos deixa de lado todas as opiniões subjetivas e emocionais que criam confusão e aumentam o tempo consumido para tomar a decisão certa.

Todd Sachse, da Sachse Construction, viu de imediato o valor de todo mundo ter um número, mas sentiu dificuldade para convencer sua equipe de liderança a abraçar o conceito e entender seu valor. Eles presumiram uma reação negativa por parte dos funcionários. Ele pediu que eu lhes apresentasse as vantagens mostradas acima e então o pessoal de Todd passou a abraçar a ideia dos números. Os superintendentes solucionam em 15 dias a lista de pendências. O pessoal da contabilidade mantém as contas a receber abaixo de 30 dias. Até sua recepcionista abre e entrega a correspondência em menos de quatro horas. Ele atribui ao fato de todo mundo ter um número um dos motivos principais para sua organização ter crescido 50% no ano seguinte.

Se você ainda está empacado, uma boa maneira de encontrar números para o seu pessoal é preencher o Diagrama de Responsabilidades. Olhe cada uma das cinco responsabilidades de cada função. Uma, duas ou três dessas cinco responsabilidades podem ser mensuradas com um número. Por exemplo, digamos que os cinco principais encargos de um gerente de projetos são:

- realizar os projetos no prazo
- alcançar uma meta de margem em cada trabalho
- satisfação do cliente
- apresentar relatórios semanais no prazo
- alcançar padrões de qualidade

Desses cinco, você pode medir o prazo, a margem, a satisfação do cliente e talvez os padrões de qualidade.

Com a tabulação dos dados, sua organização realiza o terceiro componente essencial para obter tração. Tendo a visão clara, as pessoas certas nos lugares certos e os dados administrados através de uma Tabela de Desempenho, você está criando uma organização transparente, em que não há nada a esconder.

Sua empresa é aberta e honesta. Qualquer obstáculo no caminho da sua visão estará aparente. Agora seu trabalho é remover essas barreiras e resolver os problemas que o retardam.

RESUMO

COMPONENTE DE DADOS

TABELA DE DESEMPENHO
- 5 a 15 números semanais de alto nível
- Permite que você tenha conhecimento completo e lhe dá a capacidade de prever

MENSURÁVEIS
- Todo mundo tem um número
    - As oito vantagens de todo mundo ter um número

CAPÍTULO

6

COMPONENTE DE PROBLEMAS

Decida!

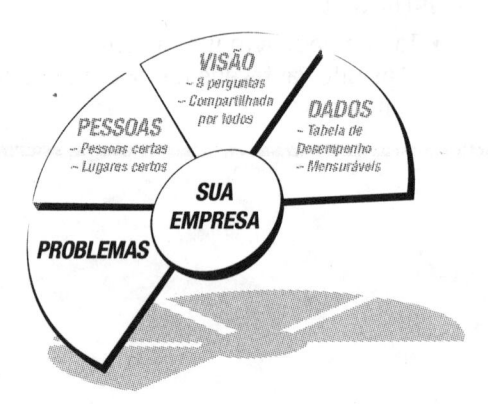

O quarto componente essencial para obter tração é a disciplina de encarar e solucionar os problemas da sua organização à medida que eles surgem. Quando a visão é clara, as pessoas estão no lugar certo e você administra os dados, é inevitável descobrir o que o está retardando. As empresas de sucesso resolvem seus problemas. Não deixam que eles se arrastem por semanas, meses e, às vezes, anos. Os problemas são como cogumelos: quando está escuro e chuvoso, eles se multiplicam. Sob luz forte, eles diminuem. Numa organização em que não há onde se esconder, os problemas são iluminados facilmente. O SOE vai criar essa luz forte.

É da natureza humana adiar decisões difíceis. Se tivesse opção, a maioria das pessoas preferiria não abordar um problema e esperaria que ele desaparecesse sozinho. Essa relutância em agir pode ser um entrave para o crescimento e é extremamente frustrante de se acompanhar. Como disse Napoleão Bonaparte: "Nada é mais difícil e, portanto, mais precioso, do que ser capaz de decidir."

Sua capacidade de ter sucesso está diretamente relacionada à capacidade de resolver seus problemas. Quão melhor você for em resolver problemas, mais sucesso terá. Essa não é uma descoberta nova. No clássico livro *Pense e enriqueça*, Napoleon Hill citou um estudo que analisou 25 mil pessoas que haviam experimentado o fracasso. A falta de decisão, ou procrastinação, era uma das principais causas. Em contraste, a análise de várias centenas de milionários revelou que todos tinham o hábito de tomar decisões imediatas e mudá-las de forma lenta.

A maioria das equipes de liderança gasta tempo discutindo de tudo, mas raramente resolvendo alguma coisa. O que exaure a energia não é ter muito trabalho a fazer; é ter problemas não resolvidos. Você vai aprender um processo que ajuda as equipes de liderança a arrancar de maneira rápida a raiz de um problema, discutir soluções e decidir – portanto, impelindo-as para a frente e lhes dando energia ao levantar as âncoras que as retêm. A frase que melhor resume este capítulo é um ditado que meu pai me ensinou há muito tempo: "O que você decide é menos importante do que o fato de decidir." Perde-se mais com a indecisão do que com as decisões erradas.

Quando a maioria dos novos clientes do SOE resolve seus problemas principais nos primeiros estágios do processo, eles costumam dizer "Esse problema existia há anos" ou "A gente vinha tentando resolver isso há uma eternidade". Cada problema não solucionado é um projeto incompleto que puxa sua organização para baixo e a deixa para trás. Você só tem uma quantidade determinada de capacidade, e esses problemas não solucionados tomam tempo e energia. Em última instância, você ou sua organização irão implodir sob esse fardo. Ao resolver os problemas, você liberará capacidade, criando mais tempo e energia.

Neste capítulo, você aprenderá as próximas duas ferramentas do SOE para enfrentar obstáculos que retêm sua empresa. A primeira é a disciplina de criar uma Lista de Problemas. A segunda é a Trilha de Solução de Problemas. Assim que tiver estabelecido as duas, você poderá derrubar esses obstáculos.

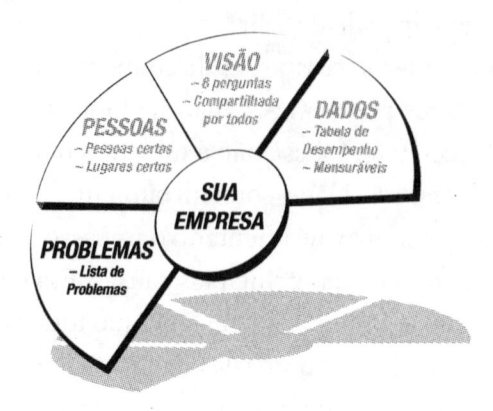

A LISTA DE PROBLEMAS

É normal ter problemas. Quanto antes você admitir que os tem e deixar de enxergá-los como algo negativo ou algum tipo de fraqueza, mais avançará com rapidez. A boa notícia é que só existem alguns poucos problemas na história dos negócios – e eles surgem repetidas vezes. O que muda é sua capacidade de resolvê-los. A chave é criar um ambiente que os revele.

Um primeiro passo vital é criar um local de trabalho onde as pessoas se sintam confortáveis, alertando para os problemas que estão em sua linha de visão. Para isso, sua equipe de liderança deve sentir-se à vontade nesse tipo de ambiente. Minha única expectativa com cada cliente do SOE é que os membros da equipe de liderança sejam abertos uns com os outros. Na medida em que sua liderança se torne aberta e honesta, você terá uma organização aberta e honesta. O que acontece com a equipe de liderança ocorre com a empresa. Se a equipe de liderança é aberta e honesta, os problemas serão expostos livremente.

Ninguém jamais morreu por estar aberto com relação aos problemas. Você não tem nada a perder e tem tudo a ganhar. Comece com as reuniões da equipe de liderança e esse comportamento vai passar para toda a organização. O resultado é um ambiente em que todo mundo se sente confortável em ser aberto e honesto com relação a tudo.

Se, por outro lado, a equipe de liderança não for saudável, a organização jamais será. Em *The Five Dysfunctions of a Team* (As cinco disfunções de uma equipe), Patrick Lencioni observa que um alto nível de confiança está na base do que torna as equipes saudáveis e funcionais. Em *Managing by Values* (Administrando por valores), os autores Ken Blanchard e Michael O'Connor escrevem que "a comunicação acontece naturalmente quando você torna seguro o ambiente de trabalho". A confiança cria uma cultura aberta em que todos se sentem à vontade para falar sobre os problemas à medida que eles surgem.

Você não pode alcançar essa abertura se as pessoas na organização têm medo de perder o emprego ou de alguma outra possibilidade terrível. Portanto, a confiança deve começar com você. Você estabelece o tom, admitindo abertamente erros e problemas e, depois, trabalhando com os outros para solucioná-los. Todos devem saber que podem expor os problemas para que eles sejam corrigidos.

A Lista de Problemas não tem sentido se ninguém colocar nada de útil nela. Para garantir o registro de problemas significativos na lista é preciso criar equipes abertas e honestas. Quando o Diagrama de Responsabilidades estiver completo, sua organização será composta por algumas equipes. Cada uma delas deve ser saudável, a começar pela equipe de liderança. A partir do momento que cada equipe se tornar mais saudável, você perceberá os problemas fluindo mais livremente e o nível de confiança crescendo.

Com uma organização aberta e honesta, a Lista de Problemas se torna uma ferramenta que cria a disciplina de manter todos os seus problemas às claras e organizados num único lugar. Deve haver três tipos de Lista de Problemas na sua organização:

1. **A Lista de Problemas no seu Organizador de Visão/Tração (OV/T).** Esses são todos os problemas da empresa que podem ser guardados por mais de 90 dias. Essas questões serão abordadas

em reuniões trimestrais futuras. O que não representar uma prioridade suficientemente grande para o momento – esta semana ou este trimestre – deve ser registrado em algum lugar de modo que você não perca de vista. A Lista de Problemas do OV/T é o lugar para eles. Essa lista incluirá itens diversos, como ideias de novos produtos, questões fundamentais com funcionários, necessidades tecnológicas, realocação de escritórios, necessidades de capital e necessidades de políticas de RH. Eles irão para lá se este não for o trimestre certo para solucioná-los porque você tem questões maiores a resolver.

2. **A Lista de Problemas semanais da equipe de liderança.** O tempo para esses itens é muito mais curto. São todos os problemas relevantes para o momento – esta semana ou este trimestre – e precisam ser atacados pelo nível mais alto. Eles serão resolvidos nas reuniões semanais da sua equipe de liderança. Vocês não precisam resolver problemas departamentais. Esses, tipicamente, têm natureza mais estratégica. Se algo puder ser solucionado num nível departamental, empurre-o para baixo. Os problemas de liderança incluem variados tópicos, como as Pedras da empresa estarem fora dos trilhos, um número ruim na Tabela de Desempenho, problemas importantes com funcionários, dificuldades com clientes e problemas relacionados a processos e sistemas.

3. **A Lista de Problemas departamentais.** Essas dificuldades se encontram num nível mais local. Dentre elas estão todas as questões departamentais relevantes para a semana e que devem ser abordadas nas reuniões semanais do departamento. A equipe de vendas pode ter em sua lista números de telefonemas, apresentações, negócios sendo fechados, marketing e materiais de apresentações, ao passo que a equipe de operações pode ter em sua lista pedidos pendentes, compras, reclamações de clientes e números de produção baixos.

Um cliente meu compartilhou uma excelente ideia que usou quando estava com dificuldade em fazer as pessoas do seu departamento se tornarem abertas e honestas na identificação e solução de problemas. Na reunião seguinte, ele exigiu que todos trouxessem dois problemas. Se alguém não tivesse dois problemas, não poderia comparecer à reunião. Ele disse que foi a melhor reunião que sua equipe fez. Com as comportas abertas, eles estão mais saudáveis do que nunca.

Com uma cultura aberta e honesta e as três Listas de Problemas claras, os problemas começarão a ser expostos livremente. Agora você pode compartimentalizar cada problema na lista apropriada. Cada problema que surge na sua organização tem um lugar, o que significa que você precisa começar a trabalhar para solucioná-lo. O modo mais eficaz de fazer isso é seguindo a Trilha de Solução de Problemas.

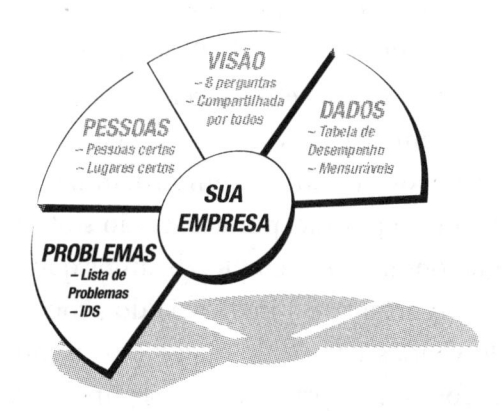

A TRILHA DE SOLUÇÃO DE PROBLEMAS

Quando abordam problemas, as equipes de liderança gastam a maior parte do tempo discutindo absolutamente tudo. É raro que identifiquem algum ponto e praticamente nunca resolvem coisa alguma. Essa é uma verdadeira epidemia no mundo empresarial.

A maioria das equipes sofre com diversos desafios ao resolver os problemas. Dentre os mais comuns estão o medo do conflito, a falta de foco, a falta de disciplina, a falta de comprometimento e o ego. Existe uma quantidade de diferentes modelos e abordagens para a solução de problemas, mas a maioria das pessoas acha que eles são complexos demais e consomem tempo em excesso. Algumas técnicas mais detalhadas de solução de conflitos e problemas exigem horas de preparação e uma montanha de papéis. Há um modo melhor, mais rápido e mais eficiente. Depois de observar esse fenômeno durante muitos anos, criei uma ferramenta simples que permitiu aos meus clientes resolver seus problemas. Chama-se Trilha de Solução de Problemas.

A Trilha de Solução de Problemas consiste em três passos (IDS):

1. Identificar
2. Discutir
3. Solucionar

Para começar, você deve examinar sua Lista de Problemas e decidir rapidamente quais são os três principais a ser resolvidos. Não cometa o erro de começar no alto da Lista de Problemas e vir descendo. Se o problema mais importante é o sétimo da lista, você raramente abordará tantas questões assim de uma vez e não chegará ao mais importante. Além disso, quando você os aborda em ordem de prioridade, alguns problemas saem da lista porque, por acaso, são sintomas do problema real que você solucionou. Por exemplo, digamos que você decidiu que o problema mais importante é a ineficácia do processo de entrega do departamento de vendas para o de operações. Depois de resolvê-lo, você poderá perceber que o primeiro e o segundo problemas da lista – frustração da equipe de vendas e inícios lentos de projetos – eram sintomas da mesma situação. Isso os levará a desaparecer por conta própria.

Presumindo que você tenha decidido quais são os três problemas mais importantes, comece com o mais importante de todos e siga a Trilha de Solução de Problemas:

1º PASSO: IDENTIFICAR

Identifique claramente o verdadeiro problema, porque o que é declarado raramente é o verdadeiro. O problema subjacente está sempre algumas camadas abaixo. Na maior parte das vezes, o problema declarado é um sintoma do verdadeiro, por isso você precisa encontrar a raiz da questão. Ao analisar detalhadamente o problema, você descobrirá a causa verdadeira.

Prepare-se para ficar um pouco desconfortável. A maioria das causas dos problemas verdadeiros são pessoas. A discussão pode atingir um dos participantes, se alguém da equipe de liderança ou algum subordinado direto dessa pessoa for responsável. Vocês precisam ser capazes de falar sobre o elefante na sala. Por isso a confiança é tão importante. Vocês precisam se tornar mais vulneráveis uns aos outros e estar dispostos a ser diretos com relação aos problemas verdadeiros. Lembre-se do bem maior.

O tempo gasto para identificar o verdadeiro problema pode ser muito maior do que o usado para o segundo e o terceiro passos, mas tudo bem. Isso é porque o problema raiz pode ter vários sintomas. Dito de outro modo, às vezes você vai passar a maior parte do tempo identificando o problema. Isso levará os passos Discutir e Solucionar a demorar apenas alguns minutos, porque agora o verdadeiro problema está nítido.

Aqui está um exemplo. O problema declarado é que os clientes de John são exigentes demais. John comanda o depósito e tem reclamado que, entre o pedido e o recebimento dos produtos, os clientes querem um tempo de entrega de dois dias. Ao discutir o problema, vocês passam do pensamento de que os clientes de John são exigentes demais para a ideia de que talvez vocês não estejam se comunicando com a clientela tão bem quanto deveriam. Enquanto cavam mais fundo, podem descobrir que talvez o processo não esteja funcionando. Porém, cavando mais ainda, descobrem que *John* é que não está funcionando.

Descendo até o fundo, vocês percebem que John está no lugar errado. A realidade é que o desejo dos clientes de entrega em dois dias é muito razoável e, se vocês não puderem realizá-lo, a empresa começará a perder esses clientes. John é simplesmente incapaz de organizar, administrar e enviar os produtos a tempo. Ele não tem essa capacidade (lembre-se do EQC). Assim, presumindo que vocês identificaram claramente o verdadeiro problema – John está no lugar errado –, podem passar a discutir o que fazer. Às vezes esse processo é parecido com descascar uma cebola.

> Um contexto útil na identificação de dificuldades é entender que existem três tipos de problema. Um é o problema verdadeiro, que precisa ser solucionado. O segundo é uma informação que precisa ser divulgada e obter concordância por parte da equipe. O terceiro é uma ideia ou oportunidade que precisa de feedback, brainstorm, pensamento e/ou sinal verde da equipe. Nessa etapa da identificação é responsabilidade do dono do problema deixar nítido qual é o tipo de problema e o que ele exige. Por exemplo, se for o segundo tipo, o dono começa a identificação dizendo: "Só quero garantir que a nova política de preços esteja clara para todos e que todos concordem com ela." Isso ajudará toda a equipe a saber qual é o objetivo e garante uma solução muito mais eficiente.

2º PASSO: DISCUTIR

A maioria das pessoas gasta a maior parte do tempo nesse passo. Raramente elas identificam o verdadeiro problema antes de começar a discutir, por isso raramente resolvem alguma coisa. Discutem tudo interminavelmente e acham de fato que estão sendo produtivas.

A tarefa de identificar claramente um problema permite que se permaneça com o foco da questão nas mãos e evitar sair pela tangente. Assim que o problema é claramente identificado, não tenha medo de sugerir uma solução. Às vezes você não precisa passar muito tempo no passo da discussão, porque o problema é muito claro e a solução é muito óbvia. No exemplo anterior de John, o que mais há para discutir? A solução é fazer a análise de pessoa com John, sentar-se com ele, determinar se ele pode corrigir seus problemas e depois seguir a regra das três tacadas. Ter a chance de verbalizar uma solução força os outros a reagir, o que estimula uma discussão mais completa.

Na forma mais simples, o passo da discussão é a oportunidade de todos exporem tudo que tem a dizer sobre o problema. Vocês colocam tudo na mesa num ambiente aberto, onde nada é sagrado.

Todos devem dizer aquilo em que acreditam, mas apenas uma vez, porque mais de uma é politicagem. Na etapa da discussão você precisará lutar pelo bem maior, não pelo que é melhor para você ou o seu departamento. Se um problema está começando a aparecer e a solução lhe causa desconforto, você deve tentar não empurrá-la numa direção mais favorável a você ou à sua equipe. Se fizer isso, você não estará lutando pelo bem maior da empresa; estará apenas protegendo o seu território. Você deve ter um conflito saudável e deixar que a melhor solução venha à luz, mesmo que isso lhe cause alguma dor.

Do mesmo modo, quando a discussão começa a ficar redundante, é hora de ir para o 3º Passo. Mas, antes disso, uma palavrinha rápida sobre tangentes.

Alerta de tangente!

A RE/MAX First estava sofrendo com "saídas pela tangente" muito mais do que qualquer outro cliente que eu já tive, tanto que eu vivia tentando descobrir maneiras de ajudá-la. Como último recurso, procurei a definição da palavra no dicionário e a escrevi em letras garrafais na frente da equipe. Quando eles voltaram do intervalo, foi isso que viram:

Tangente:
Que toca uma curva ou superfície sem cortá-la;
sair pela tangente: não assumir.

Deu certo. Até hoje eles estão entre os melhores em se manter focados e agora são muito mais produtivos. Por sinal, depois daquela reunião, eles tiveram o ano mais lucrativo na história da empresa.

O principal motivo para a maioria das equipes de liderança gastar a maior parte do tempo falando são as tangentes. Já observei equipes que saem por até 10 tangentes durante a discussão de um problema. Sei disso porque anoto cada uma dessas tangentes e depois as compartilho quando a equipe termina de discutir. Esse pode ser um ótimo alerta. Eles começam a falar sobre aumento de vendas e, cinco tangentes depois, estão conversando sobre papel timbrado. Acontece assim: "As vendas estão caindo, precisamos aumentar as vendas." Então alguém comenta dos vendedores e do que eles estão fazendo, e daí a discussão passa a ser sobre um dos vendedores, Jack. Depois o assunto de Jack leva ao de Jack e Sue, da contabilidade, não se darem bem. Isso leva à pergunta "Sue mandou a carta para os clientes que estão em atraso?", o que levanta a pergunta: "Ela usou o papel timbrado novo?"

Você não precisa ficar sentado em pura passividade. Quando alguém começa a sair pela tangente, assuma o hábito de dizer: "Alerta de tangente!" É um mecanismo de disparo amistoso que mantém todos nos trilhos. Se a tangente for um problema real mas não relevante para o que está sendo discutido, coloque-o na Lista de Problemas e o aborde na ordem de prioridade.

Depois de terminar o passo da discussão, todas as suas opções, dados, ideias, soluções e preocupações relativos ao problema estarão evidentes. Isso permite que você avance para o 3º Passo: fazer com que o problema desapareça de vez.

3º PASSO: SOLUCIONAR

O passo de solucionar é uma conclusão que geralmente se transforma num item de ação para alguém realizar. O item vai para a Lista de Tarefas e, quando ele é realizado, o problema desaparece de vez.

George Perles, técnico de futebol do Michigan State Spartans entre 1983 e 1994, fez uma palestra num jantar ao qual compareci. Ele contou qual era a fórmula sagrada em seu tempo como treinador assistente dos Pittsburgh Steelers durante seu apogeu na década de 1970: "Nós tomávamos cada decisão como se fôssemos chegar ao Super Bowl." E o time acabou ganhando o Super Bowl quatro vezes. É isso que toda equipe de liderança precisa fazer. Vocês devem tomar todas as decisões como se fossem para o seu Super Bowl pessoal: como se estivessem alcançando sua visão.

É importante observar que vocês não podem saltar direto para a solução de problemas sem implementar primeiro o Componente da Visão. Se o Organizador de Visão/Tração (OV/T) não estiver completo e sua liderança não estiver em sintonia, vocês nunca resolverão adequadamente seus problemas. É como dirigir um carro sem ter um destino e dar voltas aleatórias. Se você não sabe para onde vai, não pode decidir para onde virar. Ainda que as decisões tenham sido difíceis no passado, esse passo se torna muito mais fácil quando sua visão é clara.

Resolver problemas leva tempo. Ao resolver problemas agora, você poupará tempo exponencialmente nos departamentos, eliminando todos as dificuldades sintomáticas futuras. Os velhos tempos de empurrar os problemas para debaixo do tapete a fim de conseguir chegar até a próxima semana precisam terminar. Remendar problemas com fita adesiva e barbante vai se tornar coisa do passado. Para construir uma máquina bem lubrificada você precisa resolver problemas de longo prazo de acordo com sua visão.

Dois tipos de solução irão emergir de uma sessão de resolução de problemas. O primeiro é quando o problema é resolvido e exige ação. Por exemplo: "John revisará a carta para os clientes com contas atrasadas incluindo a nova linguagem." Nesse caso, John pega o item de ação e o realiza, e o problema está resolvido. O segundo é quando o problema é de mera percepção, e a conclusão é que todos concordam com essa percepção. Por exemplo: "Bill vai reunir os dados dos clientes dos últimos dois anos e nós faremos com que o problema seja prioridade máxima na reunião da semana que vem."

À medida que você domina esse terceiro passo da Trilha de Solução de Problemas e se torna mais forte em solucionar seus problemas, sua equipe deve internalizar os seguintes 10 aspectos importantes da solução de problemas.

Os 10 mandamentos da solução de problemas

1. Não governarás pelo consenso

Numa equipe saudável em que a visão é clara e todos estão em sintonia, oito em cada 10 vezes todo mundo concordará com a solução. Mas às vezes isso não acontece e alguém precisa tomar a decisão final. A administração por consenso não funciona. Eventualmente, ela vai tirá-lo dos negócios. Nessas situações nem todo mundo ficará satisfeito, mas, desde que todos tenham sido ouvidos e se a equipe for saudável, eles geralmente poderão aceitar a decisão e apoiá-la. A partir daí, vocês devem apresentar uma frente unida e seguir adiante.

Um dos piores casos de administração por consenso era uma empresa comandada pela segunda geração de membros da família. O crescimento estava estagnado e algumas decisões difíceis precisavam ser tomadas para restaurar a lucratividade. Nas nossas primeiras sessões, sempre que uma decisão difícil precisava ser tomada, a equipe recuava por medo de ferir suscetibilidades ou alguém dizia: "Vamos votar." Isso vinha acontecendo havia anos. Eram as pessoas mais legais que você poderia conhecer. Mas chegavam à sessão seguinte reclamando dos mesmos problemas e de que nada estava funcionando. Depois de um ano tentando conseguir mais abertura e de algumas sessões muito desconfortáveis para algumas pessoas, um dos donos assumiu o papel de integrador e começou a tomar as decisões difíceis. Finalmente o navio está começando a achar o rumo.

Em incontáveis casos de decisões difíceis observei que, com a equipe dividida, se o integrador concordasse com a maioria das pessoas, a decisão era errada. Numa edição da revista *Fortune* dedicada à tomada de decisões, Jim Collins é citado dizendo que nos seus muitos anos de pesquisa "nenhuma grande decisão que estudei foi tomada num momento de concordância unânime".

2. Não serás um molenga

A solução será sempre simples; só não será sempre fácil de implantar. Você precisa ter força de vontade, decisão firme e estar disposto a tomar a decisão difícil.

3. Serás decidido

Lembre-se do estudo do *Pense e enriqueça*. As 25 mil pessoas que fracassaram não tinham a capacidade de tomar decisões e procrastinaram, ao passo que as várias centenas de milionários tomavam decisões rapidamente e as mudavam devagar. Lembre-se: o que você decide é menos importante do que o fato de decidir... portanto, decida!

4. Não dependerás de informações de segunda mão

Você não pode resolver um problema envolvendo muitas pessoas sem que todas as partes estejam presentes. Se o problema implica mais pessoas do que as que estão na reunião, programe um horário em que todas possam comparecer. Tyler Smith, da Niche Retail, as chama de "congressos". Quando alguém lhe traz um problema que envolve outras pessoas ou informações de segunda mão, ele diz "É hora de um congresso", reúne todos e o resolve.

5. Lutarás pelo bem maior

Deixe de lado egos, cargos, emoções e crenças do passado. Concentre-se na visão da sua organização. Você superará a tentativa de dourar a pílula, as personalidades e a política. Se permanecer focado no bem maior, ele vai levá-lo a decisões melhores e mais rápidas.

6. Não tentarás resolver todos os problemas

Aborde um problema de cada vez, na ordem de prioridade. O que importa não é a quantidade, e sim a qualidade. Você nunca vai resolver todos. Quanto mais rapidamente entender isso, melhor é sua chance de manter a sanidade. Resolva primeiro o mais importante, depois vá para o seguinte.

7. Viverás com ele, terminarás com ele ou vais mudá-lo

Essa é outra grande lição do meu pai. Ao resolver um problema você tem três opções: você pode viver com ele, acabar com ele ou mudá-lo. Não existem outras. Com esse entendimento, você deve se decidir por uma das três opções. Se não pode mais viver com o problema, há duas opções: mudá-lo ou acabar com ele. Se não tem meios para fazer essas duas coisas, concorde em viver com ele e pare de reclamar. Mas viver com ele deve ser o último recurso.

8. Escolherás a dor e o sofrimento de curto prazo

Tanto a dor de longo prazo quanto a de curto prazo exigem sofrimento. Lembre-se do mantra das "36 horas de dor" e resolva seu problema de imediato, e não mais tarde.

9. Correrás perigo sem temor

O problema que você mais teme é o que você mais precisa discutir e resolver.

10. Darás um chute

Dar um chute significa que você deve propor uma solução. Não espere que outra pessoa resolva. Se você estiver errado, sua equipe dirá isso. Às vezes a discussão pode se arrastar porque todos têm medo de verbalizar uma solução ainda que alguém a tenha na ponta da língua. É frequente que uma equipe discuta um problema por tempo demais. Fica empacada e ninguém oferece soluções, quando de repente a pessoa mais silenciosa da sala talvez sugira alguma coisa. Pode haver um silêncio e depois alguém diz: "Boa ideia" e todo mundo concorda. Não tenha medo de dar um chute. A boa ideia pode ser sua.

Um ponto importante: quando o problema estiver totalmente resolvido, alguém deve fazer a declaração da solução. Por exemplo, no caso de John estar no lugar errado, alguém declara: "Bárbara vai sentar-se com John e discutir o problema no depósito, oferecer a ele o cargo de gerente assistente e ver se ele quer. Se ele não quiser, nós iremos nos separar." Depois da declaração você saberá que o problema foi resolvido porque vai ouvir o doce som da concordância na sala. Então o problema é a responsabilidade de alguém (nesse caso, de Bárbara). A solução é acrescentada à Lista de Tarefas e realizada. Ocasionalmente, depois da declaração de solução alguém dirá "Espere um minuto, não foi isso que eu ouvi" e a discussão recomeçará. Tudo bem. Você está criando clareza e colocando todos em sintonia. Seja paciente. A Trilha de Solução de Problemas sempre segue os três passos: identificar, discutir e solucionar. A sigla para a trilha é IDS. À medida que você avança no domínio dos Seis Componentes Fundamentais, a IDS vai se tornar um aspecto importante da sua administração cotidiana da empresa. De agora em diante, quando encontrar um problema, você simplesmente "IDS".

A força e a simplicidade da IDS é demonstrada por dois clientes do SOE que fazem negócios juntos. Eles estavam enfrentando problemas difíceis, por isso marcaram uma reunião. Sentaram-se na sala. Um deles foi até o quadro branco e escreveu o seguinte:

I
D
S

O outro sorriu, os dois começaram a trabalhar e resolveram todos os problemas. A Trilha de Solução de Problemas não funciona apenas internamente, mas também externamente. A capacidade de "IDS" um problema se tornou uma língua comum entre os dois e os ajudou não somente a alcançar soluções, mas também a chegar a elas mais rapidamente.

A SESSÃO DE SOLUÇÃO DE PROBLEMAS PESSOAIS

Desenvolver uma equipe saudável nem sempre é um processo fácil. Se a equipe não estiver se abrindo, pode ser porque dois indivíduos não se dão bem. Eles podem até ter problemas um com o outro. Quando essa situação ocorre, você precisa resolver a tensão. Às vezes esse é o único obstáculo impedindo que vocês se tornem uma equipe funcional e coesa. E vocês precisam de uma equipe funcional e coesa para ser uma empresa saudável e em crescimento.

Em geral, o remédio é uma sessão de solução de problemas pessoais. Essa é uma oportunidade para as duas pessoas se juntarem, arejarem o ambiente e resolverem as diferenças. É recomendado que você tenha uma terceira pessoa para facilitar a sessão.

1. Peça que cada pessoa se prepare e depois diga à outra quais ela acredita que sejam os três pontos mais fortes e os três pontos mais fracos da outra.
2. Façam uma lista de todos os problemas e os resolvam.
3. Façam uma lista dos itens de ação para as soluções.
4. Reúnam-se 30 dias depois para garantir que os itens de ação foram realizados.

Nove em cada 10 vezes as diferenças serão resolvidas. Em casos raros isso não acontece e você precisa tomar uma decisão difícil, porque uma das duas pessoas precisa ir embora, para o bem maior da equipe. Aqui se aplica a analogia da planta agonizante. Ao cortar o galho que está morrendo, a planta se recupera, assim como a sua equipe. Às vezes é muito difícil fazer isso, mas, presumindo que você tenha passado pela sessão de solução de problemas pessoais e exaurido todas as outras opções, é o melhor para a saúde da equipe. Talvez o membro dispensado possa ser transferido para outra equipe da organização.

Mas mesmo numa empresa saudável nem todos se darão bem como se fossem os melhores amigos. Estamos falando apenas de desenvolver relacionamentos profissionais produtivos, assim como de abordar qualquer problema pessoal suficientemente sério que atrapalhe e impeça a equipe de ser franca com relação às necessidades da empresa.

Com o Componente de Problemas esclarecido, você pode criar uma organização aberta e honesta que explicita confortavelmente os problemas e usa a Lista de Problemas e a Trilha de Solução de Problemas para eliminá-los. Vocês estão chegando mais perto de alcançar seu pleno potencial como empresa.

Agora você está pronto para trabalhar no componente mais negligenciado de todos, o ingrediente secreto para criar uma empresa de sucesso e bem administrada: o processo.

RESUMO

COMPONENTE DE PROBLEMAS

A LISTA DE PROBLEMAS
- Aberta e honesta
- Os três tipos de Lista de Problemas

A TRILHA DE SOLUÇÃO DE PROBLEMAS
- Identificar
- Discutir
- Solucionar
- Sem tangentes
- Os 10 mandamentos da solução de problemas
- Sessão de solução de problemas pessoais

CAPÍTULO

7

COMPONENTE DE PROCESSO

Encontrando o seu *Método*

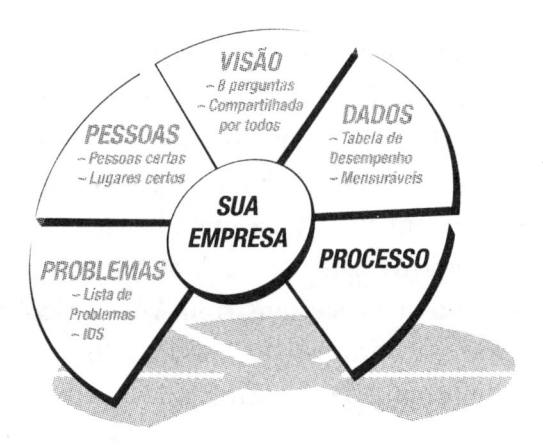

VISÃO
- 8 perguntas
- Compartilhada por todos

DADOS
- Tabela de Desempenho
- Mensuráveis

SUA EMPRESA

PESSOAS
- Pessoas certas
- Lugares certos

PROCESSO

PROBLEMAS
- Lista de Problemas
- IDS

Quando perguntaram a Jim Weichert – fundador da Weichert Realtors, uma das maiores empresas imobiliárias do mundo, com mais de 19 mil vendedores e mais de 500 escritórios – qual era o segredo do seu sucesso, ele respondeu com uma palavra: consistência. Isso significa que a consistência funciona. A consistência lhe permitiu escalar sua empresa e o levou a criar uma organização sólida que já dura quase quatro décadas.

Nada pode ser afinado se antes não for consistente. O Componente de Processo é reforçado por meio do entendimento dos poucos processos essenciais (na média, cerca de sete) que compõem seu modelo especial de empresa. Então você precisa garantir que todos na organização os entendam, valorizem e sigam. Esse componente é o mais negligenciado, frequentemente visto como óbvio e desvalorizado pelos empreendedores e líderes. Mas os bem-sucedidos enxergam o que o processo pode fazer por eles. Se não der sua atenção plena a esse componente, isso vai lhe custar dinheiro, tempo, eficiência e controle.

Imagine de novo que você pode subir bem alto e olhar de cima para a sua organização. Como ela é? Quais são todas as partes móveis? Você deve fazer essa observação superior de tempos em tempos e avaliar o que tem. Às vezes você pode considerar óbvio o que construiu. Parafraseando o filósofo e lógico Kurt Gödel, você não pode estar num sistema e ao mesmo tempo entender o sistema em que está. Em outras palavras, de vez em quando você precisa levantar a cabeça e ver o sistema como ele é, seja bom ou ruim. Normalmente estamos tão enterrados na luta cotidiana que jamais tiramos um tempo para fazer isso. Mas você verá uma coisa nova todas as vezes que fizer.

Uma organização típica opera através de alguns processos. O modo como esses processos funcionam juntos é o seu sistema único. Para romper os tetos e desenvolver uma máquina bem lubrificada, você precisa ter a capacidade de sistematizar. É disso que trata este capítulo: ajudar a sistematizar o que você construiu. Você descobrirá diferentes modos de melhorar seus processos, simplificá-los, aplicar tecnologia a eles e, o mais importante de tudo, torná-los consistentes em toda a organização.

O já citado Michael Gerber chama isso de seu protótipo de franquia. Assim que puder clarear e aprimorar seus sistemas, você comandará sua empresa, em vez de sua empresa comandar você. O ápice de identificar, documentar e fazer com que todos sigam os processos essenciais da sua empresa é o seu *Método*. Quando você tem um *Método* claro, aumenta imediatamente o valor da sua empresa, aumenta seu controle sobre ela e dá opções a si mesmo. A partir daí você pode fazer a empresa crescer, deixar que outra pessoa a administre, vendê-la ou apenas tirar mais tempo de folga.

Um número incontável de donos de empresa reclama da falta de controle ou de liberdade, mas na mesma frase desconsideram o valor do processo. É como a história do cachorro sentado em cima de um prego. Um homem vai até uma casa de fazenda. Na varanda há um senhor idoso sentado na cadeira de balanço e, perto dele, um cachorro velho. O cachorro velho está gemendo, por isso o homem pergunta o motivo ao idoso. "É porque ele está sentado em cima de um prego", responde o idoso. "Por que ele não sai daí?", pergunta o homem. "Porque não está doendo o suficiente para ele sair."

Os donos de empresa que reclamam da falta de controle e de liberdade precisam sair de cima do prego e trabalhar na sistematização da sua empresa. Em muitas companhias, as pessoas fazem o trabalho como querem, o que leva a enorme falta de eficiência e consistência, entranhada no sistema. Se realmente visse todas essas variações, a maioria dos donos de empresa ficaria chocada. Muitos simplesmente têm medo de descobrir o que está acontecendo de fato. Eles cruzam os dedos e esperam que a empresa continue andando.

Um bom exemplo de uma empresa que obteve o poder do Componente de Processo é a Franklin Communities. Ela é proprietária e administradora de oito comunidades de casas pré-fabricadas. Apesar de estarem num ramo estereotipado, os proprietários Ron e Andy Blank quebraram o molde. Eles comandam a empresa com muita eficiência. Implantaram todas as ferramentas do SOE ao pé da letra. Com a ajuda de uma encarregada de operações incrível e tenaz, Shelley Taylor, eles criaram seu *Método* e o seguem. E com a ajuda de uma forte equipe de vendas, liderada por Larry Lawson, cada um dos oito gerentes administra sua comunidade segundo as regras. O resultado é uma taxa de ocupação que deixa a concorrência perplexa. Enquanto a ocupação em todo esse ramo de atividade está caindo, a da Franklin vem crescendo constantemente nos últimos quatro anos.

Para sistematizar a organização através dos seus processos essenciais você precisa dar dois grandes passos. Primeiro, deve documentar os processos essenciais. Segundo, deve garantir que eles sejam seguidos por todos. Vamos começar com a documentação.

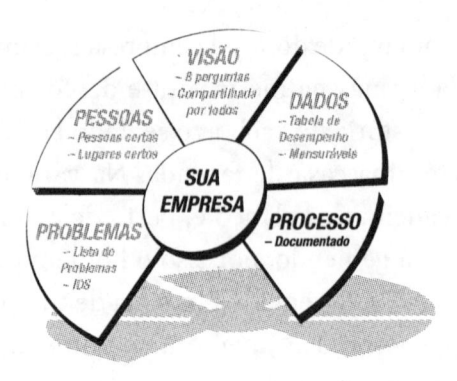

DOCUMENTANDO SEUS PROCESSOS ESSENCIAIS

Existem três estágios para documentar o seu *Método*. Primeiro, identificar seus processos essenciais. Depois, desmembrar o que acontece em cada um e documentá-lo. Por fim, compilar as informações em um único pacote para todos na empresa.

IDENTIFIQUE SEUS PROCESSOS ESSENCIAIS

Para começar, programe uma hora com a equipe de liderança. Essa não é uma tarefa a ser delegada a uma pessoa. Deem esse passo inicial juntos de modo que vocês chamem seus processos essenciais pelo mesmo nome. Os empreendedores costumam dizer que já sabem quais são os processos; é frequente encontrar resistência à necessidade de convocar essa reunião. Toda vez que sugiro isso, a reação é: "Ah, nós podemos fazer em cinco minutos." Ainda não vi uma equipe que conseguisse fazer em menos de uma hora.

O motivo é o seguinte: sua equipe de liderança precisa identificar e *concordar* com o que vocês chamam de processos essenciais. Assim que começarem a discussão, vocês descobrirão que usam nomes diferentes para os processos e não têm um consenso a respeito de quantos eles são.

Tipicamente, entre os seus processos essenciais estão os seguintes:

Processo de RH é o modo como vocês procuram, encontram, contratam, orientam, administram, avaliam, promovem, retêm e demitem pessoas.

Processo de marketing é o modo como levam sua mensagem ao público-alvo, geram interesse pelo que vocês fazem e realizam prospecção para os seus vendedores.

Processo de vendas é o modo como convertem um cliente potencial em um cliente.

Processos de operações são como vocês fazem o seu produto ou fornecem seu serviço ao cliente. Tipicamente existem de um a três processos essenciais dentro das operações (por exemplo, administração de projetos, logística, depósito, distribuição, técnicos de serviço, gerência de contas, entrega de serviço, produção, controle de qualidade, atendimento ao cliente).

Processo de contabilidade é o fluxo e a administração de todo o numerário que entra e sai.

Processo de retenção de clientes é o modo proativo pelo qual vocês cuidam dos clientes depois que o produto ou serviço foi entregue e o modo como retêm clientes para que continuem voltando e dando referências.

Não importa quantos processos essenciais você tenha, é preciso identificar aqueles que se relacionam com todas as atividades que acontecem na empresa. Então faça uma lista por escrito e certifique-se de que sua equipe de liderança esteja 100% em sintonia com relação à quantidade, aos nomes e ao que eles são.

É surpreendente ver como esse passo é produtivo. O exercício cria clareza de pensamento, que depois é posta preto no branco. Você descobrirá que cada minuto da hora terá valido a pena. Perceberá rapidamente um retorno para o tempo investido, como resultado de todos falarem imediatamente a mesma língua.

Agora que você identificou cada processo essencial e tem um nome para cada um deles, a partir de hoje todos devem chamar cada um dos processos exatamente pelo mesmo nome. Se o modo como você administra suas contas é chamado de Processo de Atenção ao Cliente, todo mundo deve chamá-lo assim. O simples fato de chamar seus processos essenciais por nomes consistentes reduzirá a complexidade e aumentará a eficiência na organização.

DOCUMENTANDO SEUS PROCESSOS ESSENCIAIS

Nesse passo entra em jogo o Diagrama de Responsabilidades. A pessoa responsável por um determinado processo assume a tarefa de documentá-lo. O chefe de vendas e marketing assume o processo de vendas e o de marketing. O chefe de operações assume os processos de operações e assim por diante. O integrador geralmente comanda todo o processo, garantindo que todos estejam esclarecidos e nos trilhos.

Para não desperdiçar tempo, certifique-se de ter completado o primeiro passo de identificar seus processos essenciais antes de começar a documentá-los. Um único exemplo mostrará o motivo. Um cliente pulou o Passo 1 e começou a documentar todos os procedimentos na organização. Ao terminar, tinha 100 procedimentos separados documentados em sua intranet. Esse trabalho não foi um desperdício total, mas, assim que o cliente voltou ao Passo 1 e concordou sobre seus sete processos essenciais, cada um dos 100 procedimentos ganhou significado porque se tornou parte de um dos sete processos essenciais. O cliente descobriu que os procedimentos estavam muito mais bem organizados e podiam ser transferidos para todos os seus 120 funcionários. Mesmo assim, identificar primeiro os processos essenciais teria poupado um tempo e um esforço enormes.

Ao documentar os processos você deve seguir a regra de 20/80. Isso significa documentar os 20% que produzem 80% dos resultados. Em outras palavras, documente num nível muito alto. Você não deve criar um documento de 500 páginas. A regra de 20/80 lhe dá o maior retorno pelo tempo investido. A armadilha em que muitas organizações caem é desperdiçar um tempo valioso tentando documentar tudo. Se você documenta 100% de um processo essencial, isso pode ocupar 30 páginas. Se você documentar os 20% mais importantes, deve precisar de umas seis páginas.

Um problema semelhante e bastante comum é tentar documentar cada detalhe até o enésimo grau. Isso é exagero. Você só precisa capturar os passos básicos do processo, porque o problema real é que as pessoas estão pulando passos, e nem sempre de propósito. Isso faz germinar os problemas, que acabam por estourar semanas ou meses depois. No calor do tumulto, você trata o sintoma e não a causa – que foi alguém pular um passo. Toda vez que abordo essa situação verdadeira, há uma risada desconfortável entre os que ouvem. Você precisa documentar os passos do processo em um nível muito alto, com vários quesitos abaixo de cada passo, que são os procedimentos. Desse modo, pode garantir que todo mundo esteja seguindo o processo.

O que você esboça são os marcos de orientação básicos para ajudar seu pessoal a se tornar consistente e eficiente na organização. Este é um exemplo de um processo documentado:

Processo de RH
Passo 1: Busca
- Definir papel/descrição do trabalho/salário (cargo)
- Decidir o meio de busca
- Começar a busca
- Enviar e-mails para 20 candidatos

Passo 2: Entrevista
- Examinar currículos
- Entrevista inicial/ferramentas de perfis
- Segunda entrevista
- Verificar referências
- Entrevista com o CEO/discurso sobre valores fundamentais

Passo 3: Contratação
- Teste de oito horas no trabalho
- Decisão
- Teste de 90 dias

Passo 4: Orientação
- Política de RH/revisar manual do empregado
- Revisar benefícios/formulários
- Treinamento no cargo
- Orientação do CEO (história/cultura da empresa)

Passo 5: Revisões Trimestrais
- Gerente preenche o Analisador de Pessoas preparando a revisão
- Seguir a checklist da revisão
- Revisar o Analisador de Pessoas
- Documentar a revisão e fazer com que todas as partes assinem
- Arquivar a revisão no departamento de RH

Passo 6: Desligamento
- Regra de três tacadas com documentação
- Encerrar depois da terceira tacada
- Contatar jurídico
- Reunir-se com o empregado com RH presente
- Entrevista de saída
- Documentar o desligamento e fazer com que todas as partes assinem

Passo 7: Administração de Benefícios Contínuos
- Administração do 401K
- Plano de bonificação
- Plano de saúde
- Arquivos de funcionários

No fim das contas, cada processo essencial terá entre duas e 10 páginas. Os processos de operações costumam ser os mais longos. Não fique totalmente restringido pela regra de 20/80. Inclua o que achar necessário. Certifique-se apenas de manter simples.

Assim que começar a documentar, você vai descobrir alguns problemas ocultos. Alguns passos estão em lugares onde não precisam estar.

Você não entenderá como diabos eles foram parar lá. Quando perguntar o motivo, ouvirá respostas como "Bom, nós sempre fizemos assim".

Uma vez um homem foi passar o Dia de Ação de Graças com a família da esposa. Durante a preparação do jantar, ele observou sua mulher cortando um presunto pela metade antes de colocá-lo no forno. Curioso, perguntou por que ela cortava o presunto ao meio. Ela respondeu: "É tradição. É como sempre fizemos na nossa família." A mãe dela tinha acabado de chegar, por isso ele aproveitou a oportunidade e perguntou por que eles cortavam o presunto. Ela disse: "É tradição. É como nós sempre fizemos." Felizmente a avó da esposa também estava lá, por isso ele fez a mesma pergunta a ela. Ela respondeu: "Antigamente a panela era pequena demais e esse era o único modo de fazer o presunto caber."

Não basta seu pessoal estar fazendo coisas porque sempre fez desse modo. Com a oportunidade de desenvolver uma máquina bem lubrificada, você deve ser capaz de mostrar um modo melhor.

À medida que simplifica, na maioria das vezes você descobrirá que seus processos essenciais são demasiadamente complexos. Ao documentar os processos, você descobrirá muitas oportunidades de reduzi-los eliminando passos redundantes, tirando qualquer confusão e complexidade. O objetivo é simplificar.

Elimine passos, condense passos e use checklists sempre que possível. Alguns passos nos seus processos serão facilmente convertidos em checklists que podem ser usadas na empresa ou em campo. Você deve tornar seus processos à prova de bala, de modo que ninguém possa estragá-los.

> As checklists têm sido uma ferramenta extremamente eficaz para os meus clientes criarem consistência, controle de qualidade e resultados repetíveis. Por favor, pense muito bem nisso ao documentar os seus processos essenciais. Há um motivo para os pilotos de avião e os profissionais de saúde as usarem. Incontáveis estudos mostraram a diferença considerável entre usá-las e não usá-las. Utilize-as para propostas, eventos, administração de projetos e de contas, só para citar algumas situações.

Outra vantagem de simplificar cada processo é descobrir onde a tecnologia pode ser aplicada. Conectar os processos essenciais ou melhorar cada um separadamente produz eficiências e aumenta a lucratividade. Existem ótimos sistemas de informática que podem conectar seus processos essenciais e eliminar passos redundantes, mas certifique-se de que o investimento em tempo e dinheiro produzirá retorno. Não use implemente tecnologia só pela tecnologia, o que leva a dores de cabeça desnecessárias.

Na minha empresa anterior, dei um passo que chamo de Erro de 45 mil dólares. Precisávamos de uma tecnologia para administrar A Lista, criada a partir do mercado-alvo, como é abordado no Capítulo 3. Mantínhamos uma quantidade enorme de informações e de históricos sobre nossos clientes existentes e potenciais. Além disso, precisávamos unir todos os nossos treinadores norte-americanos.

Contratei uma organização que dizia ter a tecnologia mais recente e mais avançada. Eles iriam criar o programa ideal, que conectaria vendas, marketing e operações. Depois de meses e meses de trabalho e 45 mil dólares gastos na criação do programa, nós o deletamos. Em vez disso, usamos um produto comum, de 500 dólares, que fazia tudo de que precisávamos. O erro que eu cometi foi não dar uma olhada de perto no processo e no mercado para os softwares. Fiquei ligado demais no que aquela empresa específica de software estava prometendo.

A tecnologia deve melhorar o seu *Método*. Isso significa que você deve pesquisar e depois decidir baseado na criação de eficiências e na simplificação, e não nas tendências da moda.

Outro motivo para você documentar e simplificar seus processos é que sua empresa precisa se tornar autossustentável. Ela precisa ser capaz de funcionar sem você. Você precisa tirar seus processos fundamentais da cabeça e colocá-los no papel. Deus não permita que algo de ruim aconteça com você ou com qualquer pessoa de sua equipe. Se um de vocês desaparecer amanhã, será que alguém pode assumir no ponto em que você deixou? Deve poder, e, ao dar esse passo, você garantirá que possa.

EMBRULHE

Boa notícia! Agora que seus processos essenciais estão documentados, o Passo 3 é o mais fácil de todos. Esse é o ponto em que vocês pegam todo o excelente trabalho que fizeram nos Passos 1 e 2 e o embrulham. Os títulos dos seus processos essenciais se tornam seu índice. Cada processo documentado no 2º Passo se torna uma das suas seções. Você os coloca num fichário ou na intranet da sua empresa. Na capa coloque "O Método da" e o nome da empresa. Se o nome da sua empresa é ABC, o título deve ser "O Método da Empresa ABC".

Agora o seu *Método* está pronto para ser usado como referência e no treinamento. É então que acontece a verdadeira magia. Agora todo mundo na empresa pode ser treinado para seguir o processo correto. Isso aconteceu num restaurante e bilhar de alta classe chamado Roosevelt's. Depois que o coproprietário Bill Gitre montou sua equipe, eles passaram a trabalhar documentando e simplificando o *Método*. O modelo de negócios se tornou bem-sucedido a ponto de estarem abrindo um segundo local.

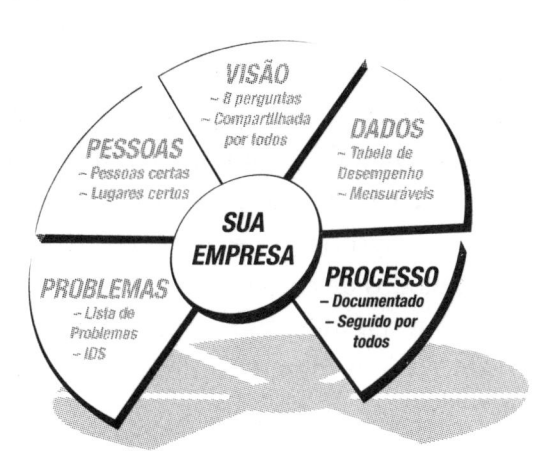

SEGUIDO POR TODOS

Quando todos seguem o processo fica muito mais fácil para os gestores administrar, identificar e solucionar os problemas, para, portanto, fazer a empresa crescer. Agora sua empresa se torna mais escalável, o que significa que você pode acrescentar mais clientes, transações, receita e funcionários ao mesmo tempo que reduz a complexidade.

Para implantar esse passo crucial, sua equipe de liderança precisa estar convencida de que todos devem seguir um único sistema. Para convencer o seu pessoal a seguir o processo, a equipe de liderança precisa estar comprometida em administrar todas as pessoas para fazer os ajustes. Se todos estiverem comprometidos, isso dará certo. Se não estiverem, não dará. "Faça o que eu digo, não faça o que eu faço" não é uma administração eficaz. Digo isso pois, na maioria das vezes, esse passo fracassa porque o dono ou os donos não estão dispostos a seguir o processo.

Presumindo que você esteja convencido, o passo seguinte exige convencer seu pessoal. Você precisa pensar no ponto de vista deles. Se antes você não enxergava o valor de seguir um processo, como pode esperar que seu pessoal enxergue o valor agora? O que você precisa mostrar é como o novo sistema criará eficiências para facilitar a vida deles e tornar a empresa mais bem-sucedida. Eles precisam entender como o processo se une para formar um sistema completo.

Você não deve esperar que eles o levantem nos ombros e o carreguem para fora da sala comemorando, mas deve esperar que sigam os processos designados para cada um. Ainda que isso não seja igual a anunciar um crescimento de 25% em toda a empresa, você deve apresentá-lo com o mesmo entusiasmo. Se você tem as pessoas certas nos lugares certos, elas vão enxergar o valor, apreciá-lo e se beneficiar dele.

Um dos melhores modos de convencê-los é criando uma percepção visual clara de como é o seu *Método*. Frequentemente os processos de negócios são intangíveis e, portanto, difíceis de ser entendidos pelas pessoas. Na medida em que puder ilustrar como ele é, você realizará esse objetivo.

A Sachse Construction bolou uma ilustração ótima. O proprietário, Todd Sachse, criou um modelo de como todos os processos funcionavam juntos na sua organização. Quando fez a apresentação sobre a importância de todos seguirem um mesmo processo, o auxílio visual mostrou que, a cada vez que uma pessoa segue um passo do processo, o

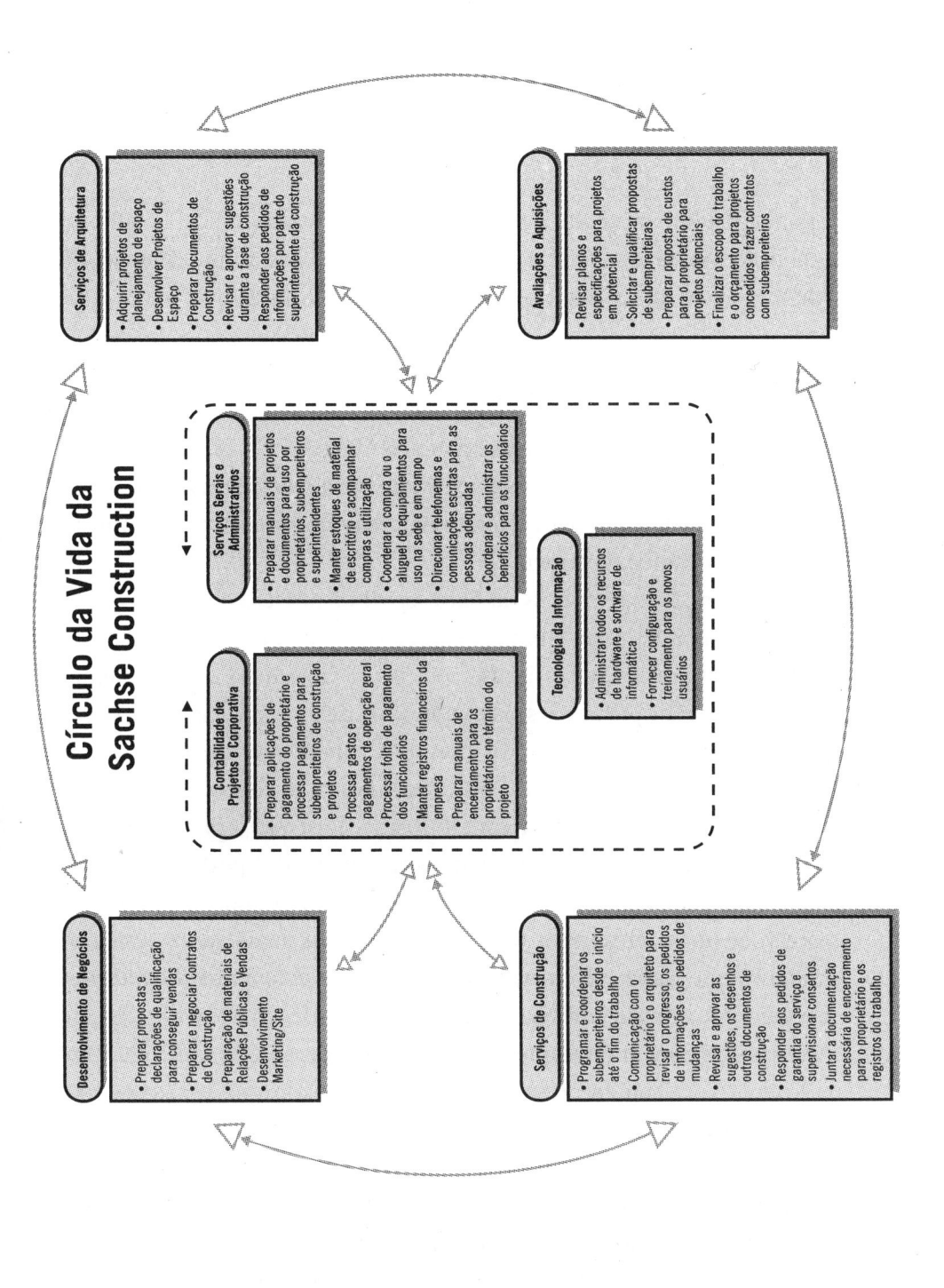

Círculo da Vida da Sachse Construction

Serviços de Arquitetura
- Adquirir projetos de planejamento de espaço
- Desenvolver Projetos de Espaço
- Preparar Documentos de Construção
- Revisar e aprovar sugestões durante a fase de construção
- Responder aos pedidos de informações por parte do superintendente da construção

Avaliações e Aquisições
- Revisar planos e especificações para projetos em potencial
- Solicitar e qualificar propostas de subempreiteiras
- Preparar proposta de custos para o proprietário para projetos potenciais
- Finalizar o escopo do trabalho e o orçamento para projetos concedidos e fazer contratos com subempreiteiros

Serviços Gerais e Administrativos
- Preparar manuais de projetos e documentos para uso por proprietários, subempreiteiros e superintendentes
- Manter estoques de material de escritório e acompanhar compras e utilização
- Coordenar a compra ou o aluguel de equipamentos para uso na sede e em campo
- Direcionar telefonemas e comunicações escritas para as pessoas adequadas
- Coordenar e administrar os benefícios para os funcionários

Tecnologia da Informação
- Administrar todos os recursos de hardware e software de informática
- Fornecer configuração e treinamento para os novos usuários

Contabilidade de Projetos e Corporativa
- Preparar aplicações de pagamento do proprietário e processar pagamentos para subempreiteiros de construção e projetos
- Processar gastos e pagamentos de operação geral
- Processar folha de pagamento dos funcionários
- Manter registros financeiros da empresa
- Preparar manuais de encerramento para os proprietários no término do projeto

Desenvolvimento de Negócios
- Preparar propostas e declarações de qualificação para conseguir vendas
- Preparar e negociar Contratos de Construção
- Preparação de materiais de Relações Públicas e Vendas
- Desenvolvimento Marketing/Site

Serviços de Construção
- Programar e coordenar os subempreiteiros desde o início até o fim do trabalho
- Comunicação com o proprietário e o arquiteto para revisar o progresso, os pedidos de informações e os pedidos de mudanças
- Revisar e aprovar as sugestões, os desenhos e outros documentos de construção
- Responder aos pedidos de garantia do serviço e supervisionar consertos
- Juntar a documentação necessária de encerramento para o proprietário e os registros do trabalho

ato afeta as outras. Chamou isso de Círculo da Vida. Assim como acontece na natureza, cada indivíduo na organização depende dos outros para prosperar. Quando todos seguem seus processos, a vida de todo mundo fica melhor. O oposto também é verdade. Quando alguém não segue o processo, há um efeito negativo sobre os outros e sobre a organização. Esse conhecimento motiva seu pessoal a trabalhar junto e ajuda a melhorar cada processo. O resultado é que todos os processos do seu *Método* são entendidos, aceitos e seguidos por todos na organização.

PASSOS DE AÇÕES "SEGUIDOS POR TODOS"

1. Criar um gráfico do tipo Círculo da Vida.
2. Programar uma reunião da empresa para compartilhar o seu *Método* ou compartilhá-lo na próxima reunião trimestral da empresa.
3. Treinar todos novamente.
4. Administrar o seu pessoal para seguir os processos.

Com a empresa sistematizada, você pode fazer uma análise melhor quando surgirem problemas, já que muitos deles resultam de questões relacionadas aos processos. Por exemplo, talvez haja uma fatura que não saiu porque o responsável pelo atendimento ao cliente não mandou uma cópia do pedido para a contabilidade. Rastreie o problema até a fonte e o resolva. Quando ocorre um problema, você pode ir direto ao passo que não está funcionando e alterá-lo ou eliminá-lo. Em alguns casos você pode acrescentar um novo passo. Mas nesse ponto você está simplesmente realizando manutenção. Agora você tem tudo de que precisa para que seu *Método* seja seguido por todos.

O reforço do Componente de Processo lhe dará mais controle. Você terá opções em sua empresa: fazê-la crescer, afastar-se dela, vendê-la, mantê-la, franqueá-la, criar uma filial em outra cidade. Independentemente da opção que escolher, o mérito da sua organização aumentou. Em resultado, sua organização valerá mais. É isso que as pessoas que compram empresas estão procurando: um sistema funcional. Por exemplo, os proprietários da Image One foram procurados por uma empresa de capital aberto valendo 1 bilhão de dólares do mesmo ramo de atividade e por fim a venderam a ela. O presidente da divisão na época, que tinha trabalhado para Jack Welch na GE, disse que a Image One era uma das empresas mais bem administradas que já tinha visto.

Com o domínio do Componente de Processo, você estará chegando perto do seu destino.

Agora você está pronto para encaixar tudo com a última peça do quebra-cabeça: o Componente de Tração.

RESUMO

COMPONENTE DE PROCESSO

DOCUMENTANDO SEUS PROCESSOS ESSENCIAIS
- Identificar seus processos essenciais
- Documentá-los e simplificá-los (regra 20/80)
- Embrulhar todos numa única fonte

SEGUIDO POR TODOS
- Criar seu modelo do "Círculo da Vida"
- Treinar todos
- Administrar as pessoas para seguirem os processos essenciais

CAPÍTULO

8

COMPONENTE DE TRAÇÃO

Do *Luftmensch* à ação!

ção é o processo de fazer. É disso que trata este capítulo. Obter tração significa tornar sua visão uma realidade. Neste momento sua visão está totalmente clara, você tem as pessoas certas nos lugares certos, está administrando os dados, resolvendo seus problemas e definiu o seu *Método* para fazer negócios e todos o seguem. Agora está pronto para dominar a tração organizacional, a última peça do quebra-cabeça. Dominar os cinco primeiros componentes foi essencial antes de abordar este, porque sem eles você poderia ganhar tração, mas na direção errada. Quando os primeiros cinco componentes estiverem fortes você partirá na direção certa: para a sua visão.

A capacidade de criar responsabilidade e disciplina e depois executar o ponto mais fraco na maioria das organizações. Se eu pedisse que você desse uma nota para o nível de prestação de contas na sua organização, numa escala de 1 a 10, com 10 sendo o nível perfeito de prestação de contas, que nota você daria? Os líderes de sucesso dão notas altas a si mesmos porque sabem ganhar tração. Mas, quando me encontro pela primeira vez com um novo cliente mediano, ele tipicamente dá nota 4 à sua prestação de contas atual.

Isso é uma pena, porque o mundo está cheio de visões grandiosas. Infelizmente, a maioria delas não será realizada devido à incapacidade de obter tração. Os visionários gostam de ficar num plano elevado, e não ao nível do solo. Depois de mais de 20 anos observando fracassos, percebi como estabelecer uma ponte entre a visão e a execução.

Recentemente aprendi uma palavra que vai direto ao ponto. *Luftmensch* é uma palavra em iídiche composta por outras duas: *Luft* significa "ar" e *Mensch* significa "pessoa". *Luftmensch* é uma "pessoa do ar", alguém que tem a cabeça nas nuvens. Não uso isso como insulto. As ideias surgem quando se tem a cabeça nas nuvens. A maioria dos visionários concordaria comigo. Esse é o dom deles, seu ponto forte e seu valor. Nada existe sem os visionários. Mas assim que a visão estiver clara, você precisa passar da *Luftmensch* para a ação.

A maioria dos líderes sabe que levar disciplina e responsabilidade à organização deixará as pessoas um tanto desconfortáveis. Essa é uma parte inevitável da criação de tração. O que geralmente retarda uma organização é o medo de criar esse desconforto. Mas você não tem outra opção se quiser desenvolver uma empresa ótima. Se puder aceitar o fato de que vai deixar as pessoas um pouco desconfortáveis por um tempo curto, em geral a solução é evidente. Você precisa implementar duas práticas simples.

Como acontece com todos os passos no caminho, este exige um comprometimento total da equipe de liderança. Haverá oportunidades demais para recuar. Mas, se sua liderança conseguir permanecer no rumo, em meses seu pessoal apreciará a responsabilidade aumentada, a comunicação melhorada e os resultados sólidos. O desconforto com o qual você estava preocupado não é nem de longe tão ruim quanto você pensava. Na verdade, quem continuar a resistir está errado ou no lugar errado.

Este é um dos segredos da metodologia do SOE: não deixamos as equipes de liderança darem meia-volta. Por isso elas acabam agradecendo e dizem que não sabem como conseguiam viver antes sem esse alto nível de tração, responsabilidade e resultados.

Quais são as duas disciplinas necessárias para obter tração? Primeiro, todos precisam estabelecer prioridades específicas e parâmetros mensuráveis. Segundo, vocês precisam melhorar como organização. As duas coisas essenciais chamam-se Pedras e Pulsação de Reuniões.

Antes de mergulharmos mais fundo em cada uma dessas disciplinas, vou oferecer algumas declarações do tipo "antes e depois" proferidas por clientes que implementaram completamente essas ferramentas de tração. Você e o seu pessoal podem se relacionar com elas.

ANTES DA TRAÇÃO

Sem responsabilidade
- "Eu não sabia a quem deveria prestar contas."
- "Apesar de concordarmos em nos reunirmos regularmente, na verdade não fazíamos isso. Não tínhamos responsabilidade e foco."
- "Antes das Pedras não havia clareza."

Comunicação ruim
- "Eu me sentia sozinho no entendimento do que era necessário para a empresa. Também não era compreendido."
- "Trabalhei aqui durante mais de 20 anos e antes das Pedras nunca estive no circuito."

Estagnação
- "Éramos razoavelmente disciplinados para criar planos de um ano, mas frequentemente acabávamos chegando ao fim do pe-

ríodo sem ter feito nenhum progresso considerável na direção desses objetivos. Era difícil permanecer focado neles o ano inteiro."
- "Não tínhamos direção nem prioridade claras. Tudo era importante e nossos esforços não eram dirigidos para onde seriam mais eficazes. Sofríamos do clássico 'comparecer e trabalhar só pelo trabalho'."
- "*Tudo* era prioridade."

Caos
- "Era muito difícil sair das emergências cotidianas e focar as reais prioridades."
- "Não nos reuníamos com muita frequência. Chegar a uma decisão era algo que poderia demorar semanas e precisávamos sempre reapresentar as informações."
- "As coisas escorriam por entre os dedos."
- "Não havia estrutura nem comunicação com relação aos objetivos e aos problemas. Os problemas não eram resolvidos e ficavam se empilhando. Não tínhamos um método para medir os resultados."
- "Éramos muito reativos, lidando com o problema da semana ou do mês."
- "Não estava claro de quem era cada trabalho, por isso sempre senti que tudo estava nos meus ombros e que eu precisava fazer tudo."

DEPOIS DA TRAÇÃO

Responsabilidade
- "Depois das Pedras, todos na equipe têm responsabilidade, clareza e noção de tempo quanto ao que precisa ser feito. Além disso, cada membro tem clareza a respeito de qual é sua responsabilidade. Todo mundo está em sintonia."
- "Agora eu nos vejo trabalhando mais como uma unidade coletiva com propósito e direção. Estamos trabalhando em direção ao en-

cerramento dos problemas, à responsabilidade dos trabalhadores e das funções. Agora temos uma organização com foco naquilo que fazemos melhor."
- "Com as Pedras e a Pulsação de Reuniões, percebo as condições para que eu e minha equipe foquemos mais as questões amplas. Mais coisas estão sendo feitas na mesma quantidade de tempo e temos um sentimento aumentado de urgência para que as coisas sejam realizadas em prazos determinados."

Comunicação
- "As reuniões têm 90 minutos, e não mais. Isso está tomando tempo, mas agora posso ver os benefícios de ter reuniões semanais, e não mensais."
- "Agora, pelo menos, com as Pedras e as reuniões semanais, tenho um sentimento de prioridade e sei em que direção a empresa está indo."
- "A Pulsação de Reuniões serviu como um excelente veículo de comunicação para repassar as mensagens em cascata em nosso ambiente, que muda com rapidez."

Organização
- "As Pedras me deram um modo de apresentar meus relatórios e induzir melhores resultados de maneira altamente consistente."
- "A vida depois das Pedras é muito recompensadora! Todos os participantes estão em sintonia. Estamos focados num objetivo comum. Há clareza tanto de expectativas quanto de direção. Podemos identificar claramente quem tem mau desempenho e quem não se encaixa na nossa organização. É uma diferença como a da noite para o dia!"
- "As Pedras mantêm todos concentrados e permitem trabalharmos na direção de planos de um ano, dividindo-os em partes. As Pedras se transformaram no mensurável e no jargão de nossa organização. Vemos funcionários abordando seriamente suas Pedras com um sentimento de orgulho e comprometimento."

Tração
- "Agora sinto que um impulso a jato impele nossa organização ao fazer com que todo mundo pegue os remos do barco."
- "Com as Pedras, encontramos o modo de alcançar objetivos, fazer com que as pessoas se responsabilizem e ir continuamente numa direção positiva."
- "Agora estamos nos adiantando aos problemas e passando para a previsão e o trabalho nos nossos sistemas. Temos mais tempo para trabalhar para a frente, e não ficar lidando com problemas do passado."

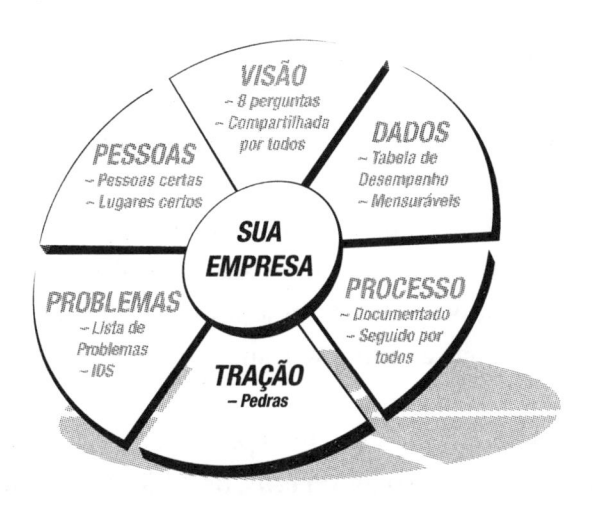

VISÃO
– 8 perguntas
– Compartilhada por todos

DADOS
– Tabela de Desempenho
– Mensuráveis

PESSOAS
– Pessoas certas
– Lugares certos

SUA EMPRESA

PROBLEMAS
– Lista de Problemas
– IDS

PROCESSO
– Documentado
– Seguido por todos

TRAÇÃO
– Pedras

PEDRAS

Com uma visão clara de longo prazo, você está pronto para estabelecer prioridades de curto prazo que contribuam para alcançar sua visão. Você estabelecerá de três a sete prioridades para a empresa, que devem ser realizadas nos próximos 90 dias. Essas prioridades são chamadas de Pedras.

Se você acordasse amanhã de manhã e anotasse cada detalhe e cada ação necessários para alcançar sua visão de longo prazo, provavelmente acabaria com uma lista de pelo menos 100 itens, talvez 1000. Seria algo esmagador, debilitante e impossível.

Agora, imagine que você e sua equipe de liderança se reúnam neste trimestre e concordem totalmente com relação às três a sete prioridades que a empresa deve realizar nos próximos 90 dias para alcançar sua visão de longo prazo. Você poderia acordar amanhã de manhã sabendo que só existem de três a sete objetivos fundamentais que devem ser cumpridos. Ficaria mais focado, eficaz e iria se sentir menos assoberbado.

É por isso que você cria um Mundo de 90 Dias. Em vez de ser esmagado pela tarefa monumental de realizar sua visão, isso lhe permite dividi-la em partes pequenas chamadas de Pedras.

Sua empresa terá Pedras, cada membro da sua equipe de liderança terá Pedras e seus funcionários também terão Pedras. O motivo de limitar a três a sete Pedras (de preferência, mais perto de três) é que você vai tirar a organização do hábito de tentar focar tudo ao mesmo tempo. Isso simplesmente não pode ser feito. Ao limitar as prioridades, você pode focar o que é mais importante. Com a intensidade de foco aumentada sobre um número limitado de Pedras, seu pessoal realizará mais. Lembre-se do velho ditado: quando tudo é importante, nada é importante. O modo como você faz a empresa avançar é num período de 90 dias a cada vez.

As Pedras criam um foco de curto prazo semelhante ao argumento que abordei antes, tirado do livro *Focus*, de Al Ries. Quando foca todos em uma direção, você adquire a força do raio laser, obtendo tração na direção dos seus objetivos.

Quando sua visão estiver clara, você estabelecerá Pedras melhores. Ficará simples estabelecer essas prioridades. Assim que estabelecer as Pedras da empresa e, depois, as da liderança, você divulgará essas Pedras a toda a organização, de modo que todos possam estabelecer as suas. Esse processo cria alinhamento. O processo exato para estabelecer Pedras como equipe e depois espalhar esse modo de agir para toda a organização será explicado neste capítulo.

Por sinal, não importa como você chame essas prioridades, porém a maioria das empresas de fato gosta de chamá-las de Pedras. Aprendi o termo com Verne Harnish, autor de *Mastering the Rockefeller Habits*.

Verne a tirou de uma analogia encontrada no livro *Primeiro o mais importante*, de Stephen Covey. Visualize um cilindro de vidro sobre uma mesa. Perto do cilindro estão pedras, cascalho, areia e um copo d'água. Imagine o cilindro de vidro como todo o tempo que você tem em um dia. As pedras são suas prioridades; o cascalho representa suas responsabilidades cotidianas; a areia, as interrupções; e a água é todo o resto que vem até você no dia de trabalho. Se você, como a maioria das pessoas, coloca primeiro a água, em seguida a areia, depois o cascalho e finalmente as pedras, o que acontece? As grandes prioridades não vão caber dentro do cilindro de vidro. Esse é o seu dia típico.

O que acontece se você fizer o contrário? Trabalhe primeiro com as coisas grandes: coloque as pedras dentro do cilindro. Em seguida vêm as responsabilidades cotidianas: acrescente o cascalho. Agora jogue a areia, todas aquelas interrupções. Por fim, coloque a água. Tudo cabe perfeitamente no cilindro de vidro; tudo cabe perfeitamente no seu dia. A moral da história é que você precisa trabalhar primeiro nas prioridades: suas Pedras. Todo o resto vai se encaixar.

Menos é mais, e ter poucas prioridades é melhor do que ter muitas. Faça menos e realize mais. A maioria das organizações começa o ano com uma enorme bola de prioridades e no fim do ano fez pouca coisa. Ao programar Pedras a cada trimestre você cria um Mundo de 90 Dias.

O processo funciona assim: sua equipe se reúne durante um dia inteiro a cada 90 dias. Vocês reveem sua visão e depois determinam quais são as Pedras para a organização nos próximos 90 dias, para se manterem nos trilhos em direção à sua visão.

ESTABELECENDO SUAS PEDRAS

1º Passo

Depois de revisar o OV/T e estarem todos em sintonia, sua equipe de liderança faz uma lista no quadro branco com tudo que precisa ser executado nos próximos 90 dias. Em média, vocês descobrirão de 10 a 20 coisas que precisam completar, mas um cliente chegou a 75.

2º Passo

Com essa lista de 10 a 20 itens à frente, discutam, debatam e determinem quais são as prioridades para a empresa nos próximos 90 dias. Para cada uma, decidam se irão mantê-la, eliminá-la ou combiná-la como uma Pedra da empresa para o trimestre. Façam tantas passagens da lista quantas forem necessárias até a reduzirem a um número entre três e sete itens. Isso levará os itens certos a chegar ao alto.

3º Passo

Assim que tiverem reduzido a lista, estabeleçam a data para as Pedras. De preferência, marquem para o fim de cada trimestre (isto é, 31 de março, 30 de junho, 30 de setembro e 31 de dezembro). Agora definam cada uma certificando-se de que os objetivos estão nítidos. Isso é vital.

Uma Pedra é algo específico, mensurável e alcançável. Por exemplo, "fechar três contas fundamentais" ou "contratar um novo controlador". Uma Pedra não é uma tarefa aberta ou vaga. "Começar a trabalhar no Processo de Atendimento ao Cliente" não é algo específico, mensurável e alcançável, portanto não é uma Pedra boa.

Uma Pedra deve ser algo claro, para que no fim do trimestre não haja ambiguidade quanto a ela ter sido feita ou não. Aqui vai um exemplo de quatro Pedras de uma empresa que foram estabelecidas e definidas:

Pedras da empresa para 31 de março
1. Fechar 1 milhão de dólares em novos negócios
2. Documentar o processo de entrega e treinar todos
3. Reduzir o número de candidatos a diretor financeiro a dois
4. Implementar novos programas do sistema de informática

4º Passo

Estabeleça quem é o dono de cada Pedra. Isso é vital para uma prestação de contas clara. Cada uma das três a sete Pedras da empresa deve pertencer a apenas uma pessoa da equipe de liderança. Quando mais de uma pessoa é responsável por uma Pedra, ninguém é responsável. O dono é a pessoa que leva a Pedra até estar realizada no fim do trimestre, estabelecendo um prazo, convocando reuniões e pressionando as pessoas. No fim do trimestre, é para o dono que todos olham, a fim de garantir que a Pedra foi completada.

5º Passo

Assim que as Pedras da empresa estiverem estabelecidas, cada membro da equipe de liderança estabelece as próprias Pedras. Primeiro, leva qualquer Pedra da empresa da qual seja dono até sua lista individual de Pedras e, em seguida, determina quais são suas três a sete mais importantes. Algumas Pedras que foram descartadas no 2º Passo para a empresa podem se tornar Pedras individuais para os membros da equipe de liderança. Por favor, relembre: não mais do que três a sete. Qualquer candidata a Pedra que sobrou da lista original e não foi apanhada pode ser deixada para o próximo trimestre, devendo ser colocada na Lista de Problemas do OV/T.

6º Passo

Quando todo esse imenso trabalho estiver feito, você cria o que é chamado de Folha de Pedras, que é simplesmente um papel em formato de paisagem. No alto, ficam as Pedras da organização e, abaixo, as Pedras individuais de cada líder da equipe. Essa Folha de Pedras é levada para suas reuniões semanais para a revisão das Pedras. Ela ajudará a criar uma prestação de contas clara e a focar as prioridades da organização. Com isso, um muro é erguido e ninguém tem permissão de jogar mais nada por cima dele, seja uma nova ideia genial ou uma granada. Assim que estejam estabelecidas as prioridades para esse trimestre, *nenhuma prioridade nova pode ser acrescentada!* Se alguém tentar jogar outra coisa por cima, você precisa jogá-la de volta, porque todos concordaram que as Pedras atuais são as prioridades para esse trimestre. As novas ideias que surgirem durante o trimestre devem ser postas na Lista de Problemas para o próximo trimestre. Essa abordagem vai ajudá-lo a criar um foco a laser para sua organização.

Este é um exemplo de uma Folha de Pedras eficaz:

Pedras a serem alcançadas em 31 de março de 2020	
Pedras da Empresa	**Dono**
1. Fechar 1 milhão de dólares em novos negócios	Bill
2. Documentar o processo de entrega e treinar todos	Amy
3. Reduzir o número de candidatos a diretor financeiro a dois	John
4. Implementar novos programas do sistema de informática	Sam
Pedras de Bill	**Pedras de John**
1. Fechar 1 milhão de dólares em novos negócios	1. Reduzir o número de candidatos a diretor financeiro a dois
2. 10 novos clientes potenciais	2. Finalizar e implementar nova orientação para contratações
3. Contratar um novo vendedor	3. Aumentar a linha de crédito para 1 milhão de dólares
Pedras de Amy	**Pedras de Sam**
1. Documentar o processo de entrega e treinar todos	1. Implementar novos programas do sistema de informática
2. Criar sistema de feedback de clientes	2. Lançar o site novo
3. Atualizar banco de dados	3. Retreinar todos na política de Contas a pagar/a receber
4. Contatar proativamente os 10 clientes principais	4. Finalizar contratos com novos clientes
5. Revisar e comunicar o Diagrama de Responsabilidades	

7º Passo

Compartilhar as Pedras da empresa com toda a organização. Como você aprendeu no Componente da Visão, a visão deve ser compartilhada por todos. A cada trimestre você deve se reunir com toda a organização por não mais de 45 minutos para compartilhar os sucessos, o progresso, o OV/T e revelar as Pedras da empresa para o trimestre. Lembre-se: às vezes as pessoas precisam ouvir uma coisa sete vezes antes de realmente escutá-la pela primeira vez, e esse é um dos modos de elas compartilharem a visão.

8º Passo

Faça com que cada departamento estabeleça suas Pedras em equipe. Assim como a equipe de liderança define suas Pedras, cada equipe de departamento segue exatamente o mesmo processo para estabelecer as deles. No fim, cada empregado terá suas Pedras para o trimestre. Por favor, observe que, enquanto a empresa e os membros da equipe de liderança devem ter entre três e sete Pedras, todas as outras pessoas na empresa devem ter de uma a três.

ARMADILHAS DAS PEDRAS

Sua organização precisa evitar determinados problemas ao estabelecer e levar adiante suas Pedras.

- **O lixo que entra sai.** Para cada ferramenta do Sistema Operacional Empreendedor (SOE) você colherá o que plantou. Se definir as Pedras erradas, passará um trimestre inteiro apontando na direção errada. Certifique-se de passar o tempo necessário estabelecendo as certas. Não apresse o processo.
- **São necessários dois trimestres para dominar as Pedras.** Você não dominará o processo na primeira vez. Seja paciente, porque o verdadeiro domínio vem da experiência. Você precisa aprender a partir de dois trimestres com apenas sua equipe de liderança estabelecendo as Pedras antes de disseminar o processo para todos. Você cometerá alguns erros, e é importante aprender com esses erros primeiro, de modo a ser um professor melhor para o seu pessoal.

- **O comprometimento diminui.** Certifique-se de que, quando espalhar as Pedras, você esteja totalmente comprometido com elas em todos os trimestres. Alguns clientes meus começam com empolgação e depois não se comprometem com a rotina trimestral. Acabam por parar de compartilhá-las com todos e seu pessoal termina achando que o processo das Pedras era apenas mais uma ideia da moda.
- **Pedras demais.** Não dê às pessoas de fora da equipe de liderança mais do que três Pedras. A responsabilidade é esmagadora demais para a maioria dos funcionários, e você estaria violando a regra de ouro de que menos é mais.

Rob Dube, da Image One, explica o poder cumulativo de todas essas Pedras: "Uma vez, durante a reunião anual de toda a empresa, tive a ideia de percorrer o salão pedindo a cada membro de equipe que contasse sobre algumas Pedras que eles realizaram durante o ano. Enquanto cada pessoa falava, anotei a Pedra no quadro branco. No fim, o quadro branco estava tomado por completo, além de muitas folhas do cavalete! Quando você tem uma equipe de 35 pessoas, como nós, pegue esse número e multiplique por duas Pedras em cada trimestre e você chegará a 70. Depois multiplique pelo número de trimestres no ano e você chegará a 280! Esse é o número mágico: nós demos 280 passos na direção certa naqueles 12 meses. Incrível!"

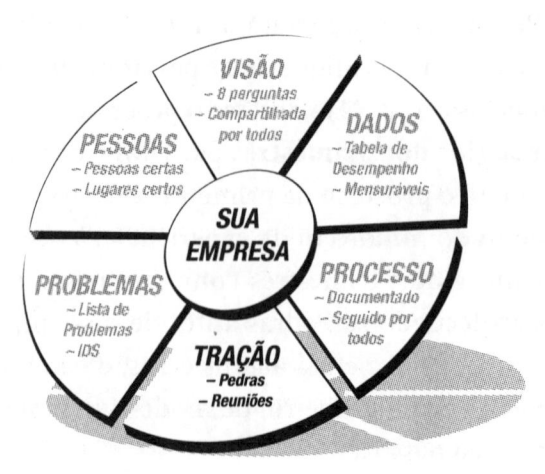

PULSAÇÃO DE REUNIÕES

Vamos desfazer de uma vez por todas o mito de que todas as reuniões são ruins, que são uma perda de tempo e que já existem muitas delas. O fato é que reuniões bem administradas são o momento da verdade para a prestação de contas. Para obter tração, você provavelmente vai precisar ainda de mais reuniões do que faz atualmente.

> Patrick Lencioni abre o livro *Death by Meeting* (Morte por reuniões) fazendo uma observação bem-humorada. Depois de ouvir muitos líderes reclamarem de reuniões e dizerem coisas como "Se eu não precisasse comparecer a reuniões gostaria muito mais do meu trabalho", Lencioni pede que imaginemos um cirurgião dizendo a uma enfermeira antes da cirurgia: "Se eu não precisasse operar pessoas, talvez até gostasse deste trabalho." Então ele pede que consideremos o fato de que, para quem comanda e administra organizações, as reuniões são praticamente tudo que eles fazem.

É possível ter reuniões extremamente produtivas que na verdade poupem tempo. Neste capítulo você vai combinar o seu Mundo de 90 Dias com uma ferramenta poderosa: a Reunião Nível 10. Juntos, eles lhe permitirão ter reuniões ótimas que aumentem a comunicação, a prestação de contas, a saúde da equipe e os resultados. Por se reunirem mais e seguir a Pulsação de Reuniões, todos realizarão mais. O tempo que vocês passarem em reunião há de liberar tempo para irem em frente.

A Pulsação de Reuniões são os batimentos cardíacos da sua organização. Em vez de reuniões longas e tortuosas, uma Pulsação de Reuniões com uma agenda específica em todos os seus departamentos mantém sua organização saudável. Uma Pulsação de Reuniões funciona como um eletrocardiograma ilustrando um pico. Quando as pessoas precisam fazer alguma coisa para uma reunião, elas esperam até o último minuto e geralmente a terminam: isso é o pico. Quanto mais você puder aumentar a frequência de reuniões, mais picos você alcançará e mais negócios terminará. A princípio, você resistirá a essas reuniões regulares, mas, assim que elas se tornarem um hábito, você vai aceitá-las e não saberá como conseguiu viver sem elas no passado. Vi isso acontecer com cada cliente. É onde a verdadeira magia acontece.

A Pulsação de Reuniões consiste em dois tipos de reunião. O primeiro é trimestral e o segundo semanal. Vamos olhar um de cada vez, começando com o trimestral.

O MUNDO DE 90 DIAS

Como parte da sua visão, você criou uma imagem de três anos. Depois disso vieram um plano de um ano e agora um Mundo de 90 Dias, conforme ilustrado pelo modelo na próxima página. A ideia de 90 dias resulta de um fenômeno natural: os seres humanos tropeçam, saem dos trilhos e perdem o foco aproximadamente a cada 90 dias. Para enfrentar esse aspecto da natureza humana, você precisa implementar em toda a organização uma rotina que cria um Mundo de 90 Dias.

Descobri a eficácia disso em minha organização. Depois da primeira reunião de um dia inteiro com minha equipe de liderança, todos saímos com um foco objetivo sobre para onde íamos como organização e o que precisávamos fazer. Houve concordância quanto aos papéis e às responsabilidades. Estávamos em sintonia e animados. Porém, 90 dias mais tarde, por algum motivo, todos começamos a sair dos trilhos. Eu não conseguia explicar por quê, por isso fizemos outra reunião durante um dia inteiro, que nos puxou de volta. Tivemos uma reunião passional, intensa e produtiva e voltamos aos trilhos. No entanto, depois de outros 90 dias, precisei fazer mais uma reunião, porque nem reconhecia mais minha equipe. "O que aconteceu com as pessoas que participaram daquela reunião intensa há 90 dias?", perguntei. Não estávamos mais em sintonia. Mas, automaticamente, no fim da reunião estávamos animados e de novo em sintonia.

```
   VISÃO  ▲
     │    │
   3 ANOS │
     │    │
   1 ANO  │
     │    │
TRIMESTRAL▼
          TRAÇÃO
```

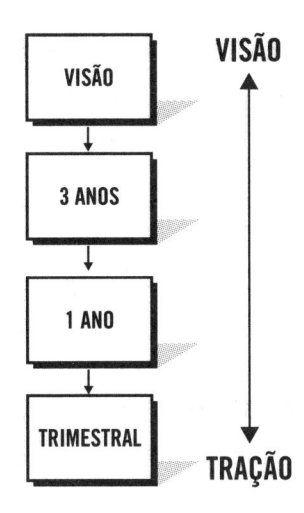

Logo percebi que esse era um ciclo normal. Quando pensei de verdade no problema, percebi que ele afetava meu grupo do fórum da Entrepreneurs' Organization, meus amigos e minha família. Parece ser da natureza humana. Das 1.300 sessões de um dia inteiro que já realizei, pelo menos 900 foram trimestrais. As pessoas cujo foco era claro na sessão trimestral anterior estavam sem foco na reunião seguinte. Eu via uma concordância total quanto às questões centrais no trimestre anterior e depois uma discordância completa na reunião seguinte. Entretanto, no fim da sessão todos estavam de volta nos trilhos. Em algumas situações as pessoas nem se lembravam de ter concordado. Felizmente eu mantinha anotações muito boas e podia provar que isso havia acontecido.

Ao perceber que esse ciclo era normal, mudei de atitude. Primeiro parei de ficar frustrado e aceitei. Depois decidi montar uma boa agenda para uma poderosa reunião trimestral todas as vezes. Agora todos os clientes do SOE seguem exatamente essa agenda em suas reuniões trimestrais.

Uma última observação: se vocês não continuarem se alinhando trimestralmente, sua organização vai se fragmentar a ponto de vocês se afastarem demais dos trilhos. Vocês vão começar a perder pessoas ótimas, perderão de vista sua visão e terminarão exatamente onde começaram: no caos.

Repetindo, 90 dias é mais ou menos o tempo pelo qual um ser humano consegue permanecer focado. É da natureza humana, por isso parem de lutar contra e resolvam o problema seguindo a Pulsação de Reuniões Trimestrais, criando um Mundo de 90 Dias para sua empresa.

Além disso, recomendo enfaticamente que vocês façam as reuniões trimestrais fora da empresa. Quando vocês estão no trabalho, surgem muitas distrações puxando-os de volta para os negócios. Estar fora proporciona uma ótima oportunidade para a equipe realmente trabalhar *sobre* os negócios.

A PULSAÇÃO DE REUNIÕES TRIMESTRAIS DO SOE

> **Quem:** A equipe de liderança
>
> **Onde:** Fora da empresa
>
> **Duração:** Oito horas
>
> **Frequência:** A cada 90 dias
>
> **Trabalho prévio:** Organizador de Visão/Tração completo (todos trazem seus problemas e prioridades propostas para o próximo trimestre)

Agenda da Reunião Trimestral
- Transição
- Revisão do trimestre anterior
- Revisão do OV/T
- Definir as Pedras para o próximo trimestre
- Abordar problemas-chave
- Próximos passos
- Conclusão

Transição

É a transição de 90 dias trabalhando duro *na* empresa para o início do trabalho *sobre* a empresa. Cada pessoa deve compartilhar três coisas: (1) melhores notícias empresariais e pessoais nos últimos 90 dias, (2) o que está funcionando e o que não está funcionando na organização, e (3) expectativas para o dia. Isso não somente vai levar todos a trabalhar *sobre* a empresa, mas também ajudará a montar o palco para a reunião trimestral.

Uma pessoa pode dizer durante sua transição: "A melhor notícia empresarial é que conseguimos a conta ABC. O que eu sinto que está funcionando é o novo software de relacionamento com o cliente. O que sinto que não está funcionando são nosso tempo de entrega, o departamento de atendimento ao cliente e nosso sistema de estoque. Minha expectativa é resolver essas três coisas de uma vez por todas. Além disso, gostaria de ser um líder mais saudável." Isso, junto com a transição de todos, estabelece o tom da reunião.

Revisão do trimestre anterior

Revisem todos os números (receita trimestral, lucro, margem bruta e qualquer outro dado relevante) e suas Pedras (da empresa e das equipes de liderança na Folha de Pedras) do trimestre anterior para confirmar quais foram alcançadas e quais não foram. Recomendo enfaticamente apenas declarar "feito" ou "não feito" para cada uma. Isso vai lhes dar uma imagem clara, em preto e branco, de como a equipe se saiu. Não sejam tomados pela crença de que podem completar 100% das suas Pedras em todos os trimestres. É um pensamento perfeccionista e não realista. Vocês sempre vão querer lutar por 80% ou mais de realizações – isso basta para ser realmente excelente.

Se vocês não completarem 80%, precisam entender o motivo e aprender a partir disso. Observem as Pedras que vocês não realizaram. Discutam por que elas não foram completadas. Os dois motivos mais comuns para não alcançar uma Pedra são:

- *Vocês se comprometeram com coisas demais e atiraram alto demais*, o que foi uma previsão ruim da sua parte. Nesse caso, sua equipe precisará melhorar no estabelecimento de Pedras mais realistas. Na primeira vez em que a maioria dos clientes estabelece suas Pedras, eles quase sempre as colocam muito no alto.

- *Alguém deixou a peteca cair*. Em outras palavras, a Pedra era alcançável mas a pessoa encarregada não deu tudo de si. Nesse caso, você tem um problema de responsabilidade e precisa colocá-lo na Lista de Problemas e resolvê-lo. A longo prazo, você chegará a um ponto em que cada membro da equipe de liderança sempre dá o máximo de si quando é dono de uma Pedra.

Você tem uma de três opções com cada Pedra incompleta:

1. Carregá-la para o próximo trimestre.
2. Se a Pedra estiver 95% completa, terminar os últimos 5% se torna um item de ação para a Lista de Tarefas.
3. Repassar a Pedra para outra pessoa.

Revisão do OV/T

O único objetivo de revisar o OV/T em todos os trimestres é refrescar a memória com relação à visão e garantir que todos ainda estão em sintonia. Nessa estrutura, vocês estabelecerão Pedras muito melhores para o próximo trimestre. Quando as pessoas não estiverem em sintonia, discutam e debatam até que estejam.

> Tirar o tempo necessário para rever o OV/T e voltar a ficar em sintonia na reunião trimestral também leva a uma solução muito melhor de problemas na sessão, devido ao fato de que todos têm clareza absoluta com relação ao bem maior da empresa.

Num ambiente aberto e honesto, todos devem verbalizar suas opiniões se não entenderem, não concordarem ou tiverem alguma preocupação com relação a algum item do OV/T. Se houver alguma confusão, vocês devem resolver o problema nesse momento, até que todos estejam de acordo. Uma boa revisão do OV/T leva de 30 minutos a duas horas, dependendo da quantidade de discussão necessária. Certifiquem-se de concluir a revisão do OV/T atualizando a oitava seção da Lista de Problemas. Removam qualquer problema que tenha sido resolvido e acrescentem qualquer problema novo. Isso criará sua Lista de Problemas para o dia.

Estabelecer as Pedras para o próximo trimestre
Com o palco montado a partir da transição, da clareza dos resultados com a revisão das Pedras do trimestre anterior, da visão clara depois da revisão do OV/T e tendo a Lista de Problemas à frente, agora vocês realizam o processo de estabelecer as Pedras abordado antes neste capítulo.

Façam uma lista de tudo que precisa ser realizado neste trimestre. Decidam manter, matar ou combinar tudo que está na lista, reduzindo-a a de três a sete Pedras para a empresa e designem quem é dono de cada uma. A partir daí, estabeleçam as Pedras de cada membro da equipe de liderança e as entreguem a um membro para criar a Folha de Pedras.

Abordar problemas fundamentais
Com as Pedras estabelecidas, restarão de uma a quatro horas na sua reunião, dependendo de quanto tempo demoraram a revisão do OV/T e o estabelecimento das Pedras. Agora é hora de atacar todos os problemas relevantes para o trimestre. O que faz com que uma reunião seja ótima é a solução de problemas. Comece garantindo que todos os problemas estejam na lista. Pergunte aos membros da equipe se há qualquer problema que eles tenham em mente, caso já não os tenham compartilhado na primeira metade da reunião.

Agora você pega a Lista de Problemas que compilou, que inclui questões da primeira metade da reunião e todos os problemas que ainda restam de reuniões anteriores e foram colocados na Lista de Problemas do OV/T. Remova todas as dificuldades solucionadas com a criação de novas Pedras.

Ataquem os problemas restantes seguindo a Trilha de Solução de Problemas: identificar, discutir e solucionar (IDS). Estabeleçam quais são os três principais, comecem com o principal e sigam pela lista em ordem de prioridade. Identifiquem o problema real e discutam abertamente todos os aspectos dele, colocando todas as opiniões na mesa sem sair pela tangente. A partir daí, passem para a solução do problema e o façam ir embora para sempre. Vocês abordarão de um a 15 problemas, dependendo do tempo que têm e da magnitude deles.

Qualquer problema que vocês não resolvam pode ser simplesmente levado para a Lista de Problemas semanais ou para a Lista de Problemas do OV/T. Raramente vocês resolverão todos. O importante é certificar-se de solucioná-los seguindo a ordem de prioridade.

Próximos passos

Essa parte da reunião trimestral é tipicamente curta. Todos discutem qualquer próximo passo – quem vai fazer o que e se há alguma mensagem para comunicar à organização baseados nas decisões tomadas na reunião.

Por exemplo, se vocês resolveram o problema mencionado na transição relativo ao departamento de atendimento ao cliente, nos Próximos Passos podem confirmar que o diretor de operações vai se reunir com todos do atendimento ao cliente e juntos vão criar uma estratégia e implementar um plano para montar neste trimestre um departamento de atendimento ao cliente de classe mundial.

Conclusão

Ao concluir a reunião, todos compartilham três coisas: (1) feedback sobre a reunião, (2) se as expectativas foram atendidas ou não, e (3) sua nota para a reunião, de 1 a 10. Você há de querer que o padrão seja, em média, acima de 8.

É incrível o que a Pulsação de Reuniões Trimestrais pode fazer por você. Ela concentra todos na direção em que devem remar. Vocês saem animados e prontos para atacar o próximo trimestre.

Mas inevitavelmente vocês começarão a sair dos trilhos de novo 90 dias depois. Em alguns trimestres poderão achar que não precisam se reunir. Eu lembro que várias vezes precisei convencer meus sócios depois de eles perguntarem: "Por que vamos nos reunir de novo? As coisas não estão indo muito bem?" Não caia nessa armadilha. Você precisa combater a tendência humana de querer dar um tempo e tirar um pouco da pressão. Tenho clientes que de vez em quando telefonam antes de uma reunião trimestral dizendo que acham que não precisam se reunir. Depois de eu convencê-los a fazer isso, em todos os casos eles disseram que estavam felizes por terem se reunido. Não posso dizer quantas vezes, no fim de uma sessão trimestral com um cliente, ouvi as palavras: "Uau, e eu achava que não tínhamos nada para conversar neste trimestre!"

Você vai repetir a mesma Pulsação de Reuniões Trimestrais para sempre. Vai descobrir que as reuniões continuam melhorando. Com essa rotina estabelecida, no fim de cada ano você vai colocar um dia extra na frente da reunião trimestral para o Planejamento Anual. O Planejamento Anual é uma oportunidade de melhorar a saúde da equipe, reajustar a visão e criar um plano claro para o ano seguinte.

A PULSAÇÃO DE REUNIÕES ANUAIS

Quem: A equipe de liderança

Onde: Fora da empresa

Duração: Dois dias

Frequência: Todos os anos

Trabalho prévio: Trazer o OV/T completo, proposta de orçamento para o próximo ano e ideias sobre objetivos para o próximo ano

Agenda de Planejamento Anual: primeiro dia
- Transição
- Revisão do ano anterior
- Desenvolvimento da saúde da equipe
- Análise FOFA/Lista de Problemas
- OV/T (plano para um ano)

Transição

Cada membro da equipe de liderança compartilha três coisas: (1) os três maiores feitos da organização no ano anterior, (2) sua maior realização pessoal no ano, e (3) suas expectativas para os dois dias da sessão de Planejamento Anual.

A força da transição anual, além de estabelecer o palco e fazer a passagem do trabalho *na* empresa para o trabalho *sobre* a empresa, é que os líderes têm a chance de parar alguns minutos e refletir sobre os sucessos e o progresso da empresa no ano anterior. Depois da transição um cliente disse: "Eu estava sentindo que tínhamos tido um ano ruim até que ouvi todos falando das realizações da empresa. Na verdade tivemos um ano bastante bom." Essa é tipicamente a mentalidade depois da transição e estabelece o tom para o que vem em seguida.

Revisão do ano anterior

Revisem os objetivos do ano anterior, os números do ano anterior (a receita, o lucro, a margem bruta e outros dados relevantes) e as Pedras do último trimestre. Vocês devem ter alcançado 80% ou mais dos objetivos para realmente estarem ótimos. Um dos modos de você e sua equipe fazerem previsões melhores dos acontecimentos futuros é revisando os resultados e abordando o que deu certo e o que não deu.

Quando revisarem os objetivos para o ano, vocês devem usar a mesma abordagem da revisão das Pedras. Vocês só querem respostas em preto e branco, do tipo "feito" ou "não feito". Esse é um dos motivos para seus objetivos precisarem ser muito específicos. Se um dos objetivos para o ano era "criar uma organização focada nas vendas", como vocês podem determinar se isso foi feito ou não? Se o objetivo de vendas era "2 milhões de dólares em vendas novas fechadas pela equipe de vendas e 300 mil pelos gerentes de contas", vocês poderão determinar claramente se isso foi feito.

Tenha em mente que seus objetivos foram estabelecidos há um ano. A memória da maioria das pessoas não é suficientemente boa para lembrar qual era a intenção tanto tempo atrás. Vocês não precisam se lembrar das intenções se tiverem objetivos específicos e mensuráveis.

Há outro motivo para preferir a especificidade. Vocês estão tentando avaliar como se saíram para determinar exatamente o grau de sucesso ou fracasso, de modo a melhorarem na próxima vez. Quando os resultados são um tanto vagos ou discutíveis, é muito difícil ver com clareza o que funcionou e o que não funcionou. Então vocês racionalizam um modo de acreditar que tiveram um ano melhor do que na verdade ele foi. Se vocês não têm uma maneira real de identificar o que precisa ser melhorado, não irão melhorar. Assim, mesmo se suas primeiras tentativas de estabelecer objetivos errarem o alvo – às vezes por uma longa distância –, mantenham a determinação e continuem tentando. Com a prática, vocês aprenderão a estabelecer alvos realmente específicos, mensuráveis e alcançáveis, o que os tornará ótimos em fazer previsões e levará a uma organização sólida, bem administrada e duradoura.

Desenvolvimento da saúde da equipe

Existem muitos exercícios para o desenvolvimento de equipes. Talvez você já tenha um. Se não tiver, recomendo enfaticamente um exercício que chamo de Uma Coisa. Cada membro da equipe recebe informações dos outros sobre seu ponto mais forte ou sua capacidade mais admirável ou seu maior ponto fraco ou obstáculo para o sucesso da empresa. Esse exercício é feito abertamente, com toda a equipe de liderança presente. Acredito que os métodos de avaliação de colegas realizados anonimamente fazem mais mal do que bem. Esse exercício foi feito inúmeras vezes com equipes e sempre produziu ótimos resultados a longo prazo. Alguns clientes realizaram esse exercício por quatro anos seguidos em sua Sessão de Planejamento Anual e os resultados melhoraram a cada vez.

Depois de todos terem recebido o feedback dos membros da equipe, cada um deve escolher uma coisa que se comprometerá a fazer de modo diferente no próximo ano, baseado no feedback. É uma coisa curta, simples, muito poderosa e eficaz, e leva a grandes ideias, com o aumento da abertura e da honestidade entre a equipe. Esse exercício não deve demorar mais de duas horas.

> Uma disciplina ótima que usei com meus clientes para garantir uma entrega completa aos compromissos é fazer um rápido exercício de feedback em cada sessão trimestral. Cada pessoa declara qual é o seu compromisso e os membros dão um feedback em uma palavra sobre como ela está honrando-o. Eles declaram "melhor", "pior" ou "igual". É um belo tapinha no ombro e melhora substancialmente o desempenho.

Análise FOFA/Lista de Problemas

A análise FOFA (SWOT, em inglês) cria a oportunidade de todos compartilharem quais acham que são os *pontos fortes*, as *oportunidades*, os *pontos fracos* e as *ameaças* para a organização. É uma ferramenta administrativa para ajudar a organização a dar uma boa olhada em si mesma e esclarecer seu estado atual, tanto o bom quanto o ruim. O resultado mais produtivo da análise FOFA é a Lista de Problemas. Assim que tiverem feito uma lista das opiniões de todos sobre os pontos fortes e fracos da organização e suas oportunidades e ameaças, vocês extraem todos os problemas relevantes para o próximo ano e criam uma Lista de Problemas da Sessão de Planejamento de Dois Dias. Essa lista, junto com todos os problemas adicionais acrescentados durante a sessão, deve ser adicionada à sua Lista de Problemas para a Solução de Problemas no dia seguinte.

OV/T (plano de um ano)

Nesse ponto da sessão você questiona a visão da empresa. Essa é a Pulsação de Reuniões Anual e nada é sagrado. Enquanto repassa o OV/T, examine bem seus valores fundamentais, questione o foco central, certifique-se de que todo mundo ainda está concordando com a meta de 10 anos e confirme se a estratégia de marketing ainda é especial e valiosa para o cliente. Quando não estiverem sintonizados, discutam e debatam até que todos fiquem em sincronia.

Presumindo que todos concordem, você joga fora a imagem de três anos e cria uma totalmente nova. Você vai querer garantir que todos concordarão com a mesma imagem daqui a três anos. Assim que todos consigam visualizá-la, as chances de a alcançarem aumentam.

Assim que a nova imagem de três anos estiver clara, passe a trabalhar no plano para o próximo ano. Determine a receita, o lucro e os números para o próximo ano e depois estabeleça os três a sete objetivos mais importantes. Relembre: menos é mais, portanto tenha cuidado. O planejamento de um ano raramente demora mais de duas horas. Não pense demais. Quando a visão está clara, os números e os objetivos ficam bem à sua frente. Vocês só precisam colocá-los no papel e concordar com eles. Além disso, certifique-se de que existe um orçamento para sustentar o plano e que todo mundo tem clareza quanto aos seus papéis e responsabilidades para o próximo ano. Deixe o Diagrama de Responsabilidades ser seu guia.

> Alguns clientes têm dificuldade com a abordagem de jogar fora a imagem de três anos e começar uma nova. É importante assumir essa abordagem por dois motivos. Um deles é que um ano inteiro se passou e coisas mudaram, de modo que é importante pegar todo o seu conhecimento e toda a sua experiência e incorporá-los numa visão recém-criada. O segundo motivo é que vocês são planejadores mais inteligentes, melhores e mais rápidos do que há um ano e farão um trabalho muito melhor.
>
> Se for importante se agarrar à imagem de três anos, eu recomendaria que ela seja cortada e colada num documento para guardar pessoalmente e ver como você se saiu, mas a abordagem acima é a recomendada e a mais eficaz.

Agenda de Planejamento Anual: segundo dia
- Estabelecer as Pedras para o próximo trimestre
- Abordar problemas fundamentais
- Próximos passos
- Concluir

Ver a Agenda de Planejamento Trimestral para os detalhes dos itens acima.

Dicas para o Planejamento Anual
- **Muitas vezes a parte do plano de um ano do OV/T vai até o segundo dia.** Deixe isso acontecer. Você não deve apressar o processo. No segundo dia você terá tempo para completar a agenda, se necessário.
- **Jantem juntos, como uma equipe, no fim do primeiro dia.** Aproveitem a oportunidade para relaxar depois de um dia de pensamento intenso, ao mesmo tempo que continuam a desenvolver a saúde da equipe.
- **Saiam para fazer o Planejamento Anual.** Vocês não precisam atravessar o país, mas um hotel a uma ou duas horas de distância proporcionará uma reunião mais produtiva. Quando vocês estiverem afastados da empresa poderão se desligar do mundo real por dois dias inteiros.

O acúmulo de expectativa

Ao implementar religiosamente a Pulsação de Reuniões Mensais e Trimestrais vocês criam um Mundo de 90 Dias que trará benefícios tremendos para sua organização. Além disso, há um benefício oculto, que eu nem conto aos meus clientes. Um dos principais motivos para a Pulsação de Reuniões Trimestrais ser tão eficaz é o acúmulo de expectativas. Com a perspectiva de um dia inteiro programado para a equipe de liderança se reunir, as pessoas se preparam melhor para elas sem ao menos saber que estão fazendo isso. Sua energia, seus temores, pensamentos, problemas, ideias e empolgação começam a se acumular na direção desse evento especial. Isso torna a reunião muito mais eficaz.

O oposto também é verdadeiro. Isto é, se você não disser a ninguém que haverá uma reunião trimestral e simplesmente convocar todos para uma reunião que vai durar o dia inteiro, o resultado será menos frutífero. O acúmulo de expectativas não acontece. Você deve sempre programar antecipadamente as reuniões trimestrais.

Nas reuniões trimestrais surgem muitos problemas que não aparecem tipicamente no dia a dia. Em muitas dessas vezes, quando algo sensível que vem acontecendo por algum tempo é levantado na reunião trimestral, outras pessoas perguntarão: "Por que você esperou até hoje para falar?" É frequente que a pessoa não saiba por quê. Isso acontece pelo acúmulo de expectativas. Ele provoca pensamentos que vão além da rotina. As pessoas ficam mais focadas, energizadas e prontas.

A PULSAÇÃO DE REUNIÕES SEMANAIS

O processo de tração continua ao trazer a visão para a prática. Agora estamos reduzindo-o de trimestral para semanal. A implementação desse passo vai realmente criar tração e ajudar a executar a visão. Assim que as prioridades trimestrais são estabelecidas, vocês devem se reunir semanalmente para permanecer focados, resolver problemas e se comunicar. Como você pode ver no modelo seguinte, a Pulsação de Reuniões Semanais é sua oportunidade para garantir que tudo está nos trilhos. Se vocês estiverem nos trilhos para a semana, estarão nos trilhos para o trimestre, e, se estiverem nos trilhos para o trimestre, estarão nos trilhos para o ano, e assim por diante. A Pulsação de Reuniões, como um batimento cardíaco, cria um fluxo consistente que mantém a empresa saudável. Dito de outro modo, a Pulsação de Reuniões cria um ritmo consistente que mantém a organização num ritmo coordenado.

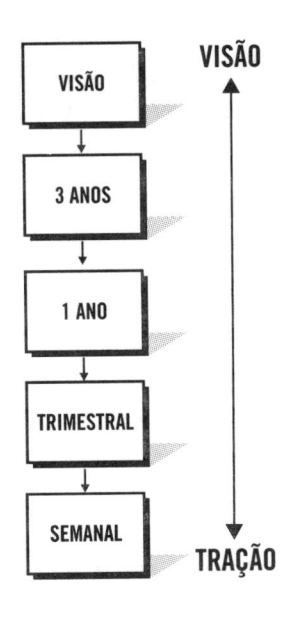

```
    VISÃO
      ↓
    3 ANOS          ↑ VISÃO
      ↓             |
    1 ANO           |
      ↓             |
   TRIMESTRAL       |
      ↓             ↓
   SEMANAL           TRAÇÃO
```

Sempre uma Reunião Nível 10

Que nota você daria às suas reuniões, numa escala de 1 a 10? A resposta é quase sempre entre 4 e 5. Isso não basta. A maioria das reuniões nas empresas é fraca e não muito produtiva, e as suas provavelmente também são. Ao implementar os ingredientes da Reunião Nível 10 você elevará essa nota até um 10.

A Agenda de Reuniões Nível 10 destina-se a manter sua equipe de liderança focada no que é mais relevante a cada semana. Nada é mais importante do que manter seus números nos trilhos, suas Pedras nos trilhos e seus clientes e funcionários felizes. A Reunião Nível 10 é o modo mais eficaz e eficiente de fazer isso.

Uma Reunião Nível 10 mantém vocês concentrados no que é importante, ajuda a identificar os problemas que estão aumentando e, no fim, impele o grupo a resolvê-los. O que faz uma ótima reunião é a solução de problemas. Patrick Lencioni diz muito bem: "Suas reuniões devem ser passionais, intensas, exaustivas e jamais tediosas."

A Reunião Nível 10 foi desenvolvida atendendo ao pedido de vários clientes para melhorar suas reuniões. Os princípios orientadores são baseados na natureza humana. Essa agenda foi desenvolvida através de tentativas e erros no mundo real e de experimentações com muitas metodologias diferentes. Hoje em dia todos os clientes do SOE seguem essa agenda.

A PULSAÇÃO DE REUNIÕES SEMANAIS DO SOE

> **Quem:** A equipe de liderança
>
> **Onde:** Na sala de reuniões da empresa
>
> **Duração:** 90 minutos
>
> **Frequência:** Toda semana
>
> **Trabalho prévio:** Pedras estabelecidas e Folha de Pedras criada; Tabela de Desempenho completa; Trilha de Solução de Problemas compreendida por todos

Agenda da Reunião Semanal Nível 10

Transição	5 minutos
Tabela de Desempenho	5 minutos
Revisão das Pedras	5 minutos
Feedbacks de clientes/funcionários	5 minutos
Lista de Tarefas	5 minutos
IDS	60 minutos
Conclusão	5 minutos

Dois papéis são vitais na Reunião Nível 10. Uma pessoa deve comandar a reunião. Essa pessoa guiará a equipe através da agenda e vai mantê-la nos trilhos. Segundo, alguém precisa cuidar da agenda. Essa pessoa garante que a agenda, a Tabela de Desempenho e a Folha de Pedras sejam atualizadas e estejam na frente de todos em cada reunião. Ela atualiza a Lista de Tarefas e a Lista de Problemas a cada semana.

Transição

A reunião começa de imediato. O técnico de futebol Vince Lombardi era famoso por seu mantra: "Cedo é a hora certa e na hora certa é tarde." Chegue alguns minutos antes da hora para começar a pôr a cabeça no jogo. Os únicos motivos para faltar à Reunião Nível 10 são férias ou morte. Ainda que alguém não possa estar na reunião, o show não pode parar. Não a reprograme nem a cancele.

Todos devem ter uma cópia da agenda, que está à frente de cada um. Suas Listas de Tarefas e de IDS de problemas devem estar incluídas na agenda impressa. A agenda deve caber em uma folha, de modo que vocês só estejam cuidando de um pedaço de papel. Não são mais necessárias minutas de reuniões, que devem ser coisas do passado. Se quiserem saber o que foi abordado em uma reunião, verifiquem a agenda daquela semana.

Como equipe, vocês compartilham as boas notícias como uma transição para a reunião. Como sempre, precisam criar a transição do trabalho *na* empresa durante toda a semana para o trabalho *sobre* a empresa, desconectando-se das questões cotidianas. É importante desligar todos os equipamentos eletrônicos de modo que o grupo se desconecte, então respirar fundo, mudar de marcha e começar a trabalhar. Além disso, a transição os faz lembrar que vocês são apenas seres humanos neste mundo tentando criar algo bom. Esse item não deve demorar mais que cinco minutos.

Tabela de Desempenho

A revisão da Tabela de Desempenho é a oportunidade para a equipe de liderança examinar em alto nível os 5 a 15 números mais importantes na organização e se certificar de que eles estão nos trilhos rumo ao objetivo. Qualquer número que não esteja nos trilhos é deixado para a parte da reunião dedicada ao IDS, que é a sua Lista de Problemas. Nesse ponto evitem qualquer discussão. A fase de informação deve meramente identificar áreas problemáticas. A maior armadilha para a maioria das equipes é partir direto para a discussão e para a tentativa de resolver um problema. Vocês devem lutar contra essa ânsia e ser disciplinados. Isso mantém a reunião nos trilhos. Haverá tempo suficiente para discutir e resolver problemas na fase de IDS e o processo será muito mais produtivo quando vocês estiverem abordando todos os problemas de uma vez. A revisão da Tabela de Desempenho não deve demorar mais que cinco minutos.

Revisão das Pedras

Em seguida, a equipe de liderança se concentra nas Pedras para garantir que estejam nos trilhos. Revisem uma Pedra de cada vez: primeiro as da empresa, depois as de cada um. Cada pessoa informa que sua Pedra está "nos trilhos" ou "fora dos trilhos". Sem discussão: a discussão acontecerá mais tarde. Quando uma Pedra está fora dos trilhos, ela é deixada para o momento da agenda dedicado ao IDS. "Nos trilhos" significa que o dono da Pedra acredita que vai realizá-la até o fim do trimestre. Mesmo se uma Pedra estiver nos trilhos, mas alguém quiser uma atualização ou tiver uma preocupação, isso deve ser deixado para o IDS. A revisão das Pedras não deve durar mais que cinco minutos.

Feedbacks de clientes/funcionários

Compartilhem feeedbacks curtos e amáveis sobre qualquer notícia ou problema de clientes ou funcionários na semana, seja boa ou má. Por exemplo, "Joe, nosso melhor cliente, está feliz com o trabalho que fizemos na semana passada" ou "Darla está chateada com a decisão sobre o novo programa de benefícios". A notícia boa é um momento para você dar um tapinha nas próprias costas. Qualquer problema, notícia ruim ou preocupação deve ser deixado para a parte da agenda dedicada ao IDS. Algumas empresas têm um sistema formal de feedback de clientes e/ou funcionários. Se sua organização tiver, é aqui que você deve incorporar essa ferramenta. Essa etapa não deve durar mais que cinco minutos.

Lista de Tarefas

Revisem todas as tarefas da reunião da semana anterior. Tarefas são itens de ação de sete dias. Uma revisão semanal gera a prestação de contas. Ao incorporar esse item na agenda, vocês farão mais como equipe. Para distinguir uma Pedra de uma tarefa, lembre que uma Pedra é uma prioridade de 90 dias, ao passo que uma tarefa é um item de ação. As tarefas consistem nos compromissos que as pessoas assumem durante a semana e tipicamente não são anotados. Por exemplo, "Vou ligar para a gráfica amanhã", "Isso deve ser enviado esta noite" ou "Até sexta-feira vou contatar todos os clientes potenciais na lista".

Revisem rapidamente cada item da Lista de Tarefas segundo o ponto de vista de "feito" ou "não feito". Se a tarefa estiver concluída, risque-a da lista. Se não, deixe-a na lista. Nota: um item de ação não deve permanecer na Lista de Tarefas por mais de duas semanas e 90% deles devem ser tirados a cada semana.

As tarefas mantêm sua equipe prestando contas de todos os compromissos que assumiram na semana anterior. Todos os seres humanos são procrastinadores por natureza. Imagine como seria se todas as pessoas na sua organização fizessem tudo que dizem que fariam. Seria um mundo diferente, não é? O poder da Lista de Tarefas é incrível. Durante a experimentação com as reuniões semanais de um cliente, descobri que os compromissos que os membros da equipe tinham assumido uns com os outros na semana anterior não estavam sendo realizados. As pessoas faziam promessas, como dar um telefonema, por exemplo, enviar um pacote ou terminar um relatório. Uma semana depois, descobri que, de cada 10 compromissos, apenas uns poucos eram cumpridos. Aí incorporei uma Lista de Tarefas à reunião. Assim que todos precisaram prestar contas na semana seguinte, o número de tarefas realizadas passou de umas poucas em cada 10 para 9 em cada 10. A produtividade aumentou porque as pessoas sabiam que teriam que prestar contas.

A tração e a responsabilidade são criadas quando esses compromissos semanais são postos na Lista de Tarefas e revistos na semana seguinte. Os dias de assumir um compromisso sabendo que ninguém vai confirmar se aquilo foi feito ficam rapidamente para trás. Esse item da agenda deve durar menos que cinco minutos.

IDS

É aqui que a magia acontece. É hora de atacar sua Lista de Problemas. As reuniões ótimas são criadas solucionando problemas. Vocês devem ter 60 minutos para solucionar problemas. Essa deve ser sempre a maior parte da reunião.

Em média, de três a cinco problemas da lista virão da reunião da semana anterior. Durante os informes nesta semana você terá acrescentado novos problemas: cerca de 5 a 10. Tipicamente, a lista contém de 5 a 15 problemas. Ainda que a sua Lista de Problemas esteja na agenda, pode ser eficaz anotá-la num quadro branco ou num cavalete para estar diante de todos. Muitos clientes disseram que isso leva a uma participação maior do que quando todos ficam olhando suas cópias da agenda.

Decida quais problemas são os números um, dois e três. Comece apenas com os três principais porque, em geral, vocês não sabem quantos irão resolver. Desde que os enfrentem em ordem de prioridade, estarão atacando os certos. Repetindo: é um erro começar no topo da lista e ir descendo, porque às vezes o problema mais importante está no fim da lista. Além disso, quando você resolve o problema mais importante, costuma descobrir que alguns outros que estão na lista eram sintomas daquele problema básico e são descartados automaticamente.

Trabalhem no número um, e somente nele, até que esteja resolvido segundo a Trilha de Solução de Problemas. Em algumas semanas vocês só analisarão um problema. Em outras passarão por 10. Nunca se sabe, mas, de novo, desde que os estejam enfrentando em ordem de prioridade, vocês estão atacando os maiores obstáculos da empresa.

Assim que o problema é identificado, discutido e resolvido, geralmente a solução se transforma num plano de ataque que vai parar na Lista de Tarefas. Vocês podem acabar com uma, duas ou três tarefas originárias daquela única solução. Na reunião da próxima semana confirmarão se todas as tarefas foram realizadas e se o problema foi solucionado para sempre em vez de ficar por ali, como no passado.

A Trilha de Solução de Problemas mantém a equipe focada no que é importante e evita perder tempo com o que algumas pessoas podem achar que é prioridade e na verdade não é. A parte vital da reunião deve ser passional, intensa, exaustiva e jamais tediosa. Não deve haver politicagem; a discussão deve ser aberta e honesta, com todos compartilhando a visão e lutando pelo bem maior. Ao resolver todos os problemas centrais da semana, vocês terão um tremendo sentimento de resolução e realização.

Conclusão

Restando cinco minutos para o fim do horário, passem para a conclusão da reunião. Essa é a sua oportunidade de amarrar toda a reunião. Vocês podem enquadrar tudo que foi discutido e garantir que não fique nenhuma ponta solta.

A conclusão tem duas partes. Primeiro, recapitulem a Lista de Tarefas. Rapidamente revejam todos os itens de ação na lista para confirmar que todo mundo anotou as suas. Esse passo reforça a responsabilidade. Segundo, discutam se alguma mensagem precisa ser comunicada à organização a partir das decisões tomadas hoje, como irão comunicá-las e que meio irão usar. Esse passo reduzirá enormemente os problemas de comunicação que podem ter ocorrido no passado, quando as pessoas ficavam surpresas com as mudanças feitas sem que elas soubessem.

> Recomendo enfaticamente acrescentar um terceiro item à conclusão da reunião, para ajudar a ter um feedback instantâneo sobre como estão se saindo. Simplesmente peça que todos deem uma nota para a reunião, numa escala de 1 a 10. Seu objetivo deve ser 8 para cima.

No fim da reunião deve haver um sentimento de conclusão. A reunião termina na hora certa. Isso evita qualquer efeito dominó em que as reuniões se arrastam e empurram outros compromissos para trás, destruindo a programação das pessoas. E essa, em poucas palavras, é a Agenda de Reuniões Nível 10.

Os cinco pontos da Pulsação de Reuniões semanais

Uma Pulsação de Reuniões produtiva deve atender aos cinco critérios seguintes:

1. Ser no mesmo dia a cada semana,
2. Ser na mesma hora a cada semana,
3. Ter a mesma agenda impressa,
4. Começar na hora, e
5. Terminar na hora.

Fazer a reunião no mesmo dia e na mesma hora cria uma rotina. Usar a mesma agenda desencoraja a reinvenção da roda; assim que vocês tiverem uma agenda que funcione, atenham-se a ela. Além disso, ela ajuda a manter as reuniões consistentes. Comece na hora, porque, quando você começa uma reunião com atraso, a parte que sempre sofre é o tempo de solução de problemas, e é esta que mais importa na maioria das reuniões. Vocês cortarão a melhor parte. E terminem na hora para não atrasar nenhuma reunião seguinte.

Seja paciente com a Pulsação de Reuniões Semanais. Sua primeira reunião será desajeitada, mas, à medida que você permanecer comprometido, ela se tornará muito confortável. O nível de saúde, comunicação e resultados da equipe crescerá constantemente.

AGENDA DE REUNIÕES NÍVEL 10*	
TRANSIÇÃO	5 min.
TABELA DE DESEMPENHO	5 min.
REVISÃO DAS PEDRAS	5 min.
FEEDBACKS DE CLIENTES/FUNCIONÁRIOS	5 min.
LISTA DE TAREFAS	5 min.
• John ligar para a ABC Ltda.	
• Bill se reunir com Sara	
• Sue ligar para o fornecedor	
• Jack revisar o discurso de valores fundamentais	
IDS	60 min.
• As vendas de inverno caíram	
• Perdemos a data de entrega para a ABC	
• Contas a receber atrasadas em 60 dias	
• Charles não está seguindo o processo	
CONCLUSÃO	5 min.

* *Observe como as tarefas e os problemas fazem parte da agenda.*

Plano de implantação das reuniões semanais

Assim que vocês dominarem a Pulsação de Reuniões Semanais na equipe de liderança, o próximo passo é repassá-la a cada departamento. Em geral os clientes levam cerca de três meses para instituir a Pulsação de Reuniões Semanais em toda a organização, porque a equipe de liderança precisa dominá-la primeiro. As reuniões semanais dos departamentos costumam durar de 30 a 60 minutos. Use a Agenda de Reuniões Nível 10 como guia para ajustar as agendas de reuniões dos seus departamentos. Só garanta que pelo menos 50% do tempo seja gasto na solução de problemas.

Ações da Pulsação de Reuniões

1. **Programem sua sessão trimestral o mais perto possível do fim do trimestre e depois a cada trimestre seguinte.** Sigam a agenda e o processo de estabelecimento de Pedras nas reuniões trimestrais, depois repassem as Pedras de acordo com os departamentos.

2. **Decidam quando acontecerá sua Pulsação de Reuniões Semanais como uma equipe de liderança.** Escolham o dia ideal para se reunirem a cada semana. Isso não é uma regra rígida; apenas decidam o que funciona melhor para vocês.
3. **Sigam a Reunião Nível 10 ao pé da letra durante um mês.** No fim do mês, leiam este capítulo de novo. Façam qualquer ajuste necessário e continuem por mais um mês. Se no futuro vocês se pegarem saindo dos trilhos de novo, voltem ao capítulo quantas vezes forem necessárias para permanecerem focados.
4. **Decidam quem vai comandar a reunião.** Só pode haver uma pessoa. Ela precisa estar à vontade organizando as pessoas e pressionando-as a seguir a agenda quando estiverem saindo dos trilhos.
5. **Decidam quem vai administrar a agenda.** Essa pessoa mantém a Lista de Tarefas e a Lista de Problemas atualizadas durante a reunião e garante que cópias da agenda, da Folha de Pedras e da Tabela de Desempenho estejam na frente de todos quando a reunião começar a cada semana.

Estabelecendo Pedras e implementando uma Pulsação de Reuniões que cria um Mundo de 90 Dias e o foco semanal, você obtém uma tração tremenda na direção da sua visão.

Agora vocês estão fazendo o que as empresas de sucesso fazem. Suas frustrações do passado começam a se esvair e vocês progridem no caminho para romper o teto. Sua organização evolui de algo caótico para uma máquina bem lubrificada. Sua jornada está completa. Ou será que apenas começou?

RESUMO

COMPONENTE DE TRAÇÃO

PEDRAS
- As três a sete coisas mais importantes que devem ser feitas nos próximos 90 dias
- A Folha de Pedras
- Todo mundo deve ter Pedras

PULSAÇÃO DE REUNIÕES
- O Mundo de 90 Dias
- Anuais e trimestrais
- Reuniões Nível 10 Semanais
- Mesmo dia e mesma hora a cada semana; a mesma agenda impressa; começar na hora e terminar na hora

CAPÍTULO

9

JUNTANDO TUDO

A Grande Jornada

[Diagrama: roda com SUA EMPRESA no centro, dividida em seis seções: VISÃO (– 8 perguntas, – Compartilhada por todos), DADOS (– Tabela de Desempenho, – Mensuráveis), PROCESSO (– Documentado, – Seguido por todos), TRAÇÃO (– Pedras, – Reuniões), PROBLEMAS (– Lista de Problemas, – IDS), PESSOAS (– Pessoas certas, – Lugares certos)]

Agora que o contexto é claro, o domínio de todos os Seis Componentes Fundamentais está ao seu alcance. Você está a caminho de alcançar 100%. O domínio significa que você e sua equipe de liderança entendem cada ferramenta e as implementam adequadamente.

Muitos livros foram escritos falando de reuniões, planejamento, solução de problemas, desenvolvimento de pessoas e priorização. O que há de novo no SOE é o modo como essas disciplinas foram reunidas num sistema completo para administrar uma organização empresarial. Cada ferramenta individual não é tão importante quanto o todo, e todos os Seis Componentes Fundamentais e o SOE precisam ser entendidos e dominados para obter tração completa.

Se, como muitos clientes, você quer uma amostra visual do Modelo SOE para servir como lembrete constante dos Seis Componentes Fundamentais, pode baixá-lo de graça em **www.eosworldwide.com/model**.

O que faz a verdadeira magia acontecer é a combinação de reforçar os Componentes da Visão, de Pessoas, de Dados, de Problemas, de Processo e de Tração. Este livro partiu da premissa de que, consciente ou inconscientemente, os empreendedores de sucesso têm o hábito de reforçar seis componentes de suas empresas, e, desde que também possa fazer isso, você criará uma ótima organização. Isso fará com que suas frustrações relativas ao controle do seu tempo e dos seus negócios diminuam. As frustrações relativas aos funcionários irão desaparecer porque você estará cercado pelas pessoas certas nos lugares certos. Enfim você romperá o teto em que esteve batendo, transformará seus negócios cotidianos e perceberá a visão da sua organização. Neste ponto, espero que esteja vendo que essa premissa é verdadeira.

À medida que sua equipe de liderança trabalha para implantar essas ferramentas, você pode ter problemas para enxergar o progresso. Os resultados nem sempre aparecerão imediatamente em sua demonstração do resultado. Nos primeiros estágios, você também vai descobrir uma quantidade de problemas que parecem um tanto esmagadores. Rosabeth Moss Kanter, professora da Escola de Administração de Harvard e autora do best-seller *Confidence: How Winning and Losing Streaks Begin and End* (Confiança: como os períodos de vitória e de fracasso começam e terminam), descreveu uma vez o que ela chama de lei de Kanter: "Na metade tudo pode parecer um fracasso." Às vezes, em sua jornada, você sentirá que a coisa não está funcionando. Quando isso acontecer, insisto que você permaneça no rumo. O domínio exige um compromisso total. E obter tração exige um sistema operacional completo.

Levar sua organização do caos até o reforço dos Seis Componentes Fundamentais foi a jornada até este ponto. Agora é hora de tirar um pouco da pressão, porque alcançar 100% exige um estado de perfeição que não existe. Para dizer a verdade, se você conseguir chegar ao menos a 80% terá uma empresa ótima. Isso porque o trabalho de administrar uma empresa com o SOE jamais termina e jamais é automático. Assim como a tarefa de manter todo o resto saudável, isso exige atenção, cuidado e o estabelecimento de uma rotina.

Qualquer coisa que você aprenda de agora em diante para administrar e desenvolver uma ótima empresa vai se encaixar neste contexto, o SOE. Seu desafio será decidir entre o que se alinha ao bem maior da sua empresa e o que não se alinha. Sempre deixe que seus valores fundamentais, seu foco central e sua meta de 10 anos sejam seu guia.

Recomendo que você e sua equipe de liderança preencham o Checkup Organizacional juntos pelo menos duas vezes por ano para ver como estão progredindo. Isso lhe dará uma visão de onde está na jornada entre zero e 100%. O objetivo é estar sempre fazendo progresso.

O verdadeiro objetivo é 80% ou mais. Se estiver acima desse nível, você tem uma máquina bem lubrificada e com a tração necessária. A nota mais alta já alcançada é 88%, pela Benefits Company, uma organização de 10 pessoas que é uma das melhores pequenas empresas que eu já vi. O dono, Rob Tamblyn, um puro visionário, teve a visão de criar a melhor empresa de serviços no ramo dos benefícios. Desde que começou o Processo do SOE, a Benefits Company teve um crescimento de 30% em média a cada ano nos últimos cinco anos. Dizer que isso é obter tração seria um eufemismo.

O Checkup Organizacional preenchido pelo menos duas vezes a cada ano mostra o progresso de vocês como organização. Junto com sua equipe de liderança você pode preencher as lacunas entre o lugar onde estão agora e aonde querem ir. As lacunas são problemas que entram na Lista de Problemas. Então você pode determinar se eles são uma prioridade suficientemente alta para ser atacada. Se forem, as soluções se tornam objetivos, Pedras e tarefas para o próximo ano.

Por exemplo, digamos que, de 1 a 5, vocês se deem nota 3 na quinta afirmação: "Nosso mercado-alvo é claro e nossas vendas e nossos esforços de marketing estão concentrados nele." Você pode decidir que uma Pedra para este trimestre é que o gerente de vendas redefina o mercado-alvo, limpe os canais de vendas e treine todos os vendedores a partir disso.

Outro exemplo pode ser que, de 1 a 5, vocês se deem nota 4 na primeira afirmação: "Temos uma visão clara, por escrito, que tem sido comunicada de modo adequado e compartilhada por todos." Você percebe que a lacuna é que nem todo mundo compartilha da visão e que vocês não a têm compartilhado com frequência suficiente. Então vocês estabelecem uma Pedra para o trimestre: abordar várias pessoas que não compartilham da visão e tomar uma decisão quanto ao futuro delas. Além disso, alguém tem como tarefa marcar uma reunião com todos para compartilhar a visão de novo e voltar aos trilhos com reuniões trimestrais da empresa.

CHECKUP ORGANIZACIONAL

Para cada afirmação abaixo, dê notas de 1 a 5 à sua empresa, sendo 1 para fraco e para 5 forte.

1 2 3 4 5

1. Temos uma visão clara, por escrito, que tem sido comunicada de modo adequado e compartilhada por todos na empresa. ☐☐☐☐☐

2. Nossos valores fundamentais são nítidos e contratamos, avaliamos, recompensamos e demitimos de acordo com eles. ☐☐☐☐☐

3. Nosso Foco Central™ (negócio central) é claro e nosso pessoal e nossos sistemas e processos estão alinhados e focados nele. ☐☐☐☐☐

4. Nossa Meta de 10 Anos™ (objetivo empresarial de longo prazo) é clara, tem sido comunicada regularmente e é compartilhada por todos. ☐☐☐☐☐

5. Nosso mercado-alvo (definição do nosso cliente ideal) é claro e todos os nossos esforços de vendas e de marketing estão concentrados nele. ☐☐☐☐☐

6. Nossas 3 Singularidades™ (o que nos diferenciam) são claras e comunicadas por todos os nossos esforços de marketing e venda. ☐☐☐☐☐

7. Temos um processo comprovado para fazer negócios com nossos clientes. Ele recebeu um nome, foi ilustrado visualmente e é usado por todo nosso pessoal de vendas. ☐☐☐☐☐

8. Todas as pessoas na nossa organização são as "pessoas certas" (elas se encaixam na nossa cultura e compartilham nossos valores centrais). ☐☐☐☐☐

9. Nosso Diagrama de Responsabilidades™ (gráfico organizacional de papéis e responsabilidades) é claro, completo e atualizado constantemente. ☐☐☐☐☐

10. Todo mundo está no "lugar certo" (todos "entendem, querem e têm capacidade de realizar bem o seu trabalho"). ☐☐☐☐☐

11. Nossa equipe de liderança é aberta, honesta e demonstra alto nível de confiança. ☐☐☐☐☐

12. Todo mundo tem Pedras e está focado nelas (1 a 7 prioridades por trimestre). ☐☐☐☐☐

13. Todos participam de reuniões semanais regulares. ☐☐☐☐☐

14. Todas as reuniões acontecem no mesmo dia e na mesma hora toda semana, têm a mesma agenda, começam e terminam pontualmente. ☐☐☐☐☐

15. Todas as equipes identificam claramente, discutem e resolvem problemas para o bem maior da empresa a longo prazo. ☐☐☐☐☐

16. Nossos Processos Centrais são documentados, simplificados e seguidos por todos para produzir de modo consistente os resultados desejados. ☐☐☐☐☐

17. Temos sistemas para receber feedback regular de clientes e funcionários, de modo a sempre conhecermos o nível de satisfação deles. ☐☐☐☐☐

18. Existe uma Tabela de Desempenho para as métricas e mensurações semanais. ☐☐☐☐☐

19. Todos na organização são responsáveis por pelo menos um número que deve ser mantido nos trilhos a cada semana. ☐☐☐☐☐

20. Temos um orçamento que monitoramos regularmente (isto é, mensal ou trimestralmente). ☐☐☐☐☐

Número total de cada nota ☐☐☐☐☐

Multiplique pelo número acima ×1 ×2 ×3 ×4 ×5
☐☐☐☐☐

Some os cinco resultados para determinar a nota percentual que reflete o estado atual da sua empresa: ___%

Um exemplo a mais pode ser que, de 1 a 5, vocês se deram nota 2 na afirmação 16: "Nossos sistemas e processos são documentados, simplificados e seguidos por todos." Ao ver essa lacuna, vocês, em equipe, concordam de uma vez por todas em ter como objetivo para este ano finalmente documentar seus processos essenciais.

Preencher o Checkup Organizacional pelo menos duas vezes por ano vai clarear todas as lacunas, resolver esses problemas com ações e, por fim, permitir que vocês continuem a subir em direção aos 100%. O objetivo é o progresso, e não a perfeição. Vocês podem ficar frustrados porque não estão em 88% como a Benefits Company. Mas o sucesso não se baseia em onde vocês estão, e sim no caminho que já percorreram. Se no ano passado vocês estavam em 55% e alcançaram 63% este ano, isso é sucesso. No próximo ano vocês chegarão a 72% e talvez a 80% no ano seguinte. Continuem usando esses princípios e vocês romperão o teto.

DESCOBERTAS, CILADAS E ATRASOS NA GRANDE JORNADA

REPASSANDO O SOE PARA A SUA EMPRESA

Assim que sua equipe de liderança tiver dominado as ferramentas do Processo do SOE, é hora de repassar as ferramentas para o resto da organização. É melhor fazer isso uma camada de cada vez. A princípio só apresente as ferramentas às pessoas que prestam contas à equipe de liderança. Se é uma empresa de 10 pessoas, isso significaria todo mundo. Mas, se sua empresa tem 250 pessoas, você passará por algumas camadas até alcançar todo mundo. Quando estiverem repassando as ferramentas, recomendo escolher primeiro as que são conhecidas como ferramentas de base:

- OV/T
- Diagrama de Responsabilidades
- Pedras
- Pulsação de Reuniões
- Tabela de Desempenho

As outras ferramentas virão em seguida, na ordem de prioridade que vocês estabelecerem na equipe de liderança, baseados no estado atual e nos problemas da organização.

> Para ajudar seus funcionários a entender completamente o SOE e as ferramentas de base, peça que leiam *What the Heck is EOS?* Escrito com meu coautor, Tom Bouwer, o livro é um guia completo para os funcionários das empresas que usam o SOE.

VOCÊS SÓ PODEM SE MOVER À SUA VELOCIDADE

Seja paciente com esse processo. Originalmente eu acreditava que seria capaz de fazer com que todas as empresas avançassem no processo à mesma velocidade. No primeiro mês o Diagrama de Responsabilidades seria completado. No segundo mês a equipe de liderança perfeita estaria montada. No terceiro mês todos teriam dominado as Pedras e criado uma Pulsação de Reuniões sólida. No fim do sexto mês todos os processos estariam documentados. Depois de muitos anos percebi que esse objetivo não é realista. Cada empresa avança no próprio ritmo. Forçá-la a ir mais depressa pode ser prejudicial.

Dois clientes do SOE vindos de extremos diferentes do espectro deixaram isso nítido. Sem citar nomes, o primeiro cliente fez duas mudanças fundamentais na equipe de liderança nos primeiros três meses do processo. Isso significa que ele removeu duas pessoas-chave da organização e as substituiu em 90 dias. É uma velocidade espantosa. O segundo cliente levou dois anos e meio para fazer a primeira mudança na equipe e, passados quatro anos, ainda não fez a segunda. Isso não é crítica. Se eu o pressionasse a ir mais depressa seria prejudicial. Ele deve se sentir pronto para tomar a decisão. Enquanto isso, a empresa continua crescendo cerca de 8% ao ano.

O outro fator determinante para a rapidez com que você pode se mover é o estado atual da empresa e o número de pessoas que há nela. Demora mais para mudar o curso de um navio grande do que a de um pequeno. Uma organização de 200 pessoas vai demorar mais para mudar do que uma de 15 pessoas. Se você precisar substituir 50% do seu pessoal, o processo demorará mais do que se você precisar substituir 10%.

A McKinley é um exemplo nítido de repasse do processo. Ela é uma companhia com 700 pessoas, uma das maiores empresas de investimento imobiliário e administração de imóveis nos Estados Unidos. Depois de terminarmos as primeiras sessões, a equipe de liderança passou a trabalhar no repasse das ferramentas de base (OV/T, Diagrama de Responsabilidades, Pedras, Pulsação de Reuniões e Tabela de Desempenho) uma camada de cada vez. Um ano inteiro se passou antes que as ferramentas fossem entendidas e implementadas por todas as pessoas da organização. No segundo ano eles documentaram, simplificaram e treinaram todos nos processos essenciais – sua plataforma comum, como eles chamaram. No terceiro ano repassaram um mensurável para todos e instruíram cada pessoa sobre como ela colabora para o sucesso financeiro da empresa, ao mesmo tempo que associavam as compensações a isso. A cada ano o CEO Albert Berriz definia o foco certo para a empresa e exercia a disciplina com consistência impecável. Três anos pode parecer muito tempo, mas a McKinley é um navio grande. Se o seu navio é menor, talvez você possa fazer a transição mais rapidamente.

Uma das empresas que repassaram as ferramentas mais rapidamente foi a Professional Grounds Services, empresa de paisagismo e retirada de neve com 100 funcionários. Ela repassou as ferramentas de base em menos de um ano. Nesse tempo, compartilhou seu OV/T com todos, implementou uma nova estrutura, retirou uma pessoa-chave da equipe de liderança, deu um número a todos e garantiu que seus processos estivessem sendo documentados e seguidos. Hoje em dia a empresa é uma das melhores no enfrentamento de problemas. É um verdadeiro estudo de caso sobre execução eficiente.

POR QUE FUNCIONA

O motivo para o SOE funcionar em qualquer tipo de organização é que ele se baseia na natureza humana. Todo o sistema é construído a partir de como as pessoas realmente atuam:

- O **Mundo de 90 Dias** decorre da realidade de que os seres humanos só conseguem manter o foco por esse período de tempo.
- A **Lista de Tarefas** na reunião semanal é projetada para garantir a prestação de contas. Quando as pessoas sabem que alguém vai verificar o que elas se comprometeram a fazer, elas fazem.
- O **OV/T** serve para tirar sua visão da sua cabeça e colocá-la na cabeça dos outros, usando uma abordagem simplificada de responder a oito perguntas. Quando as pessoas conseguirem enxergá-la, acreditarão nela, que terá mais probabilidade de acontecer.
- Os **Dados** forçam você a dar números às pessoas de modo a poder avaliar as realizações. As pessoas se relacionam com os números porque medir é uma tendência humana natural. Isso cria uma referência. Se você cria no seu departamento de vendas uma cultura de comparecer a duas reuniões com clientes em potencial por semana, as pessoas vão se esforçar para alcançar essa marca. Estabelecer metas mensuráveis direciona as atividades delas.
- Os **valores fundamentais** chegam ao cerne da natureza humana. Semelhante atrai semelhante. Pessoas com mentalidade parecida trabalham bem umas com as outras. Pessoas diferentes têm valores diferentes, mas, quando você encontra alguém que tem os mesmos que os seus, há um encaixe instantâneo.
- A **Pulsação de Reuniões** força as pessoas a "manter os círculos conectados", como diria Sam Cupp. As pessoas precisam se manter conectadas. O ditado "Longe dos olhos, longe da mente" é verdadeiro em qualquer empresa. Se vocês não permanecerem conectados, começarão a se desviar e as pessoas começarão a trabalhar com objetivos cruzados.
- A **Trilha de Solução de Problemas** aborda a tendência natural de evitar conflitos esperando que os problemas desapareçam por conta própria. Isso não vai acontecer e, ao dar às pessoas uma trilha a seguir – IDS –, elas irão resolvê-los e se sentir melhor por causa disso.
- Um **sistema único** encaminha o talento e a energia numa única direção. Faz com que todos falem a mesma língua e joguem pelas mesmas regras. Vocês avançam mais rapidamente e todos vencem.

O "CLIQUE"

Num determinado ponto do processo surge o grande momento "eureca" em que todo mundo entende. Tudo vai se encaixar num "clique" para os membros da equipe de liderança. Eles verão todas as peças do quebra-cabeça se juntar e entenderão claramente como o SOE é um sistema completo e por que ele funciona. Um cliente – uma importante empresa de marketing e comunicações com clientes como a General Motors, a NBC Universal, a Master Lock e a Stanley – teve um grande "clique" exatamente um ano depois de começar o processo. Foi durante uma transição numa sessão trimestral.

Enquanto discutia o que estava funcionando, a equipe de liderança compartilhava coisas como "Os problemas vêm sendo passados para a equipe apropriada e resolvidos", "Tomamos decisões tendo em vista nosso foco central" e "Vejo como o fato de todo mundo ter clareza com relação aos processos e segui-los levará a uma comunicação melhor, menos erros e clientes mais satisfeitos". Esse é o momento para o qual eu vivo. É a lâmpada se acendendo. Ele ocorrerá a qualquer hora, dos primeiros seis até 36 meses. Nunca sei quando vai acontecer, mas, quando acontece, a organização decola.

VOCÊ PRECISA FAZER O TRABALHO

Não pense que sua empresa ficará melhor simplesmente porque você leu este livro ou compareceu a uma sessão do SOE. Você ainda precisará fazer o trabalho. Precisará administrar o seu pessoal, conversar com os clientes, tomar decisões difíceis e executar todos os bloqueios e ataques diários que acontecem dentro de uma empresa. Quando Dan Israel, da ASI, percebeu, um ano depois do início da implantação, que ele e sua equipe estavam sofrendo por negligenciar o processo, ele fez a seguinte analogia: "É como ir ao médico e não tomar o remédio achando que a cura é ir ao médico." Depois da percepção de Dan, todos partiram para a ação real e significativa e agora geram o triplo do lucro que tinham quando começaram o processo. Isso não é por minha causa, e sim porque eles fizeram o trabalho.

PERMANEÇA COMPROMETIDO COM O MUNDO DE 90 DIAS

Assim que estiverem nos trilhos, ocasionalmente você ou membros da sua equipe de liderança duvidarão da necessidade da reunião trimestral. Vez por outra, sou obrigado a explicar a um cliente por que ele precisa manter as reuniões trimestrais quando "tudo vai bem". No fim da sessão, o cliente diz: "Nós realmente precisávamos disso." Uma reunião trimestral é essencial, quer as coisas estejam indo bem ou não. Você precisará manter todos em sintonia e garantir que todos estejam nos trilhos para sua visão revisando como se saíram no último trimestre e estabelecendo as Pedras do próximo. Se deixarem passar alguns trimestres sem reuniões, acabarão de volta ao ponto de partida. É como tirar o pé do acelerador; você não vai parar bruscamente. Vai diminuir a velocidade até parar.

Outra desculpa comum para evitar reuniões é porque vocês estão ocupados demais ou porque as coisas estão caóticas demais. Mais motivo ainda para se reunirem. Não se preocupe com o que não foi realizado. Vocês devem ser reunir, avaliar em que ponto estão, reajustar e partir para o próximo trimestre.

VOCÊ VAI BATER NO TETO DE NOVO

Enquanto seus números começam a crescer, você vai sentir uma diferença. Vai começar a obter tração e ir em direção à sua visão. Mas em algum momento vai bater em outro teto. Quando isso acontecer, precisará continuar exercendo as cinco habilidades de liderança. Você deve:

1. Simplificar usando ferramentas do SOE. Lembre-se: menos é mais. Quando tudo é importante, nada é importante.
2. Delegar e se elevar sabendo quando você e os outros chegaram à capacidade máxima.
3. Prever bem, tanto para o longo quanto para o curto prazo, usando seu OV/T e a Tabela de Desempenho, estabelecendo Pedras e seguindo a Trilha de Solução de Problemas.

4. Sistematizar administrando de modo consistente seus processos essenciais.
5. Estruturar sua organização do modo certo usando o Diagrama de Responsabilidades, que evolui continuamente à medida que vocês crescem.

Ao continuar afiando essas cinco habilidades de liderança, você romperá o teto todas as vezes que bater nele.

A Niche Retail é um bom exemplo. Quando comecei a trabalhar com a empresa, há quatro anos, ela bateu no primeiro teto por volta dos 4 milhões de dólares em receita. No ano passado ela bateu no teto de novo com 12 milhões. A Niche Retal precisou fazer algumas mudanças em sua estrutura e no seu pessoal, o que implicou mover todo o departamento de atendimento ao cliente de Minneapolis para Michigan. Além disso, ela reformou completamente o departamento financeiro e implementou um novo sistema de TI em toda a organização. Isso fez a empresa romper o teto de novo e estar a caminho dos 18 milhões de dólares em receita este ano. Como a Niche Retail, você também crescerá até bater em outro teto. Se estiver disposto a permanecer disciplinado e focar continuamente os Seis Componentes Fundamentais, você também romperá o próximo.

MAIOR NEM SEMPRE É MELHOR

Como dissemos antes, crescimento só pelo crescimento costuma ser um erro. Ser uma empresa de 100 milhões de dólares não é o mais importante. Jim Collins observa que jamais saberemos qual é a melhor empresa dos Estados Unidos porque pode ser alguma empresa de 10 milhões de dólares, no centro do país, que não quer ser conhecida. É preciso se perguntar: Você preferiria ter uma empresa de 10 milhões de dólares com lucro de 20% ou uma empresa de 100 milhões de dólares com lucro de 2%? É o mesmo lucro líquido, com consideravelmente mais trabalho e mais complexidade. A resposta não deve ser difícil.

Mas não me entenda mal. Existem ótimas empresas de 100 milhões de dólares e até mesmo ótimas empresas de 100 bilhões de dólares, mas elas são a exceção, e não a regra. A não ser que você tenha um motivo realmente bom para ir até os 100 milhões, por que não se tornar a melhor empresa de 10 milhões que existe?

> Depois de bater no próximo teto com receita por volta de 19 milhões de dólares e 70 pessoas, Tyler Smith e seu sócio chocaram a comunidade (inclusive a mim) decidindo fechar a Niche Retail.
>
> Numa entrevista muito verdadeira, aberta e honesta com Tyler fiquei sabendo que o principal motivo para a decisão foi que ele sentiu que não vivia mais em sua Capacidade Singular. Ele achava que a empresa havia superado o que ele e seu sócio queriam. Os dois tinham surfado uma onda de ego, *hype* e empolgação durante nove anos e tinha sido uma viagem incrível. "Éramos como astros do rock nas feiras empresariais. Era inebriante. Ficamos viciados no dinheiro e no tamanho." Olhando para trás, ele se lembra de que a Niche deveria ser uma empresa de estilo de vida, mas havia crescido depressa demais e eles não conseguiam sair do próprio caminho.
>
> Tyler adora tecnologia, computadores e internet. Ele acabou se vendo com 70 pessoas, no comando da empresa, num ramo do qual não gostava e num papel do qual não gostava. "Percebi que não queria mais ser integrador", diz. Estava entediado e nada realizado. "Para piorar, nosso ramo sofria ataques por parte de concorrentes como a Walmart, a Amazon e empresas novas com excesso de capital. Além disso, enfrentamos uma recessão; era um golpe triplo. Não sei o que teríamos feito sem as ferramentas do SOE nessa viagem. Foram elas que mantiveram tudo no lugar."
>
> Agora, um ano depois, Tyler e seu sócio fundaram uma empresa nova que, segundo ele, os coloca 100% em suas Capacidades Singulares. A empresa se chama Niche Next e faz parceria com outras empresas para otimizar suas vendas na internet. "Nunca mais quero administrar outro empregado", diz Tyler. "Estou mais feliz e mais energizado. E vou ganhar mais dinheiro."
>
> A mensagem é que desenvolver uma organização ótima não é para todo mundo. Ser um integrador não é para todo mundo. Você precisa saber o que quer.

Em seu livro *Pequenos gigantes*, Bo Burlingham ilustra o valor de permanecer pequeno. Ele narra incontáveis histórias de empresas do mundo real que optaram por permanecer pequenas como sociedades limitadas. Essas empresas recusaram a chance de abrir o capital ou receber uma quantidade ilimitada de dinheiro para investir no crescimento, com o objetivo de proteger e construir o que haviam criado. Elas se definem pela paixão pelos seus produtos e por seu comprometimento com funcionários, clientes e a comunidade – abraçando a clareza e a lealdade para com seu objetivo.

COMPARTIMENTALIZANDO

Com o SOE implementado, tudo tem seu lugar. Em outras palavras, cada problema, prioridade, ação ou ideia que seja de longo prazo (mais de 90 dias) é colocado na Lista de Problemas do seu OV/T. Qualquer coisa que deva ser realizada neste ano se torna um objetivo. Se precisar ser feita neste trimestre e levar semanas ou meses para ficar pronta, torna-se uma Pedra. Qualquer problema que surja durante o trimestre e deva ser resolvido agora vai para a Lista de Problemas da Reunião Nível 10 Semanal da liderança, criando um sistema simples para administrar todos os objetivos, as Pedras, os problemas e as tarefas.

REUNIÕES DE SINTONIA

Quando você tem uma sociedade, é crucial, para o bem maior da empresa, para sua cultura e para seu pessoal, que a liderança esteja 100% em sintonia. Isso também se aplica a todos os relacionamentos entre visionário e integrador, mesmo que eles não sejam sócios. Quando vocês não estão sincronizados, o seu pessoal sabe. Como acontece na família, os filhos sabem quando os pais não estão se dando bem, por mais que eles tentem esconder. Isso também acontece com os sócios nos negócios. Para essas situações costumo receitar uma reunião de sintonia. Todo mês, encontrem-se durante algumas horas para restabelecer suas conexões. Vocês precisam resolver todos os seus problemas, compartilhar qualquer coisa que esteja irritando e expressar qualquer preocupação. Essas reuniões nem sempre são pacíficas, mas vocês limparão o ar e resolverão problemas. O objetivo da reunião é comunicar seus pensamentos, ouvir as preocupações do outro e resolver qualquer problema antes de levá-lo para a empresa. Além disso, precisam manter uma frente unida diante de todos os funcionários.

Veja o exemplo de Todd Sachse e seu sócio Rich Broder. No início do processo deles, receitei uma reunião de sintonia e eles adoraram. Os dois vêm fazendo reuniões de sintonia todos os meses há quase quatro anos e sua empresa experimentou um crescimento explosivo.

Se vocês não conseguirem entrar em sintonia, talvez seja bom pensar numa consultoria ou num coaching. Essa prática não é incomum e a mediação pode ser muito eficaz. Se você tentou tudo e acha que não há esperança, talvez seja hora de se separarem, ainda que isso seja muito raro. Em geral, com consultoria vocês podem voltar a entrar em sintonia e o relacionamento ficará melhor do que nunca.

Vários clientes meus encerraram suas sociedades depois de a clareza de visão, a responsabilidade e a disciplina serem estabelecidas. Alguns sócios simplesmente não conseguem lidar com o que é necessário para desenvolver uma empresa forte. Se vocês estiverem decididos a chegar ao próximo nível, alguns não estarão preparados para a mudança necessária. Uma situação assim aconteceu com um cliente novo quando a decisão de se separarem aconteceu antes do fim de três sessões. Os sócios, a quem chamaremos de Jim e Tim, queriam dois ambientes totalmente diversos. Jim desejava manter o *status quo* e Tim pretendia deixar seu caos para trás e criar uma empresa sólida. Na segunda sessão a visão foi esclarecida somente por Tim, porque Jim não queria ter nada a ver com aquilo. Jim nem compareceu à terceira. Depois da segunda sessão, os dois se sentaram e concordaram em se separar.

Os sócios de outra empresa perceberam seus pontos de vista divergentes na primeira sessão, tiveram dificuldades na segunda e cancelaram a terceira. Eles consultaram seu departamento financeiro e dividiram seus ativos em duas empresas separadas. Agora cada um comanda a própria empresa.

Mais complicado ainda foi um novo cliente potencial em que os sócios também eram irmãos. Quando entrei na sala para a primeira reunião, encontrei apenas um dos irmãos me esperando. Ele explicou que, depois da reunião, eu precisaria me encontrar com o outro irmão em outra sala e fazer exatamente a mesma apresentação. Eles nem se sentavam juntos na mesma sala. Assim, eu fiz as duas reuniões, mais por curiosidade do que qualquer outra coisa. Como você pode imaginar, jamais avançamos e qualquer conselho entrou por um ouvido e saiu pelo outro.

Felizmente essas dolorosas situações entre sócios só acontecem em cerca de 5% das vezes. Se você estiver diante de uma delas, siga o processo da reunião de sintonia. Se não houver esperança, a resposta é clara. Pense na visão de longo prazo e você verá que, separando-se, vocês estarão melhor a longo prazo.

FAÇA UMA PAUSA DE CLAREZA

Manter o pensamento claro, a confiança elevada e o foco intenso são elementos vitais para sustentar o ímpeto. A maioria dos líderes passa a maior parte do tempo assoberbada, cansada e enterrada na rotina cotidiana, incapaz de enxergar para além de amanhã. O resultado é que não resolvem os problemas tão bem quanto poderiam, não lideram seus funcionários tão bem quanto poderiam e não são um bom exemplo para eles.

Os grandes líderes têm o hábito de tirar um tempo para pensar em silêncio. Isso significa escapar do escritório regularmente durante uma ou duas horas. Ao pensar em si mesmo e na empresa, você se erguerá acima do sentimento de frustração e esmagamento, chegando a um estado de clareza mental e confiança. Dessa forma, quando voltar à empresa estará totalmente focado e com a mentalidade de liderança correta.

Você pode fazer isso onde achar melhor, mas jamais na sua sala. Você precisa ir a um lugar onde seus pensamentos não sejam interrompidos. Pode fazer isso todos os dias, uma vez por semana ou mensalmente, o que achar melhor. Alguns clientes passam por um lugar predileto de manhã, no caminho para o trabalho. Sam Cupp fazia isso durante 30 minutos todas as manhãs em seu escritório doméstico. Eu faço isso uma vez por semana, durante duas horas, num café. Conheci um homem que tirava cerca de metade do dia todos os meses na biblioteca, e isso lhe servia muito bem.

Esse tempo livre para pensar é vital. Como disse Henry Ford: "Pensar é o trabalho mais difícil que existe, e provavelmente esse é o motivo para tão poucas pessoas o exercerem." Aproveite a oportunidade para revisar seu OV/T, revisar seus planos, ler, pensar estrategicamente, olhar o SOE ou preencher o Checkup Organizacional. O que recomendo para alguém que não saiba o que fazer é sentar-se com um bloco de papel e uma caneta. Garanto que, com esse exercício simples, todos os pensamentos certos surgirão. É importante que nenhum trabalho que você esteja fazendo seja tarefa cotidiana. Essa não é uma oportunidade para você colocar as obrigações em dia.

Depois de uma pausa de clareza, você voltará ao trabalho com a mente limpa, focado e confiante. Estará pronto para qualquer coisa. Resolverá os problemas de modo melhor, terá mais clareza com seu pessoal e dará um exemplo melhor. Quando tiver dificuldade para solucionar um problema, saia para uma pausa. Respire fundo e dedique o tempo necessário a pensar com clareza no assunto.

Para começar, escolha um período de uma hora na próxima semana, separe-o e faça. Se você esperar que surja um momento certo, isso nunca acontecerá. Deve ser um compromisso que você marca consigo mesmo. Experimente. Faça uma vez. Até hoje ninguém me disse que era perda de tempo. Você pode estar imaginando quando vai encontrar um horário livre. O paradoxo incrível é que a hora que você gasta vai poupar mais do que uma hora mais tarde, devido à clareza que isso cria. Você vai acabar sendo mais eficiente e eficaz.

COISAS BRILHANTES

Quando a empresa está realmente funcionando e nos trilhos, você pode ficar meio inquieto e começar a se distrair com coisas brilhantes. Isso acontece principalmente com os visionários. Aqui vão duas estratégias de disciplina para mantê-lo focado e envolvido.

Primeiro, encontre um desafio dentro da empresa. Foque seus "hectares de diamantes". Coloque sua energia em algo que vai perpetuar a visão existente. Mergulhe em projetos culturais que estimulem os valores fundamentais e as pessoas. Experimente alguns produtos ou serviços novos alinhados com o foco central da empresa. Entreviste seus principais clientes e descubra realmente o que está funcionando e o que não está funcionando para eles. Leve funcionários para almoçar e faça o mesmo tipo de pergunta a eles. Teste produtos e serviços atuais e certifique-se de que todos ainda são relevantes. Todas essas atividades irão mantê-lo estimulado e incrementarão a visão da empresa.

Segundo, se você está começando a se distrair com coisas brilhantes fora do seu foco central e sua equipe de liderança apoia isso, vá explorar. Mas é preciso proteger os negócios existentes, certificar-se de que o integrador está confortável com a redução do seu tempo de dedicação. Você não pode drenar nenhuma energia ou recurso necessários para que a empresa alcance sua visão. Se sua nova ideia de negócio é boa e não se encaixa no foco central do momento atual, avalie a possibilidade de fundar uma nova empresa com os próprios recursos. Muitas vezes uma nova ideia é incorporada na empresa atual e acaba sendo a pá de cal, devido à escassez de recursos como pessoas, dinheiro e tempo. Mesmo quando as duas ideias são ótimas, estão destinadas a fracassar quando não possuem os recursos necessários.

A Star Trax, uma empresa de eventos sociais que fornece entretenimento para festas e eventos, é um bom exemplo. No meio do caminho eles tropeçaram com o planejamento de eventos corporativos, que exige uma clientela, uma cultura e um modelo diferentes. Mesmo assim, decidiram tentar. Depois de uma estagnação no crescimento e da dificuldade para administrar dois negócios juntos durante um período de três anos, perceberam que era hora de separar os dois. A empresa com orientação dupla estava criando complexidade demais e drenando os recursos. Encontraram um integrador para comandar o negócio social, tornaram-no sócio e depois separaram a empresa. De repente tinham duas empresas muito focadas, com um integrador no comando de cada uma. Agora a Star Trax funciona bem e está crescendo. A segunda empresa recebeu o nome de pulse220 e cresceu 40% ao ano nos últimos dois anos.

Se você está se distraindo com coisas brilhantes, escolha uma disciplina e se atenha a ela.

A ESTRADA PARA HANA

Há algum tempo, um amigo meu e sua mulher visitaram uma importante atração turística em Maui chamada Estrada para Hana. É uma estrada longa e sinuosa que, durante horas, os levou através de paisagens de tirar o fôlego, cachoeiras, penhascos, montanhas e praias. No fim não havia nada além da cidadezinha de Hana, com um posto de gasolina. Quando finalmente chegaram, a mulher do meu amigo ficou muito chateada. "Nós viajamos tanto tempo para isso?" Ela não tinha entendido. A Estrada para Hana tem a ver com a viagem, e não com o destino.

Não cometa o mesmo erro com o Processo do SOE. A viagem para desenvolver uma empresa ótima não tem a ver com o destino. Claro, você quer que ela seja muito lucrativa e gere riqueza para você e para os outros. Mas no caminho é preciso desfrutar das vidas que você toca. É preciso se empolgar com o valor que criará para os clientes, desfrutar do puro prazer de participar do jogo dos negócios e ser capaz de se orgulhar do sistema autoperpetuante que criou. Quando tiver criado uma empresa que não exija que você manobre cada engrenagem – uma entidade individual –, você terá mais liberdade para si mesmo. A viagem deve ser agradável. Se você estiver correndo para chegar ao fim, ficará tremendamente desapontado.

Ao aceitar essa abordagem focada na viagem, você está indo contra o que a maioria das pessoas considera certo. Fica difícil compreender a verdade. Como diz Tal Ben-Shahar, PhD, em seu livro *Seja mais feliz*, "a sociedade recompensa os resultados, e não os processos; as chegadas, e não as viagens". A ironia é que, se você conseguir resistir ao puxão da sociedade, desfrutará de todas as recompensas da viagem.

Meu encerramento para todas as correspondências é: "Continue focado." Se todas as pessoas pudessem fazer isso, seriam mais felizes e mais bem-sucedidas. Vivemos em um mundo que nos inunda de informações. Existem tantas coisas brilhantes que é difícil se concentrar. Se eu puder lhe deixar uma mensagem, é esta: Continue focado. Quanto ao que focar, a decisão é sua. Tudo começa respondendo às oito perguntas.

CAPÍTULO

10

COMEÇANDO

Neste ponto você provavelmente está ansioso para colocar essas ferramentas em prática na sua organização. Para ajudá-lo a obter os resultados desejados no menor tempo possível, vou delinear o processo exato que eu uso para implementar cada ferramenta do SOE com nossos clientes. Isso vai reforçar os Seis Componentes Fundamentais.

O objetivo deste livro é ensinar os Seis Componentes Fundamentais e as ferramentas que irão reforçar cada um deles. Ele está escrito numa ordem específica usando o SOE, basicamente de cima para baixo e da direita para a esquerda, numa tentativa de manter a aprendizagem e o entendimento o mais lineares possível. Ainda que esse seja o melhor modo de escrever este livro e criar entendimento, a ordem mais eficaz para a implementação de cada ferramenta é diferente.

O objetivo deste capítulo é fornecer os passos exatos em ordem. Esse processo se mostrou o modo mais eficiente de conseguir os resultados mais rápido. Tenha em mente que você pode implementá-los na ordem que quiser, mas recomendo enfaticamente que siga a lista.

Seria bom primeiro dar uma olhada na visão geral do Processo do SOE, na página 13. Depois do trabalho pessoal de implementação com mais de 120 empresas e outras 300 com nossa equipe de implementadores, aprendi o modo mais eficaz de ir em frente. Primeiro, vou compartilhar as ferramentas na sequência; em seguida darei o motivo para essa ordem. Não abordarei métodos específicos, uma vez que eles já foram explicados nos capítulos anteriores.

Neste livro você aprendeu um total de sete ferramentas principais, além de 12 ferramentas de suporte secundárias. Cada uma se sustenta sozinha, mas, quando são combinadas, você tem um sistema holístico e completo para administrar sua organização. Como mencionei antes, sugiro que primeiro implemente cada uma das ferramentas listadas abaixo apenas com sua equipe de liderança. Certifique-se de que você e sua equipe de liderança as dominaram antes de repassá-las ao resto da organização. Qualquer rachadura na blindagem da sua equipe de liderança vai parecer um rasgo crescente para o resto do seu pessoal, de modo que esse passo é fundamental. Assim que sua equipe as tenha aceitado completamente, vou mostrar como apresentá-las ao resto da empresa.

As sete ferramentas principais estão listadas na ordem de implementação recomendada, junto com as 12 ferramentas secundárias que as acompanham:

1. Diagrama de Responsabilidades (que inclui o Analisador de Pessoas e o EQC)
2. Pedras
3. Pulsação de Reuniões (que inclui IDS, Reuniões Nível 10, Trimestrais e Anuais)
4. Tabela de Desempenho
5. OV/T (que inclui valores fundamentais, foco central, meta de 10 anos, estratégia de marketing, imagem de três anos e plano de um ano)
6. Documentador de Processo em Três Passos
7. Todo Mundo Tem um Número

DIAGRAMA DE RESPONSABILIDADES (QUE INCLUI O ANALISADOR DE PESSOAS E O EQC)

Comece criando seu Diagrama de Responsabilidades. O motivo para começarmos aqui com cada cliente é que o diagrama vai à raiz da maioria dos problemas. Primeiro, você precisa dar um grande passo para trás e determinar qual é a estrutura certa para a sua organização. Então você pode colocar as pessoas certas nos lugares certos. Com essa estratégia inicial, você deixará visível qualquer pessoa ou problema de responsabilidade que esteja retendo a empresa.

Quando ele estiver pronto você terá clareza absoluta com relação a quem é responsável pelo quê. Se essa ferramenta for posta em prática antes de você aplicar as outras, elas serão muito mais poderosas e eficazes, porque você terá criado um mundo de responsabilidade. Por exemplo, com um Diagrama de Responsabilidades pronto, você vai esboçar o seu OV/T com sua equipe de liderança tendo uma visão e um plano mais completos e realistas para a sua organização. Sem um Diagrama de Responsabilidades você não saberá claramente quem deve prestar contas de quê. Nesse ambiente as equipes costumam atirar um pouco mais alto e há menos discussões e debates produtivos decorrentes do aumento das bravatas e da falta de responsabilidade verdadeira.

PEDRAS

Assim que seu Diagrama de Responsabilidades estiver completo, você deve passar para a segunda ferramenta: estabelecer Pedras. Quando sabe quem é responsável pelo quê, você estabelece Pedras melhores. Você quer que sua equipe evolua para estabelecer e alcançar Pedras ótimas a cada 90 dias. O outro motivo para as Pedras serem a segunda ferramenta a ser implementada é que ela concentra rapidamente sua equipe nas prioridades e coloca todos trabalhando para realizá-las.

A realidade é que na primeira vez vocês irão estabelecer Pedras medíocres e só realizarão metade delas. Isso tem sido historicamente exato há mais de 10 anos com nossos clientes. Mas, depois de dois ou três trimestres estabelecendo e alcançando Pedras, você e sua equipe se tornarão especialistas nisso, realizando um mínimo de 80% coletivamente a cada trimestre.

PULSAÇÃO DE REUNIÕES (QUE INCLUI IDS, REUNIÕES NÍVEL 10, TRIMESTRAIS E ANUAIS)

Com seu Diagrama de Responsabilidades pronto e a equipe de liderança totalmente focada nas Pedras, a terceira ferramenta a ser implantada é a Pulsação de Reuniões; nesse caso específico, a Reunião Nível 10 Semanal, de 90 minutos. Esse novo hábito é um tanto desconfortável a princípio. É provável que vocês levem de quatro a oito semanas para realmente se sentirem à vontade com ele. Mesmo assim, a ferramenta força sua equipe a identificar o que é importante a cada semana e começar a resolver os problemas certos.

A implementação da Reunião Nível 10 depende do uso adequado de uma das ferramentas secundárias, o IDS. A Reunião Nível 10 força vocês a usar essa ferramenta para identificar, discutir e solucionar todos os problemas relevantes. Isso vai ajudá-los a obter tração imediata.

TABELA DE DESEMPENHO

Com o ímpeto crescendo, a quarta ferramenta principal a ser implantada é a Tabela de Desempenho. Você precisa desenvolver sua Tabela de Desempenho até que ela se torne uma ferramenta poderosa para previsões, um processo que leva de um a três meses. Logo você e sua equipe terão o controle completo da empresa. Durante esse processo de desenvolvimento, vocês criarão uma responsabilidade real à medida que identificarem os números certos, baseados em atividades, para medir e identificar claramente a pessoa que, em última instância, é responsável pelo número. Isso criará resultados e responsabilidade instantâneos.

OV/T (QUE INCLUI VALORES FUNDAMENTAIS, FOCO CENTRAL, META DE 10 ANOS, ESTRATÉGIA DE MARKETING, IMAGEM DE TRÊS ANOS E PLANO DE UM ANO)

As quatro primeiras ferramentas principais criam um forte alicerce de tração, responsabilidade e uma plataforma para executar sua visão. Isso leva à quinta ferramenta: o OV/T. Um dos segredos do Processo do SOE é que sempre começamos com a tração e só depois cuidamos da visão. Isso significa que primeiro construímos um forte alicerce para a execução usando as quatro ferramentas principais, depois desenvolvemos a visão. Francamente, o trabalho da visão é relativamente simples quando há pouca ou nenhuma disciplina e responsabilidade. Sem um alicerce prático é fácil desenvolver uma visão. Por isso tantos consultores acham tão divertido fazer sessões de planejamento estratégico de dois dias.

O trabalho duro de construir um forte alicerce de responsabilidade leva a um trabalho de planejamento muito mais intenso e produtivo. Vocês podem ter discussões ótimas sobre qual é o plano *certo* para a sua organização, porque agora seu pessoal está sendo avaliado e é totalmente responsável pelos objetivos da empresa.

Mesmo assim, uma pergunta que me fazem com frequência é: "Como é possível criar um Diagrama de Responsabilidades e estabelecer Pedras antes de saber qual é a visão?" A verdade é que a maioria das organizações já tem uma boa ideia de para onde estão indo. Afinal de contas, elas não estão exatamente começando do zero.

As perguntas a serem feitas, na verdade, são: Como você vai conseguir o melhor resultado com essas ferramentas? Onde obterá mais impacto no tempo mais curto? O que aprendi na última década com mais de 400 empresas é: com essa abordagem.

AS FERRAMENTAS FUNDAMENTAIS DO SOE

O Diagrama de Responsabilidades, as Pedras, a Pulsação de Reuniões, a Tabela de Desempenho e o OV/T são conhecidos como as ferramentas fundamentais do SOE. A implementação delas em toda a sua empresa produz 80% dos resultados. À medida que você expande o uso dessas ferramentas, é importante apresentá-las a uma camada de cada vez, até que cada pessoa daquele nível as entenda e aceite, assim como fizemos com a equipe de liderança.

Cada empresa se move num ritmo próprio. Nosso cliente mais rápido, uma organização com 50 pessoas, repassou as ferramentas fundamentais de cima a baixo em seis meses. Em contraste, nosso cliente mais lento, uma empresa com 70 pessoas, precisou de mais de três anos. Nenhuma das duas situações é boa ou ruim: você só pode se mover à velocidade em que é capaz de absorver as mudanças. Uma boa regra é cerca de um ano. Além disso, uma empresa maior demorará mais do que uma menor. Do mesmo modo, uma empresa com mais camadas demora mais do que uma empresa com menos. Até hoje, nosso menor cliente tem três pessoas e o maior, 1.700.

Uma observação importante para empresas com múltiplas localizações: é vital que o gerente de cada local aceite e entenda completamente cada ferramenta fundamental antes de repassá-la para a próxima camada em sua área. Muitas vezes os membros da equipe de liderança precisam estar presentes em vários locais para ajudar a ensinar, orientar e dar apoio para as ferramentas. Assim, se você tem locais múltiplos, isso acrescenta um nível de complexidade inerente à organização. É a realidade do seu modelo de negócios. Aceitar essa realidade é o primeiro passo para resolvê-la. Planeje passar o tempo necessário nesses locais até que a implantação completa seja alcançada. Esse tempo adicional pode ser obtido com visitas físicas, teleconferências e seminários on-line. Todas essas opções funcionaram bem com nossos clientes e toda empresa é diferente em termos de qual abordagem funciona melhor.

DOCUMENTADOR DE PROCESSO EM TRÊS PASSOS

Quando as ferramentas fundamentais forem completamente implementadas em toda a empresa e todos tiverem clareza em relação a elas e as aceitado, a próxima etapa é documentar e treinar seus processos essenciais usando a sexta ferramenta principal: o Documentador de Processo em Três Passos. Esse é tipicamente um processo que leva de seis a 12 meses, incluindo a documentação e o treinamento completo de todos.

Uma nota adicional é que alguns clientes começam a implementar essa ferramenta antes da implementação total das ferramentas fundamentais. Uma regra simples é que, se você acha que está nos trilhos para a implementação das ferramentas anteriores e sua equipe de liderança tem capacidade, vá em frente e se supere dando o pontapé inicial para colocar essa ferramenta em prática.

TODO MUNDO TEM UM NÚMERO

A sétima e última ferramenta é que todo mundo deve ter um número. Com a maioria dos nossos clientes, essa é a última peça do dominó a cair. Ainda que seja uma ferramenta altamente eficaz, sem que as seis primeiras estejam implementadas ela se torna menos eficaz, devido a uma carência de acompanhamento que resulta da falta de responsabilidades atribuídas, de disciplina e de uma administração forte. Mas, com um alicerce forte estabelecido, o fato de todo mundo ter um número na sua organização vai proporcionar resultados cada vez maiores.

IMPLEMENTAÇÃO E REFORÇO CONTÍNUOS

Assim que as sete ferramentas principais mostradas anteriormente estejam implantadas junto com as 12 ferramentas de suporte, é importante saber como acontecem a implementação, o reforço e a administração contínuos, porque dominar todas as ferramentas ao mesmo tempo pode ser algo esmagador.

Aqui vai uma imagem rápida: imagine todas as ferramentas citadas totalmente implementadas. A cada trimestre você está numa sessão trimestral, de um dia inteiro, com sua equipe de liderança, resolvendo todos os problemas fundamentais, revisando as Pedras do trimestre anterior e estabelecendo as do próximo trimestre, melhorando cada vez mais a cada 90 dias. Todo ano vocês participam de uma Sessão de Planejamento Anual, com duração de dois dias, questionando cada aspecto do seu OV/T e estabelecendo um plano sólido para o próximo ano, com todos em sintonia.

Você está contratando, demitindo, avaliando, recompensando e reconhecendo todo o seu pessoal ao redor de valores fundamentais e usando o Analisador de Pessoas para todas as decisões sobre os funcionários. À medida que sua organização cresce, você está fazendo as mudanças evolutivas necessárias no Diagrama de Responsabilidades, sempre concentrado primeiro na estrutura e depois no pessoal, garantindo que as pessoas certas estejam nos lugares certos.

Você participa de uma Reunião Nível 10 Semanal com sua equipe de liderança, revisando a Tabela de Desempenho para garantir que todos os números estejam nos trilhos. Revê as Pedras para garantir que todas as prioridades estejam nos trilhos. O resultado é que vocês estão operando bem, como uma equipe. Além disso, cada departamento está seguindo o modelo.

A cada 90 dias você faz uma reunião sobre o estado da empresa. Isso mantém todos em sintonia, compartilhando a mesma visão. Cada pessoa está estabelecendo e alcançando suas Pedras individuais. Sua empresa está crescendo. Você está atingindo seus objetivos e criando uma empresa ótima.

Essa imagem pode ser alcançada. É apenas uma questão de implementar cada ferramenta na ordem que mostrei neste capítulo.

Se alguma vez ficar empacado, não hesite em pedir nossa ajuda.

SOBRE O AUTOR E A EOS WORLDWIDE

A paixão de Gino Wickman é ajudar as pessoas a conseguir o que desejam de suas empresas. Para realizar essa paixão, Gino criou o Sistema Operacional Empreendedor (SOE), um modelo holístico que, quando implementado em uma organização, ajuda os líderes a administrar melhor os negócios, obter controle melhor, ter um equilíbrio de vida melhor e obter mais tração, com toda a organização avançando unida, como uma equipe saudável, funcional e coesa. Gino passa a maior parte do seu tempo como implementador do SOE, trabalhando pessoalmente com equipes de liderança de empresas empreendedoras para ajudá-las a implantar totalmente o SOE em suas organizações. Ele é o fundador da EOS Worldwide, uma organização crescente de empreendedores bem-sucedidos, vindos de uma variedade de negócios, que colaboram como Implementadores Certificados do SOE para ajudar pessoas em todo o mundo a experimentar todos os benefícios organizacionais e pessoais resultantes da implementação do SOE. Além disso, Gino faz workshops e palestras.

PARA MAIS AJUDA E INFORMAÇÕES

Meu objetivo é ajudar você a obter tudo que deseja da sua empresa oferecendo três maneiras de apoiá-lo a implementar totalmente o SOE em sua organização:

1. **Autoimplementação:** escolha um dos seus líderes mais capazes e dedicados para ensinar, facilitar e orientar sua equipe de liderança

no Processo do SOE – usando como guias ferramentas grátis que podem ser baixadas do nosso site e este livro;
2. **Autoimplementação Apoiada:** juntando-se à Comunidade de Implementadores do SOE e pagando uma pequena mensalidade, treinaremos e apoiaremos totalmente esse mesmo líder para se tornar especialista em implementar o SOE em sua organização;
3. **Implementação Profissional:** contrate um implementador profissional para orientá-lo no Processo do SOE.

Você pode se informar mais sobre essas três abordagens, baixar ferramentas grátis, se inscrever no nosso blog para dicas úteis regulares, descobrir como se tornar um implementador profissional certificado e programar palestras em **www.eosworldwide.com** (site em inglês).

Se tiver mais alguma pergunta ou se quiser outra ajuda, mande um e-mail para info@eosprocess.com.

AGRADECIMENTOS

Este livro não seria possível sem a ajuda e a orientação de muitas pessoas. Não posso agradecer o suficiente pelo impacto que elas causaram na minha vida. Meu apreço sincero é por elas.

FAMÍLIA E AMIGOS

Kathy, minha esposa forte e linda, grato pelo seu amor nos tempos bons e ruins. Obrigado por me dar a liberdade de ser um empreendedor e por sempre acreditar em mim, para não mencionar as semanas que passou me ajudando com este livro – você foi uma salva-vidas. Sou realmente o marido mais sortudo do mundo. Te amo.

Alexis, minha filha sábia e linda, e Gino, meu filho de inteligência ágil e bom senso, vocês dois me mantêm humilde, me fazem rir e me ensinam o que é a vida. Vocês são a luz da minha vida. São indivíduos incríveis e os melhores filhos que um pai poderia ter. Amo demais vocês dois.

Linda Wickman, minha mãe, por me ensinar a ser independente, por sua força calma e sua sabedoria incrível, e por ter tanto orgulho de mim.

Floyd Wickman, meu pai e mentor de vida, este livro não existiria sem você. Você me ensinou tudo que sei sobre me comunicar com pessoas, seja apenas uma ou sejam mil. Você exemplifica cada princípio deste livro.

Neil Pardun, meu sogro, por me ensinar que é possível ter riqueza e permanecer humilde. Você é uma pessoa rara e especial. Eu mudei para sempre devido ao seu exemplo.

Karen Grooms, a maior secretária da Terra, obrigado por segurar todas as pontas e me proteger das distrações, de modo a me deixar permanecer na minha Capacidade Singular. Sem você eu estaria perdido.

Don Tinney, o melhor sócio que alguém poderia ter e extraordinário Implementador do SOE. Seu feedback para este livro foi valiosíssimo.

Mike Pallin, que acredito que é realmente meu anjo da guarda, você sempre coloca à minha frente exatamente aquilo de que eu preciso naquele ponto da minha vida. Este livro não aconteceria sem você. Mal posso esperar para ver o que você me reserva.

O "Clube do Livro", ou seja, Curt Rager e Bob Shenefelt, por serem uma caixa de ressonância incrível e me desafiarem constantemente. Vocês são para toda a vida.

Pat Tierney, Rob Tamblyn e Kevin Brady, meus primeiros clientes, por me deixarem treinar com vocês. Vocês me deram a confiança para ir em frente.

Os membros do fórum da Entrepreneur's Organization: John Anderson, Michael Cauley, Dan Dorman, Brian Ferilla, Dan Glisky, Mike Kanan, Scot Lund, Paul Pascoe, MartyPetz, Curt Rager, Bob Shenefelt e John Silvani, por serem grandes professores e meu campo de testes.

Tyler Smith, por me desafiar constantemente e não ser apanhado pela última moda. Você é mais sábio do que sugere sua idade. Obrigado pela orientação e pela honestidade.

Ed Escobar, meu sócio anterior, por pressionar e finalmente convencer meu pai a me deixar entrar na sua empresa. Estou neste caminho por causa da sua crença em mim.

John Anderson, um dos maiores "conectores" do mundo, por me apresentar a seis pessoas que tiveram impacto no meu sucesso: Verne Harnish, Pat Lencioni, Dan Sullivan, Craig Erlich, Bill Gitre e John Gallant. Você é uma das pessoas mais altruístas que conheço.

ORIENTADORES E PROFESSORES

Sam Cupp, meu mentor, por me ensinar tudo que sei sobre negócios. Eu não poderia ter dado aquela reviravolta sem sua orientação. Espero ter deixado você orgulhoso com este livro.

Verne Harnish, por ser um pioneiro, me convidar para o seu mundo e me mostrar que existe um lugar para o meu ofício. Obrigado pela paixão e pelo impacto que teve no mundo do empreendedorismo. Seus ensinamentos inspiraram boa parte do que está neste livro.

Pat Lencioni, por seu trabalho incrível e sem paralelos. Jamais conheci alguém com sua combinação de humildade e talento. Você é realmente especial. Obrigado pelas palavras sábias que mudaram minha vida.

Dan Sullivan, por me ajudar a descobrir minha Capacidade Singular e por mostrar como desenvolver a vida a partir dela. Você teve um impacto enorme na minha vida. Você é o instrutor dos instrutores.

Jim Collins, por seu trabalho incrível, suas pesquisas e sua inspiração. Sua pesquisa sobre os valores fundamentais, o propósito central, colocar as pessoas certas nos lugares certos e provar que os "Líderes Nível 5" têm um lugar no mundo simplificou meu trabalho. Você mudou realmente o rumo da história dos negócios.

O Sr. Sarkisian, o Sr. Long e o falecido Larry LaFever, por me olharem e me tratarem na adolescência como a pessoa que eu viria a ser. Vocês me deram confiança. E agradeço por isso.

CLIENTES E COLABORADORES

Os leitores dos originais: Karen Andrews, Thom Barry, Ron Blank, Rob Dube, Dan Israel, Dr. Lawrence Jelsch, Andy Klein, Chris McCuiston, Patrick O'Leary, Curt Rager, Bernie Ronnisch, Todd Sachse, Jim Sheehan, Bob Shenefelt, Tyler Smith, Don Tinney, Tom Violante, David Wallen e Floyd Wickman. Obrigado por todo o seu tempo valioso e seu feedback incrível. Vocês fazem para sempre parte deste livro.

Gerry Sindell, da Thought Leaders International; Ross Slater, Jennifer Tribe e Susan Hart, da Highspot Inc.; e John Paine, da John Paine Editorial Services, por me ajudarem a encontrar minha voz e me dar a direção para escrever este livro.

Aos meus clientes, por me darem a oportunidade de viver meu sonho diariamente. Este livro é um subproduto de todo o nosso trabalho juntos e a maior parte do conteúdo vem de vocês. Obrigado por me permitirem usar suas histórias. Sem elas este livro não teria integridade.

Para saber mais sobre os títulos e autores da Editora Sextante,
visite o nosso site e siga as nossas redes sociais.
Além de informações sobre os próximos lançamentos,
você terá acesso a conteúdos exclusivos
e poderá participar de promoções e sorteios.

sextante.com.br